杭州市第三届重大教育科研成果

丛书主编 | 沈建平

钱塘新模式：
综合实践活动课程建设的区域探索

钱晓华 / 编著

中国出版集团

现代出版社

序

　　综合实践活动课程是21世纪我国基础教育课程改革的一个新领域，2001年颁布的《基础教育课程改革纲要(试行)》明确提出，"从小学至高中设置综合实践活动并作为必修课程"；2017年教育部发布的《中小学综合实践活动课程指导纲要》进一步阐明了综合实践活动课程在基础教育课程体系的重要地位，明确提出要"充分发挥综合实践活动课程在立德树人中的重要作用"。综合实践活动课程是一门从学生的真实生活和发展需要出发，从生活情境中发现问题，并转化为活动主题，通过探究、服务、制作、体验等方式，培养学生综合素质的跨学科实践性课程。

　　近20年来，全国各地对综合实践活动课程探索的热情持续高涨，特别是2017年9月教育部颁布《中小学综合实践活动课程指导纲要》以来，研究更是达到一个新的阶段。杭州市钱塘新区对综合实践活动课程的探讨起步并不早，钱塘新区是2019年4月2日浙江省人民政府正式批复同意设立，由原杭州经济技术开发区和杭州大江东产业集聚区组成。原杭州经济技术开发区的教育教学业务由江干区托管，2014年9月开始独立管理，10月，杭州经济技术开发区立足区域实际情况，开始综合实践活动课程建设的探索，2015年以前，处于学校自主关注课程建设为主的起步时期。学校对课程的管理近乎空白，缺乏质量标准，缺乏实质性的教研活动，缺乏课程管理，综合实践活动作为一门新的"副科"存在。教师对课程的认识不足，错把学生活动、社团课当课程；学习方式单一，缺少实践性、综合性、活动性；教师课程开发与实施能力不足，把教学内容当课程，缺少发现课程资源的能力等。2015—2017年，以精品课程培育撬动课程开发全面启动。2015年1月，浙江省规划课题

"区域视野下学校精品课程的开发与共享的机制研究"立项后,为了建立区域推进学校精品课程开发、共享的制度,2015年3月,区教育局印发了《关于区域推进学校精品课程建设的实施意见》,启动了推进学校精品课程开发带动综合实践活动课程建设的计划,产生了一批具有鲜明区域特色的课程,形成了精品课程开发新样态。2018年起,进入全面推进的快速发展时期。2018年6月,"区域视角下综合实践活动课程建设新范式研究"被确立为杭州市第三批重大课题。2019年1月18日发布《杭州经济技术开发区关于进一步加强中小学综合实践活动课程建设的实施意见》,加快了区域推进综合实践课程建设的步伐,采取具有区域特征的课程推进举措:行政驱动,政策保障;由试点推进到课程推广,开展基于问题的精准教研,实现了综合实践活动课程提档升级,课程实施走向了规范化、特色化、品质化。

杭州市钱塘新区在综合实践活动课程建设的6年探索中,在以下几个方面做出了十分有益的探索。

第一,形成了区域综合实践活动课程建设推进的新模式。行政部门、业务部门、学校三方合力驱动,协同推进,行政部门发挥驱动力,出台政策,以目标为导向,确立固化的推进机制,增设多维度课程考核内容,给予资金资助激励,评优评先倾斜等,创建了学校重视课程建设的积极硬核环境。业务部门发挥助动力,通过精品课程认定标准的研制,在引导精品建设中示范、影响学校综合实践活动课程的研发与实施;精准教研,针对学校在课程建设中存在的问题、需求开展教研活动,在不同形式、不同目的的教研活动中提供专业引领与指导,打造出积极支撑课程建设的软环境;强化管理,通过课程建设的目标管理、过程管理、质量管理,充分发挥业务部门的优势,使课程建设有引领、有督查,构建出良好的管理机制环境。学校充分发挥主体作用,建立起课程管理相应的制度,出规划、实施方案,抓好课程研发审核与规范实施,形成课程实施终极"点"的贴地行动。

第二,培养了一批能驾驭课程的优秀教师。具体体现在三个方面:一是拥有了一支课程开发与实施的专业指导队伍。课程共享机制的形成、教研活动开展、申报与评比等活动的展开,在教师当中逐步建立起相对稳定的学习、交流与合作共同体。正是这种有效的学习、交流与合作共同体,在为各校的课程培育提供启发与帮助的同时，从一线教师到骨干教师、从骨干教师到教研组长，在教师中形成了草根式的专业指导队伍。再加上教研员的引领、高校科研队伍的支持，以一线教师、教研员、高校科研人员组成的专业指导队伍，实现区域课程建设的稳步推进。二是实现了教师综合实践活动课程指导的转型。在区域推进综合实践活动课程的实践中，教师普遍认识到需要从培养学生具有价值体认、责任担当、问题解决、创意物化等方面的总目标出发，作为国家基础课程的综合实践活动课程改变了学生的学习方式，发展了学生交往、合作、解决问题的能力，这是任何其他学科课程无法替代的。在课程实施过程中，基于问题从学生中来，选取学生最关心的话题的原则，注重学生学习方式的多样性与实践形式的丰富性，强调学生在实践过程中的亲历与体验，使综合实践活动课程的实施成为真实情境下的学习。教师通过各种写实记录和评价策略，掌握学生活动过程的第一手资料，及时帮助学生解决实践中碰到的难题，并不断改进课程内容，变换教学形式。三是提升了教师开发与实施课程的综合能力。2016年实现了区域市级精品课程零的突破，2017年又实现省级精品课程零的突破，截至2020年，已有"蒙正国学""陶陶乐　乐淘淘"等13个课程被评为市级精品课程，其中"尊重""寓言北沙""谈古论今"三个课程被评为省级精品课程。教师公开出版了多种学术著作，文海小学洪峰老师率6位教师开发了综合实践活动课程教材一册，下沙第二小学潘舸平与团队老师共同撰写的课程专著《北沙遇上寓言》《北沙五地教育诗篇》，由西泠印社出版发行，《寓言北沙》编入由杭州市教育科学研究所编撰的《项目育人的十四个学校创新》一书，由现代出版社出版发行。多篇文章发表于《人民教育》《浙江教学研究》《杭州教育》等杂志，72个区级综合实践活动精品课程中转化为省市级立项课题40项，课题成果获奖26项，省一、二等奖成果4项市一、二等奖成果25项。

第三，涌现了一批综合实践活动课程建设的典型经验和样板学校。在区行政部门及业务部门的支持与指导下，钱塘新区学校充分挖掘校本资源及自身的优势，开发出了一大批带有明显校本特征的综合实践活动精品课程，呈现出百花齐放、姹紫嫣红的局面及景象。如下沙第二小学，又名"北沙书院"，以"清明""含笑""厚朴""远志"四味中草药名作为校训，以独特的校园文化为载体推进综合实践活动课程的校本化实施,其实践经验有三:首先,立足校本资源。"寓言北沙""北沙五地""北沙百草"课程充分利用杭州市下沙第二小学徽风的浙韵校园文化氛围、校园内童话般的12亩(1亩≈666.7平方米)"嘟噜噜"农耕园、精心打造的寓言校园,即为精心打造的寓意深长的北沙故事校园,让孩子用稚嫩的笔,以自己的生长故事,把自己的爱心、对生命的敬畏,把自己的童年感悟写进成长的积淀里。其次,项目承载活动。"寓言北沙"以寓言为载体,充分挖掘北沙校园文化意蕴,孩子们在"读读""编编""行行"的创意、创编、创行的项目化活动之中,获得思维的训练、进行智慧的探求、达成文化的陶冶。而"北沙五地"的劳作则是在现实情境中创设五种创意活动、实现五大核心素养的培养目标,同样具有独特的审美功能与审美价值,让儿童强烈地感受到在活动中所流露的感情。而"北沙百草"则是以春生、夏长、秋收、冬藏展开项目活动。最后,实现学科整合。"寓言北沙""北沙五地""北沙百草"课程集感性、知性、理性于一身,以深入浅出的思想内涵,在活动中体会着犹如小说的形象、诗歌的凝练、散文的优美、戏剧的警策、谜语的比拟、故事的趣味、数理的思辨、科学的理性等,感受着深湛、深切的感染力。基于这两项课程活动的这一特点,将品德、语文、数学、科学等各国家课程中的相关项目化学习在统一目标下,进行新的序列化编排,有计划地在各年级实施,呈螺旋上升的态势。

走过6年,钱塘新区对于综合实践活动课程的探索开始了新的思考:遵循五育并举理念把握课程方向;运用新技术革新成果加快课程的实施;加强UGS协作模式拓宽实施渠道。

作为本课题研究的跟踪指导教师,我目睹了一个区域在综合实践活动课程建设中的执着探索和发展变化,感到十分的欣喜。当我阅读完全书,我在思考:一个区域的6年探索是一本书,展现了在综合实践活动课程建设中的不懈努力与追求,抒写了一个区域综合实践活动课程改革的历史篇章,更是一个成功的"案例""范例",对其他区域的课程建设的探索,其借鉴意义是毋庸置疑的,有理由相信,综合实践活动课程的实施促使钱塘新区持续前行。

刘正伟

2021年2月24日

作者系教育部浙江大学基础教育课程研究中心常务副主任。

目 录

CONTENTS

第一章

绪　论

第一节　国外综合实践活动类
课程的演进与发展

在国外,没有与我国相同命名的综合实践活动课程,但当前各个国家普遍开设了综合实践活动类课程,作为与学科课程相并列的课程形态。从课程的"出生时间"看,它比我国的实践活动课程要更早一些。

一、国外综合实践活动类课程的发展历程

综合实践活动类课程,它的前身并非"活动课程",而"活动课程"作为一种课程形态,最早出现在19世纪末的美国部分实验学校,思想萌芽则一直可以追溯到古希腊。

(一)思想萌芽:从"儿童游戏场"到"爱弥儿"

如果要追问西方综合实践活动课程的思想源头,应该可以一直追溯到古希腊时期。古希腊著名哲学家、思想家柏拉图,对3~6岁的儿童早期教育提出了一个重要概念——"儿童游戏场"。他认为,儿童早期教育的核心就是游戏。教育者的重要任务,应该是通过让孩子讲故事、做游戏、学唱歌曲等方式,建立一个独特的"儿童游戏场",让儿童在游戏中学习、成长。从一定意义上看,柏拉图的"儿童游戏场"就是一种以围绕着某一个主题进行的实践活动。因此可以说,"儿童游戏场"就是活动课程最早的思想萌芽火花。但同时,柏拉图还认为发展恒久不变的理性,不能通过感觉经验获得。因此,长期以来,学校教育都较为轻视感觉经验,而更强调通过讲解来进行理性判断。

直到文艺复兴以后,感官经验对于教育的意义才逐渐得到重视。特别是法国自然主义教育思想家卢梭的自然主义教育思想,被普遍认为是"活动

课程"的思想渊源。作为自然主义、泛爱主义教育家的代表,卢梭强烈批判中世纪教育残酷地压抑了儿童的天性,并强调真正的教育应该是顺应儿童的天性。因此,卢梭特别强调率性发展的原则,"以天性为师,而不以人为师;成为天性所造的人,而不是人造的人"。正是在这样的思想指引下,他所主张的教育内容,是让儿童更好地掌握与生活实际紧密关联的有用的知识,而反对脱离生活实际、只注重理性经验的古典科目。他所主张的教育方法,是要尊重儿童的自觉自愿,以启发诱导的方式,鼓励支持儿童,在真实的生活经验中探索真理、学习知识。他批评当时学校的学生只知道从书本中学习地图,而他的学生能自己动手制作地图。从这个例子也可以看出,卢梭极为重视儿童通过亲身参与实践来进行学习,而不仅仅依靠书本这种间接经验来获取知识。他甚至主张要放弃课本,让儿童以生活和自然作为直接教材来进行学习。虽然在他的各类教育专著中都只字未提"活动课程"这一概念,但卢梭那本举世闻名的《爱弥儿》开篇那句"生活,这就是我要教给他的技能",就已经非常清晰地传递了"活动课程"的核心教育理念,对西方"活动课程"发展产生了极为重要的影响。

(二)崭新样态:"从做中学"的深度实践

19世纪后期,教育应该与人的生活和生长紧密相连的观点越来越得到重视与发展,并进一步加快了"活动课程"作为一种全新课程样态的出现。受到卢梭教育思想的深刻影响,美国教育家杜威在猛烈批判"传统教育派"的同时,旗帜鲜明地提出了"教育即生活""教育即生长"等五大教育信条。他强调"课程的中心是儿童,是儿童的生活与生长",因此应该高度重视直接经验的价值,不能把书本知识直接教给学生,而应该组织各种实践活动,帮助儿童"从经验中学""从做中学",因为"教育即经验的不断改造和重组"。1896—1903年,杜威在芝加哥大学建立附属实验学校,开展了美国现代教育史上著名的"八年研究"。

杜威在他的各种著作及教学改革中,同样没有出现"活动课程"的命名,但其设计理念、课程内容、实施方式等方面,都有着极为鲜明的"活动课程"色彩。杜威的课程设计核心理念之一是学做结合。他认为,对教育而言,"活动"是具有十分重要意义的,它不简单等同于"劳动"或"游戏",而应当是

"具有呼唤儿童去做或具有期待儿童已有能力的支持的性质。这样的活动不仅要能关联到运用工具和材料进行建造与制作，要能激发儿童为达到目的进行有意识的奋发；还要能包括要动手实验的科学研究以及对所研究材料的收集、对器具的管理工作行进中情况和实验结果的记录的程序等"。杜威认为，必须打破旧教育课程了无生趣、脱离儿童生活经验的弊病，而以儿童已经具备的经验为起点来开发和设置学校课程。理想的课程内容应该从儿童享有的经验范围内，选取儿童有兴趣、有疑惑或是具有较大价值的事物或材料，来组成一系列"新问题"，再围绕这些"新问题"激发儿童进行观察、研究、实践、探索，从而让新经验成为获取未来经验的基础。因此，他所赞赏的课程内容，并非传统意义上的文学、科学、历史等课程，而是儿童本身的社会活动。比如，通过激励，学生通过自行参与有组织的木工、纺织、烹饪等活动，来获取经验、解决问题、锻炼能力。这样的课程活动内容，能够有效激发学生充分的学习兴趣、良好的学习动机，在经验学习中促进智力发展、技能提高乃至道德成长。

杜威"活动课程"的一个创新亮点是"主动作业"。杜威在他著名的"八年研究"中，实施了包括烹饪、纺织、缝纫、木工等作业。这些作业的设计进一步展现了杜威的"活动课程"理念——通过动手实践，满足儿童经验生长的需要；通过模拟社会情境，来更真实地让儿童置身于社会生活；通过"操作的知识"，联系到了解的知识，再逐步向科学知识方向发展。最为关键的是，这样的"主动作业"，有效实现了课程与教学的统一，打通了儿童、学科知识与社会生活之间的渠道，让儿童的学校学习生活变得更有趣、更真实、更有挑战与价值。杜威的一系列教育实践，也让强调儿童本位的"活动课程"引起了世界各国的广泛关注。

（三）价值认同：课程化的"活动课程"

"活动课程"在20世纪30年代前后，成为一种受到普遍认可乃至广受追捧的课程形式。设计教学法就是其中一种重要的形式。设计教学法由杜威的学生克伯屈提出。克伯屈认为，"儿童的生长离不开生活。因此，设计教学法的问题就是为了设计一种尽可能'像生活'的教育"。在这样的教育理念下，克伯屈认为学校课程应该摒弃教材课本，让学生自主确立学习目标、设计学习内容乃至自行评价、改进。而教学内容应该主要是四类：第一类，目的是以外在形式体现某种思想或计划，如写信等；第二类，目的是享受某些美学感受，如听故事、欣赏画作等；第三类，目的是克服某种智力上的困难，解决某些问题，如探究是否出现露水等；第四类，目的是达到某项任务或获得某种程度的知识技能，如获取写作技能等。设计教学法不仅在美国，在苏联、印度、加拿大都得到了广泛应用和推广。但随着进步主义教育思潮的衰退，逐渐淡出学校课程视野。

20世纪50年代，认知主义课程观开始成为主流观点，一直在美国具有重要地位的"活动课程"被分科课程所取代。但是，在同时代的欧洲，逐渐出现了有部分学校以开放活动与学科教学并列来设置学校课程的现象，并获得了一定程度的认可。到了20世纪70年代，美国中小学又重新关注到"活动课程"的价值，并逐渐将多类型的活动安排进学校课程体系。同时期的日本也积极推进"综合学习"的实验与研究，并从20世纪80年代开始，在日本中小学课程中设置了包括学校传统活动、学生活动和班级指导活动三个主要方面的"特别活动"。

随着现代教育思想的不断发展，活动课程对于青少年儿童全面发展的作用日益得到认同与重视。到了20世纪90年代以后，美国、英国、澳大利亚、法国、日本等世界各国，为了更好地实现让学校教育活动回归学生生活，培养学生动手能力、实践素养、创新精神等目标，都在基础课程体系中设置了综合实践活动类课程，活动课程已经实现了"课程化"，获得了与学科课程同列并举的课程地位。

二、国外综合实践活动类课程的典型样例

在不同的国家，综合实践类活动课程名称各不相同，但都注重以"活动"为载体开展综合性学习、实践性学习。在课程模式上，大体可以分为以日本、新加坡为代表的"亚太模式"，以法国、英国、德国为代表的"欧洲模式"，以及"美国模式"。

（一）日本的综合学习时间

日本从20世纪80年代末期，就在部分学校开展了综合实践活动课程改

革实验。1998年，日本文部省印发了《学习指导纲要》，在原有课程结构基础上新增了"综合学习时间"。"综合学习时间"是指不同于学校以往实施的教学内容，更加超越教科书范围的横向的、综合的学习活动。课程设置的目的是"通过跨学科的综合学习与探究学习，培养学生自我发现问题、自我学习、自我思考、自我判断、更好地解决问题的资质与能力的同时，使学生学会学习方法和思考方式，培养学生在问题解决与探究活动中的主体性、创造性、合作性的处理态度，使学生思考自己的生活方式"。从课程内容上，"综合学习时间"并没有统一限定的课程教材，但是对课程内容进行了规定。中学、小学的内容中，都包括国际理解、信息、环境、福祉·健康等跨学科的综合课题，基于儿童感兴趣、关心的课题以及体现地域人们的生活、社区活动、学校特色等相对应的传统或者文化的课题。同时，中学还增加了职业或与自己未来相关的课题等内容。

在这一内容规定下，各学校可以根据学校所在地区的特点与学生具体的情况，开展具有特点的跨学科综合性学习课程，具体的课程内容可以进行创意性设计。在强调学校享有充分的课程自主权的前提下，要求活动专题编制要充分考虑学生的真实生活，依据学生感兴趣的问题设定学习单元，而不能用教师自己关心的问题来设置活动主题；要充分用好学校、地方的各种有益资源和实际情况，为学生开展学习创造更为有利的环境。为了保障课程实施需要，文部省将精简其他课程内容而空余的时间用来安排"综合学习时间"。值得注意的是，"综合学习时间"特别注重体验性学习和问题解决式学习，主要包括亲身体验、真实服务、实地观察、动手实验、实地参观、各类调查、讨论发言、生产创作等。

（二）法国的"综合实践课"

从20世纪90年代开始，法国开始了大规模的课程改革，改革的重点除了加强"个别化教学"以外，就是以培养学生创新精神和动手实践能力为目标，增设了"研究性学习"课程。该课程起初在初中进行实验，2000年以后，法国正式规定新增加"综合实践课"为在初二、初三年级的必修课，每所学校至少要安排两个学科开展这项活动。随后，这样的课程改革延伸到高中，进行"有指导的学生个人实践活动"。这样的课程改革秉承了法国教育一以贯之的学生为本理念,尤其强调学生作为学习主体的自主性。从整个课程实施过程看,具体表现在"四个自主":一是自主选择权,即保障学生享有自行选择、自行确定研究课题的权力。二是自主研究权,即保障学生充分享有自主策划、实施课题研究活动的权力。三是自主表达权,即学生充分享有自主表达观点看法、自主开展研究成果交流、展示的权力。四是自主评价权,即学生充分享有课程自我评价、进度自我调控、过程结果自我反思的权力。

值得关注的是,由于课程的目的是进一步通过综合学科知识内容,引导学生在实践中不断巩固和熟练运用已有的知识,所以特别注重教师的引领与指导。为了强化这种引领、指导,通常会组建多学科教师组成的教师指导小组,每名指导教师根据自己的学科知识内容和课程目标,按照每周两个学时的时间,设计一整套活动方案,供学生进行自主选择、自主研究。学生在学习时,可以与班级内的同学组成学习小组进行共同学习,甚至可以跨班级组成专项课题组,在教师的带领下进行学习。学生进入学习小组后,可根据自身情况,以集体或个体研究方式进行活动。在每周两个学时中,学生可以根据自己的研究情况,自主选择进行与指导教师交流、查阅资料、调查访问等研究性活动。

(三)美国的综合实践活动性课程

美国没有统一标准的综合实践活动课程,但是各州开设了多种不同类型的综合实践性活动课程。虽然类型不同,但从课程目标上看,都对应指向美国中小学应用学习行为标准所规定的五个目标领域:问题解决;交流的手段和技巧;信息手段和技巧;学习与自我管理的手段和技巧;协同合作的手段和技巧,也都体现了综合性、实践性、参与性等综合实践活动类课程的基本特点。

从各州开设的综合实践性活动看,虽然名称各异,但基本可以分为"自然与社会研究""设计学习""社会参与性学习""服务性学习"四大类型。其中,自然与社会研究是以主题探究为主要的学习方式,对包括自然现象、社会经济、政法、文化、环境、职业等各个不同领域,通过调查研究和主题研讨的方式来进行学习,其主要目的是增强学生的社会责任感和社会实践能力,从一定程度上看,是一种带有思辨意味的社会模拟体验。设计学习是一种较为典型的应用性学习，主要是通过综合艺术设计、应用设计、产品设计和活动设计等活动，让学生在自主设计、动手制作的过程中，培养自主解决问题的能力。社会参与性学习是一种体验性学习，主要是通过社会调查、实地考察与面对面访问等方式，让学生能真实地接触社会现实，亲身参与各种社会性活动，增强对社会的认知与认同。服务性学习是一种实践性学习，主要是通过家政服务活动、建筑改造、健康看护、环境保护、公共健康、社会工作、城镇计划和其他职业提供训练等载体方式，让学生运用已有的知识、技能服务于社会、社区，在促进知识增长、技能提升的过程中，同步培养学生良好的公民责任。

尤其值得一提的是，服务性学习已经形成了较为系统的实施过程模式。一般而言，一项服务性学习会经历调查、计划和准备、实施服务活动、反思和庆祝五个阶段，其中每个阶段都要进行反思和评价环节。同时也形成了较为完整的服务质量评价指标体系，主要包括有意义的服务、与课程相联系、持续性和集中度、伙伴关系、青年的意见、多样性、反思和过程监控。这一整套服务质量评价指标，不仅在美国各级学校受到认可，还得到澳大利亚、英国、加拿大等多个国家的认可。

第二节　我国综合实践活动课程的演进与发展

　　综合实践活动课程是21世纪初叶我国新一轮基础教育课程改革的最大亮点之一。虽然从正式课程角度看，它在我国出现的时间不长，至今不过20年，但从强调实践学习角度看，它的历史却可以追溯到春秋战国时期。

一、我国综合实践活动课程的发展历程

　　从实践性教育角度看，远在春秋时期的墨家就提出了"虽有学，而行为本焉"(《墨子·修身》)，战国时期的荀子也倡导"不闻不若闻之，闻之不若见之，见之不若知之，知之不若行之，学至于行而止矣"(《荀子·儒效》)等强调实践性学习的教育主张，但一直未形成具体的实践体系。

　　直到近代，特别是受到海外推崇的"自然教育""活动课程"等影响，我国实践性教育的探索才有所加快推进，并逐步演进发展为综合实践活动课程。

(一)萌芽阶段：课外活动的产生与探索

　　受到西方学科课程体系的深厚影响，旧中国学校课程体系一直被学科课程所垄断。民国以后，虽然带有一定综合实践色彩的"课外活动"开始出现在教育学的研究视野中，但并未获得当时教育部门的足够重视。经多次课程标准修订汇总，当时的教育部门都没有将"课外活动"类的实践教学作为重点进行全面实施与推广。可以说，在当时的教育体系中，"课外活动"只是一个相对新鲜的教育学概念，远没有上升到课程范畴。

　　但是，非官方的实践性教学探索却产生了巨大突破。近代著名教育家陶行知倡导的"生活教育"理论三大原理之一 就是"教学做合一"，尤其强调

培养学生的动手能力、创造素养。陶行知强烈反对以"教"为中心,并以培养能够拥有"农夫的身手、科学的头脑和有改造社会的精神的真人"作为"生活教育"的目标。而主张"活教育"的近代著名教育家陈鹤琴,同样高度重视实践,强调要"做中学,做中教,做中求进步"。两位教育家的教育主张与实践,引领推动实践教学,为"课外活动"逐步进入学校课程奠定了理论基础,积累了实践经验。

中华人民共和国成立以来,"课外活动"逐步从学校课程的"幕后"走向"台前"。学科课程因其有利于学生在较短时间内掌握科学文化知识,在教学计划、教学大纲中仍然处于主导性地位。但值得注意的是,以包括除学科课程以外的所有活动而命名的"课外活动",开始出现在教学计划之中。

1952年,教育部发布的《小学暂行规程(草案)》明确提出,小学教育的基本原则有四条,其中一条是"课内和课外活动配合进行"。1955年,教育部发布《关于小学课外活动的规定》,这是首个单独对"课外活动"的内容、形式等做出专门规定的文件。它将小学"课外活动"分为课前操(或课间操)、清洁检查和课外集体活动三类。其中,课外集体活动包括校会、班会、少年先锋队活动、体育锻炼、生产劳动、学习小组和社会活动等(社会公益活动和参加少年宫、少年之家等校外机关的活动)。随后20余年,"课外活动"中的"生产劳动"受到高度重视,教育部专门出台文件,对全日制学校不同学段的劳动时间进行了规定,又以"学工、学农、学军""兼学"作为重要的课外活动内容。

1981年开始,"课外活动"的内容与时间发生了显著变化。从四年级开始设立每周1课时的"劳动课",目的在于促进学生手脑并用,培养劳动习惯。知识讲座、时事政治、兴趣小组活动、远足等,都开始进入"课外活动"范畴。同时,"课外活动"的实施保障开始得到加强,教育部的教学计划明确指出,"课外活动"时间不得用于上课、补课或复习。

总体而言,"课外活动"因其"课外""课余"的地位,并没有真正对学科课程的大一统地位形成巨大影响。但是也应该看到"课外活动"的深入开展,为后续活动课程化、综合化奠定了一定的实践基础。

(二)雏形阶段:活动课程被纳入课程体系

进入20世纪80年代中期之后,学科课程过于偏重系统知识传授,相对忽视学生能力素养的弊病日益显现,更有利于学生个性发展、能力提升的"活动课程"越发受到重视。随着《九年义务教育全日制小学、初级中学课程计划(试行)》在1993年秋季开始实施,长期以来,学科课程独霸学校课程体系的局面被一举打破,中小学课程从学科课程一家独大的"一元结构"转变为学科类和活动类两部分课程组成的"二元结构"。这是我国中小学教学改革、课程改革发生重要转变的关键标志。为进一步规范活动课程实施,国家教委出台《九年义务教育活动类课程指导纲要(草案)》,对活动课程的培养目标、内容安排、活动形式和组织管理等做出明确规定。可以说,作为课程的学校教育"实践活动"已经有了基本雏形。

与之前的"课外活动"相比,这一阶段最直接、最显著的变化是"活动"变成了"活动课"。"活动课"的内容延伸到晨会、班团队活动、体育锻炼、科技文体活动、社会实践活动和学校传统活动等多个领域,活动类型包括文体、学科、生产劳动、社会实践、联谊交往等多种形式。可以说,从活动内容、开展形式、组织管理等方面,较之前都有了较大变化。

不少地区、学校对"活动课"的开设和实施做出了积极的探索与努力。比如,天津市河西区通过不断的实践探索,形成了包括活动课的设计思路、具体安排、教学管理等在内的经验,出台了《小学活动课程指导纲要》。上海市教委、广西壮族自治区教委等也都相继出台了中小学活动课程的实施办法或方案。而各地学校对"活动课"的开发实践也如火如荼。上海市实验学校通过不断实践,形成了具有一定校本特色的活动课体系,分别设置了科技、文史、团队等各个活动教育系列的目标与内容。江苏如东小学通过建立科学宫、种养殖、生物考察三个基地,分别开展了计算机、航模、电子游戏、种植学习等数十种活动,通过不同的学习考察来培养学生的技能技巧、劳动责任、科学精神。

特别值得一提的是,活动课程开始出现了"综合性学习"的潜在因子。比如,有的活动课以采访家乡名人为主题,设计了包括查阅有关资料、编写采访提纲、实地采访、整理采访笔记等一连串的学习步骤。有的教师将活动课教学方法总结为实验、研究、表演、实践作业。

虽然"活动课程"是作为与学科课程相区别的身份而出现的，但受到对"活动课程"本质特征、实施原则等关键要素的认识理解不够深入的影响，导致"活动课程"存在着"课程虚设情况多""教师不知如何教"等一系列问题。"活动课程"看似热热闹闹，实际上只是语文、数学、英语等学科课程的扩展、延伸。

(三)确立阶段：综合实践活动课程的出现与推进

2001年，为更好地适应学生全面发展需要，提升基础教育质量，以建立符合素质教育需要的新的课程体系为主要任务的第八次基础教育课程改革开始实施。此次课程改革有许多创新性成果，其中"综合实践活动课程"的设置就是对原有课程结构的重大突破之一。《基础教育课程改革纲要（试行）》规定，从小学至高中设置综合实践活动并作为必修课程，其内容主要包括信息技术教育、研究性学习、社区服务与社会实践以及劳动与技术教育。强调学生通过实践，增强探究和创新意识，学习科学研究的方法，发展综合运用知识的能力；增进学校与社会的密切联系，培养学生的社会责任感。在课程的实施过程中，加强信息技术教育，培养学生利用信息技术的意识和能力；了解必要的通用技术和职业分工，形成初步技术能力。与之前的"活动课程"相比，综合实践活动课程无疑更为强调综合性和实践性。

基于"综合性""实践性"的课程价值判断，学校综合实践活动课程的开发与实施，更为注重课程目标、课程内容的整合，以及课程实施中学生的亲身参与、实践操作。受到第八次课程改革关于"三维目标"设计的影响，综合实践活动课程的目标不再是单一的知识、技能目标，而是注重从"知识与技能""过程与方法""情感态度与价值观"三个维度出发，设计课程目标。如"我爱西湖"综合实践活动课程（三至六年级）的总目标，结合"走近西湖，探究西湖，呵护西湖，创意西湖"四个篇章，分为三个层面：①学生与自然：亲近西湖，热爱祖国自然之美，初步形成保护自然环境的意识。②学生与社会：考察西湖周边社会环境，了解社会行为规则，初步养成服务社会的责任感。③学生与自我：逐步掌握基本的观察、研究的方法，养成乐于求知、勤于探究的习惯。同时,综合实践活动课程的内容不再是单一的学科延伸拓展,而是得到了进一步统整。如有的学校将综合实践活动课程整合为"红色记忆、健康安全、科学科技、绿色地球、小小公民"等领域,有的学校将主题课程内容进行整合。如"钱塘江大桥风云"主题活动课程的内容,包括调查各式各样的大桥,研究不同大桥的特点,查阅大桥的科学知识,了解钱塘江大桥的历史文化,动手设计自己的钱塘江大桥等。尤其值得一提的是,更为注重学生的自主参与,成为综合实践活动课程的又一个"兴奋点"。因此,综合实践活动课程在课程实施方式上变得更为多样丰富,既包括观察、考察、调查、访谈、实验、设计、制作等常用的基本科学探究方法,也包括服务、劳动、养殖、种植等动手实践方式,还包括展示、表演、表现、体验等交流互学方式。

综合实践活动课程的评价方式也发生了积极的变化。作为学生素质发展评价的一部分,对学生综合实践活动的考核与评价不再是简单的终结性评价,而是更强调过程性。部分学校建立了综合实践活动过程性评价指标体系,结合学生在综合实践活动过程中的体验经历、活动记录、研究报告、实践作业等表现,借助档案袋评价、描述性评价等方式,对学生的综合实践活动进行评价与考核。

经过10余年的发展与积淀,综合实践活动课程建设取得了一定成果。学生的问题意识明显增强,学习兴趣有效提升,实践动手能力等获得一定强化,教师的专业成长、课程设计实施能力也有所发展。但客观地说,综合实践活动课程实施仍然问题不少,困难重重。课程价值认识统一度不够高、课程活动设计有效度不够高、教师课程实施能力度不够高、课程评价体系完善度不够高等问题交织、叠加,与理想中的综合实践活动课程仍有一段不小的距离。

（四）发展阶段:《指导纲要》的颁布与实施

2017年9月,教育部《中小学综合实践活动课程指导纲要》(以下简称《指导纲要》)出台。作为指导引领我国综合实践活动课程实施的关键性政策文件,《指导纲要》从"课程性质与基本理念、课程目标、课程内容与活动方式、学校综合实践活动课程的规划与实施、课程管理与保障"五个方面,为综合实践活动课程再出发、再深化提供了新指引。

《指导纲要》对综合实践活动课程进行了明确定义：综合实践活动是从学生的真实生活和发展需要出发，从生活情境中发现问题，转化为活动主题，通过探究、服务、制作、体验等方式，培养学生综合素质的跨学科实践性课程。尤为值得注意的是，《指导纲要》将综合实践活动课程的课程性质框定在"跨学科实践性课程"上，并强调综合实施。这又一次清晰地表明，综合实践活动课程是显著区别于分科课程而具有天然的综合性的。综合实践活动课程的综合性，并非简单地进行目标融合、内容整合，与学科内的知识点联结、学科间的知识连接也有着本质区别，应该自始至终都是综合的——在活动总体指向上，并非单纯的某个知识技能点学习，而指向学生全面发展，培养学生综合素质；在活动问题产生上，并非书本静止的某个或某类问题，而应该是在具体的生活情境中产生的具有复杂性的真实问题，同时这些问题又因具有内在连接性、富有价值意义而转化为活动主题；在活动实施方式上，应该是包括直接体验、间接经验学习、动手实践创造等多种方式，并非只是通过观察、制作等单一方式即可完成；在活动过程中，学生既需要横向连接不同学科知识经验、学习生活经验、社会生活积淀等，也需要纵向深入学习、运用某个领域的已有知识经验，甚至需要通过创新创造生成新经验、新做法等。在这一过程中，学科课程不是被抛弃的、孤立的，恰恰相反，《指导纲要》明确指出，要引导学生主动运用各门学科知识分析解决问题，使学科知识在综合实践活动中得到延伸、综合、重组与提升。

《指导纲要》也建构了较为清晰的课程目标体系，以"价值体认、责任担当、问题解决、创意物化等方面的意识和能力的培养"，作为各学段培养目标的基本维度。同时，《指导纲要》依据社会变化、学生发展等多种变化要素，着重强调了考察探究、社会服务、设计制作、职业体验四种主要的综合实践活动方式，并以附件方式提供了《中小学综合实践活动推荐主题汇总》，推荐了包括考察探究活动、社会服务活动、设计制作活动（信息技术、劳动技术）职业体验及其他活动等主题与说明，为课程实施提供较为完整、清晰、具体的操作指南。

《指导纲要》颁布后，综合实践活动课程建设步伐明显加快，越来越多的学校注重从顶层设计上规划综合实践活动课程内容,通过常态化课程实施、立体化课程管理,让综合实践活动课程能有效融入学校教育过程之中,促进学生核心素养的发展。

二、我国综合实践活动课程的主要研究经验

综合实践活动课程是在2001年正式出现在我国学校课程体系中的,它的研究与实践历程并不长,尚未形成比较系统、具有鲜明特色的课程"流派",更多地停留在教育界专家的理论研究成果之中。简要回顾近20年的综合实践活动课程研究,作为"新课改"理论奠基者、高度关注综合实践活动课程实施的钟启泉教授,创办国内首本综合实践活动课程研究杂志,著有《综合实践活动课程与教学论》等专题研究著作的郭元祥教授,以及长期致力于综合实践活动课程研究与实践、参与《指导纲要》编写的张华教授,都发表了一系列综合实践活动课程的研究成果,是具有一定代表性的关键人物。

(一)钟启泉关于综合实践活动课程的研究

钟启泉教授在其著作《课程的逻辑》中专辟三个章节,详细阐释了综合实践活动课程的"实质、潜力与问题""含义、价值及其误区""设计与实施"。他的研究核心观点如下。

综合实践活动课程是双重课程中的一重。钟启泉认为,现代学校教育所沿用的分科主义课程是一种"书本世界"——使学生游离于"生活世界"之外,这就需要有一种课程形态作为补充,发挥连接"生活世界"的桥梁作用。综合实践活动课程就是这样一种以现实主题为核心组织"知识"与"经验"的课程。因此,在第八次课程改革中出现了学科课程与综合实践活动课程并列的双重课程。他特别强调,学科课程与综合实践活动课程并不是非此即彼的,而是互补的。既可以组织与学科课程学习内容毫无关联的"综合实践活动",也可以根据实际需要,针对学科课程学习内容确定主题,进行深度的"综合实践活动"。

综合实践活动课程的实质是学生。钟启泉认为,综合实践活动课程的实质主要体现在三个方面:立足学生的直接经验,回归学生的生活世界,关

注学生的亲身实践。具体来说,综合实践活动课程是由学生的经验作为核心整合课程资源,不再依托抽象的文化符号。这样的课程方式有利于激发学生在求知活动中充满兴趣,体验感更强。也因为综合实践活动课程挣脱了学科课程的束缚,与学生生活世界直接相联系,更容易达到"生活即教育"的状态。同时,综合实践活动课程的学习方式不是记忆、分析、推理,而是强调学生亲身进行探究、调查、访问、考察、操作、劳动等实践活动,这样更有利于学生在实践中产生真正的智慧。

综合实践活动课程存在三个主要问题。钟启泉认为,综合实践活动课程主要存在着"流于技术的操作,缺乏整体的规划""与学科课程割裂,缺乏探究的深度""以事实研究为目标,缺乏价值的观照"三个问题。这三个问题导致学校在综合实践活动课程实施过程中,只要求学生查阅资源、形成成果,没有真正推动形成师生共同研究、生成经验的过程;只注意到学科课程与综合实践活动课程之间的差别,而没有注意到它们之间的深度联系,孤立地撇开学科课程基础,开展综合实践活动;只注重开展"事实性证明"活动,而不注意活动如何开展更有价值、更有意义。应该说,这些问题的确是困扰综合实践活动课程无法真正取得实效的关键所在。

综合实践活动课程的设计明显区别于学科课程。钟启泉认为,综合实践活动课程作为一种跨学科的"统整课程",在课程设计上与学科课程有着很大差异。具体而言,综合实践活动课程的设计需要遵循两个原则:第一个原则是凸显生活世界的价值。综合实践活动课程偏重于"生活逻辑",它的课程实施路径与学科课程有很大不同,是沿着"主题—经验—表达"而产生的,学习的主要载体就是实践过程本身。第二个原则是寻求生活与学术的交融。可以参考学习日本"综合学习"和德国"事实教学",在注重学生生活世界的同时,以课题形式开展,与跨学科知识背景相联系。

综上所述,钟启泉较为完整地阐述了综合实践活动课程的实质、原则、实施等关键要素,描绘了综合实践活动课程的"理论轮廓与框架"。

(二)郭元祥关于综合实践活动课程的研究

郭元祥早在1992年就开展了活动课程的实验与研究,又相继多轮次开展综合实践活动课程专题研究,创办了国内首本综合实践活动课程杂志,出版了《综合实践活动课程的理念》等系列研究成果。郭元祥对综合实践活动课程的研究，包括课程性质、历史演进、课程目标、课程内容与开发、学习过程与方式、课程管理、课程评价等各个方面。

郭元祥认为，经验性、实践性和综合性是综合实践活动课程的基本属性。这三个基本属性决定了综合实践活动课程的设计与实施，都必然是建立在学生生活经验之上的，是高度重视学生多样化实践学习的，是对学生生活领域和生活经验的综合。这样的基础属性决定了综合实践活动除了具有综合性、实践性之外，还具有开放性、生成性和自主性。开放性主要是指综合实践活动的内容随着学生生活的变化而变化，主题随着学生所处环境、现实需要而确定，过程、结果都是在学生创造性表现中产生的。生成性主要是指它并非事先设定的，包括主题、方式、过程乃至结果都是动态生成的。自主性主要是强调学生在综合实践活动课程中具有自我选择的主体地位。

能力目标取向是郭元祥关于综合实践活动课程目标的重要观点。他认为，从课程目标上看，综合实践活动课程与学科课程之间的本质区别，在于综合实践活动课程是一种"能力取向"的课程。在这样的判断基础上，他提出了综合实践活动能力目标的三个维度：第一个是认知与思维能力目标，主要包括收集处理信息、自主获取知识等能力。第二个是操作与解决问题能力目标，主要包括运用创造性思维解决问题和使用工具技术的操作能力。第三个是交往与社会活动能力目标，主要包括规划、协调、交往、管理等能力。

郭元祥对综合实践活动课程的主题设计及活动设计进行了研究。他提出，综合实践活动课程的主题主要来自两个方向：第一种是与学校传统活动、德育活动结合，设计主题活动。如休业式、安全警示活动等主题。第二种是与学生兴趣结合设计主题。如一位教师布置学生观察放学时段学校周边停车情况，从而形成"学校周边的停车问题"主题。在活动设计上，他强调包含活动背景、活动目标、适用年级、设计者、指导教师小队、活动时长、活动过程和实施建议等要素的活动设计方案，是较为可行实用的。内容主要是围绕人与自然、人与社会、人与自我三个维度，来确定活动主题、组织活动内容的。

（三）张华关于综合实践活动课程的研究

早在2001年综合实践活动课程进入课程体系之时，张华教授就开始了对综合实践活动课程的系统性研究，并以理论研究成果指导上海浦东及全国多所学校进行课程实践。

张华认为，要根据《指导纲要》要求，设计与实施"理解本位的综合实践活动课程"。这样的综合实践活动课程，基于人与自然、人与社会、人与自我三个维度，通过设计学生感兴趣的有价值的生活主题，让学生运用学科思维、观念，在相互协作中解决问题，并以此为契机，不断产生新的自我观点。张华的理解本位的综合实践活动课程，重要的一个指向是破解在综合实践活动课程实施初期所产生的与学科课程完全脱离的弊病，而极为重视学科思维。

张华强调，学科思维的介入，能有效杜绝前期综合实践活动课程在实施过程中，存在的低价值甚至无价值地随意连接学生生活、浅层次乃至蜻蜓点水般进行探究等问题。因此，运用学科思维、学科观念来认识、理解生活现象，进而通过调查、设计、体验、探究等方式解决生活问题，不仅能有效深化学科知识、升华学科观念，也能锤炼社会责任感、创新精神和实践能力。这才是真正的综合实践活动课程。

除此之外，张华也特别强调在综合实践活动课程中要充分认识合作学习的价值，并发挥合作学习的作用。他通过社会维度，观察综合实践活动课程在学校实施的多个案例后，提出综合实践活动课程主要是以合作学习方式进行主动探究。他认为，从社会维度出发看综合实践活动课程的价值、内容，如何与他人相处本身就是课程的重要主题，就"生活世界"而言，这也是真实的"人与社会"维度的现实印证。再从课程价值追求上看，通过合作学习能帮助学生在与同伴交流、沟通乃至争辩中，结合亲身感知、体认与实践，更好地形成一种与他人交往的能力，从而触动内心情感，由此及彼地对社会问题产生更强烈的共情、移情效用。

张华认为，在综合实践活动课程进入新阶段之后，要推进六项课程实施策略：在主题选择上，要走向深度探究。这个深度指的是主题要具有吸引学生长久探究的价值，能持续对学生能力发展产生积极影响。在课程内容上，要走向深度融合。这个融合,一方面是指综合实践活动课程内部指定活动内容的融合,另一方面也包括综合实践活动课程与其他学科课程的融合。在课程空间上,要让学生走出校门。这主要是指学生能进入更广阔的现实生活、社会生活中进行实践学习。在课程时间上,要给予大单元学习时间。这主要是指突破固定课时的做法,根据内容灵活安排课程实施时间,避免因课时限制而走马观花。在课程评价上,要把综合实践活动与综合素质评价深度整合。这主要是指提升综合实践活动课程评价享受与学科课程相同的地位。在课程实施方式上,要积极运用信息技术。这主要是指聚焦信息时代特征,更好地运用计算机模拟、增强现实、虚拟现实、人工智能等现代化新技术手段,拓宽综合实践活动课程的设计思路、实施路径。

第三节　区域综合实践课程
探索历程回顾

自《基础教育课程改革纲要（试行）》中明确提出"从小学至高中设置综合实践活动并作为必修课程"以来，钱塘新区部分学校积极推进综合实践活动课程探索。2015年，以全面推进学校精品课程共建共享的研究与实践为新契机，区域综合实践活动课程逐步进入快速发展阶段。

一、自发探索期：综合实践活动课程蹒跚前行（2015年以前）

2001—2014年，钱塘新区各学校对照课程设置要求，依托既往活动课等开设实施经验，推进综合实践活动课程建设。在推进过程中，部分学校通过拓展学科课程外延、组织各类实践活动、建设实践基地等多种途径，力图开齐、开足、开好综合实践活动课程。但受到课程理念理解不深入、课程整体结构设置不科学、课程建设专业指导不紧密、课程师资力量不优厚等多种因素制约，特别是区域未能整体性设计、系统化推进综合实践活动课程，导致课程建设质量相对不优，存在着与国内其他区县同样的短板问题。

（一）学校课程管理力度偏弱

综合实践活动是《基础教育课程改革纲要（试行）》所规定的必修课程，与其他学科地位相等，自三年级开始设置，每周平均3课时，按要求列入课表。在具体教学中，学校并未将其等同于其他学科，课程设计、实施和评价管理力度相对不大。一是课程建设缓慢。学校仅有学生综合性实践活动，作为参加区市级学生综合性实践活动研究的比赛之用，没有综合性实践活动课程，更谈不上学校层面的课程纲要、具体的活动方案的设计及后续的课程评价。二是课程研究浅化。对课程设计、实施、评价的研究停留在浅表层次,习惯性地使用学科课程建设方式方法,综合实践活动课程的研究程度偏低。三是课程关注不足。综合性实践活动作为一门新的"副科"地位存在,缺少应有的关注,课程支持不足,甚至发生综合实践活动课被挪用现象。

(二)教师课程认知准度偏弱

综合实践活动的教师一般是兼职教师,未经过系统培训,对综合实践活动课程认识偏差,理念把握不准,导致他们在课程设计和实施过程中存在偏差。一是课程概念偏差。错把学生活动、社团课当课程。将德育活动、节日活动、春秋游活动、学科实践活动等同于综合实践活动。二是课程学习方式偏差。学习方式单一,缺少实践性、综合性,将综合性实践活动的学习方式等同于其他基础课程的学习方式。三是课程开发碎片化。教师立足自身视野,根据各自的特长、兴趣开发课程,未从学校的办学目标、办学理念出发,没有体现综合实践活动课程的价值体认、责任担当、问题解决、创意物化的目标意识。

(三)课程开发实施效度偏弱

综合实践活动课程涉及自然、社会和自我三大领域,其内容包括研究性学习、劳动技术教育、社区服务、社会实践四部分。课程主要由学校依托当地资源,结合自身特点进行开发。对于习惯了有现成教材和统一课程标准的教师来说,必然面临很多困惑与不足。调查发现,81%的教师认为自己的教育理论知识储备不足,在综合实践活动课程开发和实施过程中有困难。一是课程开发要素掌握不清。把教学内容当课程,没有课程纲要,不能有序设计课程目标。二是课程资源发现能力不高。很多教师对身边的课程资源常视而不见,有的能发现资源,但缺少资源课程化的能力。三是课程内容组织不强。不能进行结构化处理,只是做简单的目标叠加、内容拼凑,对课程内容缺乏系统化的组织、遴选。

二、带动发展期:区域精品课程建设快步向前(2015—2017年)

自2015年1月浙江省规划课题"区域视野下学校精品课程的开发与共享的机制研究"立项以来,为建立区域推进学校精品课程开发、共享制度,2015年3月,钱塘新区出台《关于区域推进学校精品课程建设的实施意见》,

重点明确认定标准和奖励办法,文件为持续推进学校精品课程建设的规范化、科学化、精致化起到了引领、导向、支持的作用。学校精品课程为学校自主开发的课程,包含拓展性课程和综合实践活动课程两类。这一阶段,通过推进学校精品课程建设,有效带动综合实践活动课程的建设取得了一定的发展。

(一)共建共享,形成精品课程开发新样态

精品课程共建共享被纳入《杭州经济技术开发区关于深化义务教育课程改革推进方案》,在已有的一些评比、考核制度中增加学校精品课程指标,将精品课程作为重要指标纳入"杭州经济技术开发区课改示范学校评比""杭州经济技术开发区示范学校评比"。教研室以区域课题推动,教研员聚焦三项活动多侧面推进,省市课程专家全程跟踪精品课程培育,激活教师课程开发的潜力,形成了具有区域特性的循环培育课程流程。通过共享活动、共享平台的运作,盘活了学校精品课程,生成了精品课程共享带来的创生型课程。例如,"成长味道"课程是从网络上下载了下沙一小的"尊重"课程,又与课程负责老师联系来校听课,共同探讨而开发出来的。如此,外驱内活,保障了课程开发的可持续性。

(二)提质提量,催生精品课程开发新成果

学校对综合实践课程的精品意识明显提升,2017年年初再次对学校拓展性课程情况进行调研,与2014年年底的调研有显著不同:①有了学校对课程开发的多方位支持。②有了比较完善的拓展性课程建设系列管理制度。③学校龙头课程精品化打造轨迹明显。④注重学校特色项目(社团)转化成精品课程。随着学校精品课程的循环培育,学校拓展性课程的数量显著增加,三次申报拟开发学校精品课程的数量从14个上升到48个。课程质量得到提升,2015年到2017年共验收通过精品课程37个,37个课程大部分转化为省、市级课题,通过课题研究促使课程更加精致。学校开设的课程都有相对规范的课程材料,在课程实施上已经比较好地体现了拓展性课程实践性、综合性的特点。

(三)边建边研,构建精品课程开发新模式

每一批学校精品课程的产生都经历了申报、论证、纲要编制、实施、验收五个环节的培育。在培育过程中强调专家学术力量的支持,每一个课程在后四个环节都安排两位专家引领,各环节在操作中安排充足的时间,保障活动中的交互性。参与活动者在倾听、互动中学习课程的开发、实施,从而了解走向,使得课程培育周期成为课程开发训练流程。同时,采用覆盖式培训和弥散式教研双线进行的方式。覆盖式培训是面向学校课程管理层培训、骨干教师培训、普通教师培训,形成了从学校课程管理层、决策层到可成为课程开发先行者、领衔者的骨干教师再到普通教师的培训。教研课题推进、聚焦实施、聚焦课例、聚焦名师的教研活动,以学科教研,名师"百家讲坛"展开,参加活动的对象涉及各学科教师,这类教研活动从"点"入手,做深、做精一个点,这些"点"成为弥散式的课程培训,有利于教师清楚了解课程开发中的某一个方面,这些点的聚合及在场与虚拟平台混合推进,使教师对课程有比较全面的了解。

三、快速发展期:综合实践活动课程提档升级(2018年开始)

2018年6月,"区域视角下综合实践活动课程建设新范式研究"被立为杭州市第三批重大课题。2019年1月,《杭州经济技术开发区关于进一步加强中小学综合实践活动课程建设的实施意见》(杭经开社〔2019〕10号)出台。文件针对存在的问题,寻找对策与措施,通过建立动态备案和四级培训机制、进行精耕式指导和"三级"网状监控,着力于个性特色和普适精品课程打造,提炼出了具有区域特征的课程推进举措:达成"点""面"并举的共识,编制逐年更新的具有"导航"功能的手册,"四重"组合策略,基于问题的精准教研,实现了综合实践活动课程的区域规范、高质量实施。

(一)精品引领,发挥以点带面效度

其一,打造精品,实现共享。学校精品课程是学校拓展性课程中的标杆课程,以学校精品课程建设带动综合实践活动课程推进。认识精品多元价值,精品共享,校际互通,实现课程建设从孤立走向共建、共享,为均衡发展搭台。确立精品打造意识,引导学校将已有的特色项目改造成综合实践活动精品,提出转化建议,对有意向转化的项目(社团活动)介入指导,进行方案设计、修改。凸显精品地位,举办"共享与展示"活动,使精品课程课题化。

其二，规范方案，掌握技能。第一步，提供模板。明确方案的板块组成，对每个板块提出设计建议。第二步，进行多人员、多形式指导，学校总体实施方案是一个从无到有的过程，给予不同形式、不同专家的指导。第三步，逐轮改善后备案。备案过程化，通过备案，课程方案已经从粗放走向规范化、校本化、系统化。通过掌握课程开发的规范程序，了解课程的基本要素，初步掌握综合实践活动课程开发的技能，在外部环境的刺激和学校内部行动中，人人具备规范开发课程的意识、技能。

（二）管理夯实，加大课程推进力度

第一，强化目标管理。2017年以前目标定位在建一批精品课程，供区域内学校共享、共用，到2019年目标更加多元、细化：初步建成富有区域特色的载体平台，建成指向实践育人的课程新样态，逐步建成结构合理均衡的师资队伍，加快建成可测可信可用的评价系统。

第二，提升课程领导力管理。一是强化课程思想力管理，在整合式培训中凸显学校领导、教师等不同角色特点，培训内容体现从纲要到方法。二是提升课程设计力管理，提供建议性模板，学校规划设计方向明确；多形式指导，实施方案走向优质；逐轮更新方案，各校形成系统化课程。三是支撑课程执行力管理，通过不同类型教研共同体的建立、运作，提高学校、教师课程执行能力。

第三，质量保障管理。一是设立区校两级管理机制，学校制定课程建设规划、实施方案、审核等制度；区级以培训、教研活动抓推进，以精品课程建设抓质量。二是研制供学校、教师参考的一套量表，量表设计体现发展性、整体性、多元性、动态性。三是实施考核评价，学校年度考核增设具体指标，导向课程发展；激励机制上凸显课程倾斜，涵盖资金资助和评先评优倾斜。

（三）四重组合，提升课程实施质量

一套培育机制、一条培育流程、多类先建形态、三大共享场域组合策略，以专业支持与精品课程的示范、辐射共推课程建设。

一套培育机制。在不同阶段给予教师专业支持，保障课程培育有序、有监控、有指导、有质检。启动机制，以"三给"策略帮扶设计；审核机制，以两级审核保障课程价值;巡查机制,以四内容指导把握课程质量;验收机制,"三定一助"质检辨清模糊处。为课程的循环实施提高质量。

一条培育流程。设计与开发机制相呼应的流程,每一环节每一个课程都有两位课程专家跟踪把关。议方案,课程定位引领;论纲要,把好整体设计关;进现场,提高实施质量;备验收,总结反思促完善。

多类共建形态。根据课程开发者能力、课程资源丰富共建形态,提高课程质量。在学校已有的传统活动、社团、特色项目基础上转型的课程;为解决同一个问题而自发聚合开发的共同诉求型课程;根据学校发展的需要、学生的需要直接引进或改造的外援型课程;学校根据区域内高校、企业、社区提供的28个基地,结合需求实地考察后开发的实践基地型课程。

三大共享场域。共享是示范与推广的方式,建立三大场域保障共享落地,充分发挥综合实践活动的辐射效应。基于区学术节大型"展示与共享"活动和校际选择性共享而建立的课程共享联盟,视听共享场;开辟区教育网综合实践活动专栏,利用网络上传各类课程资源,展开自主性课程学习,以实现课程资源共享的网站共享场;强调现代技术应用,建立起开放包容的、打破学习空间的场域的自媒体交流场。

一系列的组合措施打造了强势推进拓展性课程实施合力,形成了课程建设新样态,培育了一批高质量课程,提升了教师课程研发、研究力,学生综合素养得到了大幅度提升,并产生了一定的国际影响力。由此逐渐形成了具有区域特征的综合实践活动课程建设特色经验,使综合实践活动课程建设走上了可持续的、稳健的发展道路。

第二章

综合实践活动课程建设概述

第一节　研究背景

综合实践活动课程建设是时代发展对学生综合素质发展的基本要求，也是对基础教育通过变革人才培养模式的回应。综合实践活动课程以学生的经验和生活为核心，强调学生的亲身经历，要求学生积极参与到各项活动中去，体验和感受生活，注重问题发现和问题解决能力的培育，将知识学习领域拓展到社会生活中，完成了从知识育人到实践育人的转变。同时，课程强化了育人导向，引导学生深入理解和践行社会主义核心价值观，充分发挥课程立德树人的作用，培养学生的社会责任感、创新精神和实践能力等综合素养。它具有鲜明的开放性和生成性，地方和学校需结合区域和学校特色与培养目标，利用课程资源开发课程，研究学生喜欢的教学内容，在课程实施的方式和时间上更具有动态性与弹性。

钱塘新区在充分调研的基础上，了解区域课程建设的背景，明确综合实践活动课程建设的价值定位，经历6年探索，逐步形成了具有区域特征的综合实践活动课程建设的新模式。2014年10月，钱塘新区组织了课程建设的专题调研，发现区域课程建设的现状不容乐观，存在一些问题。

一、区域保障不够

《基础教育课程改革纲要（试行）》明确"实行国家、地方、学校三级课程管理"，综合实践活动课程的实施，与地方的课程改革需求、学校校长的重视程度、教师的特长爱好都有密切的联系。综合实践活动课程在区域内要全面、快速推进，需要有专门指向课程的引领性、激励性政策，有教师培训、学校管理制度、课程培育、教育督导等一系列的跟进措施，这些措施相互配合协调,有序跟进,才能为整体推进课程形成系统的保障性支撑。区域推进的前提条件是区域行政部门对综合实践活动课程的重视,钱塘新区综合实践活动课程的常态化实施还存在问题,主要因素也是缺乏区域层面的政策支持和经费保障,对学校课程实施缺少指导引领和实施考核等,存在"三缺"现象。

第一,缺政策。综合实践活动课程具有开放性的特点,不像其他课程,有与之配套的教材教参,在2017年以前也无明确的课程指导纲要,需要学校结合地方特色和学校实际自主开发。因缺少与课程有关的政策,综合实践课程不被重视,地方和学校没有认识到课程的价值,课程处于自由生长状态,无论是课程计划还是课程实践都没有设置,课程被边缘化,成为"空白课程",或者虽有综合实践活动课程,但真正实施的是其他学科的课程。及至2017年《指导纲要》颁布之后,综合实践课程处在自觉、自由开发的状态,有零星的精品课程产生,但尚未形成综合实践课程的开发、实施和评价等有效的政策支持,尚未实现课程的常态化实施。

第二,缺监管。钱塘区立区较晚,2014年8月前,教育业务由江干区教育局托管,2010年9月才建立杭州经济技术开发区社会发展局,下设教研室,但只有2名教研人员,直到2014年8月教研室内设人员15位,各学科有了专职或兼职教研员。区域教研室集教研、科研、培训于一身,但一直没有综合实践课程的专职教研员,因此导致综合实践课程的区域建设缺少专一型的引领者,缺乏综合实践活动课程的专题培训,尚未建立一支课程引领团队指导学校的课程设计开发。指导教师培训方面,区域培训只涉及部分综合实践的教研组长。在监督考核上,缺乏综合实践活动课程建设的总体计划和推进进程表,没有相关的课程实施细则和评价,没有持续地进行课程的反馈、改进和优化等工作。

第三,缺保障。2018年4月,再次对区域内公办学校进行了实地调研。首先,查看了学校的课程实施方案,11所学校有成文的方案,但部分方案架构不完整,内容不成体系;2所学校没有方案,以拓展性课程方案充当。其次,教师访谈,调研了学校对课程的重视程度:①有没有召开过"综合实践活动课程纲要"解读培训活动?②有没有组织过综合实践活动教研活动？③浙江省教育厅教研室下发的各年级教师使用书是否下发到任课教师手里？从访谈中了解到学校均没有开展《指导纲要》的解读活动，也没有开展相关的教研活动，教师用书也没有组织专门的学习、讨论或使用要求。这些问题的存在，与学校层面、区域层面的机制跟进缺失有关。

区域层面缺少政策支持、考核监管和制度保障，使得区域课程开发和实施处于自由自发状态，课程开发不规范，呈现无课程方案、无课程纲要、无教材的三无状态，区域内部缺乏交流和共享，课程重复开发造成了物力、人力的浪费。从区域整体发展的层面看，迫切需要打破学校"随心所欲""各自为政"的状态，从政策、制度上规范和推进课程的开发，保障课程的有效实施。

二、学校实施不力

高质量的学校总体规划和实施方案是综合实践活动课程能真实落地的有效保障。但综合实践活动课程还未被提到足够重要的地位，学校课程规划仍旧缺乏系统架构，部分学校将拓展性课程建设规划替代学校的总体规划，课程设计呈拼盘样，不具有系统性，课程目标不明确，缺少层级性，实施路径含混不清，缺乏可操作性，学校综合实践活动课程建设仍面临巨大挑战。

首先，课程缺规划。学校在实施国家课程和地方课程的前提下，结合学校的传统、优势以及办学理念，充分利用学校和地域课程资源，进行综合实践活动课程的开发，以体现课程的个性化、特色化、传统化。而很多学校未从学校的传统特色、办学理念出发，做好课程的顶层设计，而是教师根据自己的了解，结合自身优势和知识特长、兴趣设计课程，并不是站在学校管理者的角度，结合学校的优势和发展方向来开发课程。教师们各自开发的课程之间的关联性与结构性比较弱，有的甚至直接将学校的德育活动和少先队活动串联在一起，组合成综合实践活动课程。"碎片课程"和"拼盘课程"现象严重，缺少设计，不成体系，没有课程化。实际上，经过多年的拓展性课程的实践，一些项目已经课程化，甚至达到精品层级，如"寓言北沙""尊重""谈古论今"是钱塘新区近两年产生的省级精品课程，从最初人人选择学习到部分学生选择学习。这些精品课程一直以综合实践活动课程的学习方式展开,但这些高品质的课程只是散点地存在,并没有全部纳入学校综合实践活动课程的架构中,各课程之间没有明确的联系,不能简单组合成学校综合实践活动课程体系,而是需要负责学校综合实践活动课程的教师熟悉已有课程,找寻相互之间的联系,有意识地将已有精品课程纳入综合实践活动课程的体系之中。学校课程是否成体系,是否有体现办学理念的品牌课程与建校时间的长短无关联,顶层的规划需要系统架构,才能使课程结构化、体系化。

其次,教师缺能力。一方面,教师课程开发的意愿不强,调研发现,有课程开发意向的教师占35.5%,没有课程开发意向的教师占64.5%。课程开发的意愿明显不足的原因依次为:①课业任务重,缺少时间;②缺少课程资源;③缺少开发课程需要的专业知识、能力;④缺少足够的经费、培训力度不足;等等。解决这些原因需要学校层面、区域层面的机制跟进,切实为教师开发课程创造条件,以增强教师开发课程的意愿。同时,教师课程开发与实施能力不足表现在三个方面:一是不清楚课程开发四要素,把教学内容当课程。二是缺少发现课程资源的能力,很多教师对身边的课程资源常视而不见;有的虽能发现资源,但缺少资源课程化的能力。三是课程内容零散,不能进行结构化处理。

最后,学校缺管理。学校对课程的管理近乎空白,具体体现在三个方面。一是无质量标准。学校普遍表示还没有系统考虑过质量标准,负责上课的教师会对学生进行评价,一般最后一次课会安排课程学习评价,形式丰富,有考试、到课情况、作业情况、参与情况等。有的领导谈到课程质量时谈的是学生在各级各类比赛中的获奖情况,有的以学生喜欢程度来看课程质量。二是无相关教研活动。处于"各自琢磨"状态,均无相关教研活动来提升实施质量。三是无管理制度。学校都表示目前还没有管理制度,以后会出台相应的管理制度。有的领导表示"目前只要教师愿意开发课程,能把课程开发出来就好"。

在考察学校的保障机制后,发现拥有保障机制的学校有8所,没有保障机制的学校有5所。在保障机制上各所学校有不同的举措,有的成立学校课程改革领导小组,但无具体的举措推进;有的纳入学校学年重点工作,但无

检查、奖励机制；有的以考核方式保障课程的开发，但与其他学科相比，没有明显优势，缺少课程的开发和实施，教研和培训，评价、考核和奖励等多维度、全方位的制度保障。

综合实践活动课程在区域内要全面、快速地推进，是一项系统工程。课程实施的常态化、序列化、品质化，需要政策的定向支持，需要专门指向课程的引领，需要学校和各种社会力量的支持，从政策层面、管理措施、实施评价等一系列的政策或措施，这些措施相互配合协调，有序跟进，才能为整体课程形成系统的、保障性的支撑。

第二节　价值定位

　　《指导纲要》的基本理念明确提出,课程目标以培养学生综合素质为导向,运用学科知识,发展社会责任感、创新精神和实践能力等核心素养;课程开发面向学生的个体生活和社会生活,引导学生从日常学习生活、社会生活或与大自然的接触中,提出具有教育意义的活动主题,从而获得关于自我、社会、自然的真实体验,建立学习与生活的有机联系,使学生具有价值体认、责任担当、问题解决、创意物化等方面的意识和能力。

一、基于人生观和价值观的形成

　　价值体认是学生通过班团活动、主题活动、参观考察、实地走访等亲历活动,获得有积极意义的价值体验,形成集体思想、组织观念,培养社会规则认同和国家民族认同,在职业体验中形成劳动观念和态度,具有职业生涯规划和职业选择的能力。价值体认具体表现在以下几个方面。

　　一是在亲历活动中获得真切感受。学生积极主动地参与到班团活动中,通过走访模范人物、研学旅行、职业体验活动获得真切感受。综合实践活动课程主题的选择面向学生生活,与学生的日常生活相结合,与学生的兴趣爱好相结合。例如,"小记者大视界"课程,学生通过访谈抗战老兵,从老兵的叙述中想象激烈的战争场景,在老兵的回忆中明白抗战护民的初心,曾经的热血牺牲换来的是今日的和平生活,学生在近距离的访谈中感受到烈士的牺牲壮举,会倍加珍惜如今幸福和平的生活,体会到个人的生活与国家发展、社会进步息息相关。

　　二是在社会实践中培养家国情怀。走进社会,关注生活,在社会实践活动中感受民族情怀、国家意识，从而形成对民族与国家的认同感，如研学课程"行走钱塘江""行读下沙""话说钱塘江""杭州诗韵"等，走进杭州，亲近生活的世界，培养热爱家乡、热爱祖国的情怀。也有一些课程关注了社会热点问题，如"舌尖战疫——使用公勺公筷的社会意识研究"课程，抓住了疫情下的热点话题，基于现状和现实条件，分别从"历史文化""社会现状""公共意识""医学调查"四个方面去调查公勺公筷的使用情况，培养学生参与社会的意识，意识到自己是社会的一分子，积极参与社会生活，响应社会"公勺公筷行动"号召，致力于打好舌尖抗疫防护战，为形成席间文明新风尚助力。在防疫工作调查的过程中，学生感受到医生、防疫工作人员冲在前线的责任担当，中国快速有效地控制疫情的举措有力，民众严格遵守防疫要求的自觉意识，感受到中华民族的优秀和中国的强大，为身为中国人而自豪。

三是在职业体验中形成生涯规划。职业体验将体验式学习与职业生活情境联系起来，让学生置身于丰富的、与职业活动相关的情境之中，全身心地参与到职业实践活动中去，获得真切认知与情感体悟，从而加深对自我世界、生活世界、职业世界和社会发展的理解，并将这样的理解与自身的未来发展相联系。比如，通过文海的"陶陶乐　乐淘淘"陶艺课程的学习，学生具备了基本的陶艺制作与欣赏方面的素养，了解陶瓷文化的丰富性、陶艺表现的多样性等。在下沙二小的"创意木工"职业体验中，学生学会了机器的使用，创意设计与制作。这些课程并非让学生获得相关的知识，而是让学生亲历实践活动，在现实的职业情境中理解和应用所学知识，即"连接学习"。它不仅拓展了学校组织学习活动的方式和范围，而且使学生在学校学习的学术性知识有机会成为解决与职业生活相关问题的理论工具，从而让学术性学习与职业性学习连接起来，也让理论知识与实践知识连接起来、学校世界与职业世界连接起来、学业生活与职业生活连接起来。通过活动，发展兴趣专长，形成积极的劳动观念和态度，具有初步的生涯规划意识和能力。

二、基于社会服务和责任担当能力的发展

责任是分内应做的事情，也就是承担应当承担的任务，完成应当完成的使命，做好应当做好的工作，责任感是衡量一个人精神素质的重要指标。责任担当是指围绕家庭、学校、社区的需要开展服务活动,具有参与学校、社区和社会服务的能力,主动探究社区问题,具有基本的处理能力,形成主动服务他人、服务社会的情怀,具有强烈的社会责任意识和法治观念。社会服务是责任担当形成的主要途径,其教育价值主要体现在其对道德教育和理智教育两个方面的意义。

第一,培养学生的公民责任意识和担当能力。"责任担当"核心素养的培养在综合实践活动课程架构中,更直接的是借由"社会服务"这一部分体现和落实的。社会服务以培养学生对社会的责任意识和担当能力为核心,以促进学生的道德践履为基本特征,要求学生把关心他人的需要和关心自我的成长有机结合起来。

以听涛小学《16号大街非机动车辆逆行的现状调查和倡议》为例,学生观察到了校门口非机动车辆逆行的现象,预见到小学生的人身安全有可能遭遇危险的隐患。通过成立活动小组,知晓调查活动过程,安排活动任务。在上学、放学时间,对16号大街逆行车辆进行统计和调查。通过对数据的整理、调查访谈等,分析造成非机动车逆行的原因,组织书写、发放禁止非机动车逆行的倡议书,并给交警部门建议,在世茂二期北门和听涛小学的门口增加仅供非机动车辆和行人行走的通道。如果学生只是调查了校门口的逆行现象,那只是一种单纯的了解社会现象的调查活动。但学生分析了造成逆行的原因,并提出整改建议,向大众宣传,向有关部门建议。那么,这样的调查研究体现出学生对生活环境的一种关心态度和意识。另外,学习不再只是以关注知识的真理性为指向,同时还以服务为目的来关注知识的实践意义。简言之,学生是以一个负责任的公民身份在学习、思考和行动,形成对自我、社会和世界的完整认识。

由此,学生在教师的指导下,走出教室,参与社会活动,以自己的劳动满足社会人的需要,如公益活动、志愿服务、勤工俭学等,它强调学生在满足被服务者需要的过程中,获得自身发展,促进相关知识技能的学习,提升实践能力,成为履职尽责、敢于担当的人。

第二,促进道德成长和知识学习的有机统一。社会服务要求学生把关心他人的需要和关心自我的成长有机结合起来,作为这种有机结合的结果,学生在道德成长和理智学习上相互促进，甚至在某种意义上改变着学习的性质，促进道德成长和知识学习的有机统一。

如景苑中学"行走钱塘江"课程的一次主题活动"钱塘新区空气质量调查与改善建议"，如果学生只是坐在科学教室里通过仪器分析空气样本，那只是一种单纯的学科研究活动，它是以学习知识为其唯一目的；如果学生以改善区域空气质量为目的，对不同时间段采集的空气样本进行研究，并把研究的结果报告给相关的污染防治部门或向大众宣传，则这种研究就体现了知识学习和道德学习的统一、学科探究和生活探究的统一、对世界的关心和对学习的关心的统一。负载和折射了周围环境工厂生产与排污的信息，体现出学生对生活环境的一种关心态度和意识。另外，学习不再只是以关注知识的真理性为指向，同时还以服务为目的来关注知识的实践意义。简言之，学生是以一个负责任的公民的身份在学习、思考和行动，具备了探究社区问题的意识，形成对自我、学校、社区负责任的态度和社会公德意识。

三、基于知识运用和深度思维力的提升

综合实践活动是以问题解决为旨归的课程。问题解决是指学生在教师的引导下，关注自然、社会、生活，发现并提出自己感兴趣的问题，能将问题转化为有价值的研究课题，主动运用所学知识理解与解决问题，提出自己的想法，能反思与调整，最终形成对问题的有利解释或规范的研究报告、研究成果。在此过程中，学生发现问题，自主探究，保护了学生的好奇心和探究精神，在运用知识解决问题的过程中发展深度思维，培养了团结协作的品质。

其一，呵护和发展学生的好奇心及探究精神。培养孩子的探究精神，关键在于激发孩子的好奇心。《中国学生发展核心素养》框架中的"人文底蕴"和"科学精神"皆要求学生具有从事人文和科学探究的基本精神及态度，而实践探究活动鼓励学生遵循并发展自己的好奇心，根据自己对生活世界所存在的疑问，构建研究的主题；同时指导学生运用所学知识及观察、访谈、实验、文献查阅等方法进行深入研究，并开展一系列探究活动，如野外考察、公

共设施参观、社会调查、研学旅行等,从而促进学生探究意识和探究能力的维持及发展。

其二,综合运用各种知识,提升深度思维能力。思维能力是通过分析、综合、概括、抽象、比较、具体化和系统化等一系列思维过程,对感性材料进行加工并转化为理性认识来解决问题的。思维能力是学习能力的核心,学生一切的学习活动、发明创造活动,都离不开思维。综合实践活动课程的主题是学生在日常生活、研学旅行、校外考察和社会调查中发现的问题,在对这些问题进行价值考量的理性思考之后确立的;在充分了解研究对象和目的地的情况后,制订基本的研究计划,包括安排好分工、准备相关工具并提出问题的解决办法;在活动过程中,需综合运用所学知识及技能,围绕各自的问题展开现场考察和深入探究,收集解决问题所需的资料和数据,并对其进行归类和分析,勇于批判质疑和创造,最后则以适当的方式展示自己的研究成果。可以说,实践探究活动的整个过程都需要学生多元智力的投入与整个身心的参与,学生的深度思维能力获得真正的生长与发展。

其三,发展学生的团体合作与交流能力。团结协作能力是指建立在团队的基础之上,发挥团队精神,互补互助以达到团队最大工作效率的能力。对于团队的成员来说,不仅要有个人能力,更需要有在不同的位置上各尽所能、与其他成员协调合作的能力。实践探究通常要求学生以小组的形式开展探究活动,彼此之间必须具备关爱、尊重、理解和同情的情感,发展组建小组、小组活动和交流思想三种最基本的社交能力,具备团队意识和互助精神,才能真正有效地解决研究问题。如"ADD玩创"课程,以学生为中心,强调同伴合作、小组学习,要求学生以小组为单位完成一个项目,在课程评价中,特别关注社会能力发展的团队合作评价,将学生解决问题的方式、思维习惯、社会技能、合作能力、分享和商讨等考虑在其中,特别重视个性及团队意识的形成。

同时,探究活动的场所及主题领域也不仅仅局限在本校、本地甚至本国文化内,需要与不同学校、不同区域和不同国家的不同年龄、身份的人进行交流,考察异域文化场馆并对多元文化进行研究,从而更有力地促进学生的国际交往与理解能力,这也是《中国学生发展核心素养》所提出的素养之一。

四、基于创新和批判思维力的培养

创意物化是通过构思设计、动手操作，综合运用知识和技能，将自己的想法或创意付诸实践，解决实际问题，服务于学习和生活。在此过程中，发展实践创新意识和审美意识，增强创意设计、动手操作、技术应用和物化能力，形成在实践操作中学习的意识，提高综合解决问题的能力。其主要价值体现在以下几个方面。

第一，打破学科界限，实现深度学习。"学会学习"是时代发展对于当代学习者提出的要求，也是我国学生发展核心素养之一。要发展这一素养，需要从学习知识到学习能力的转身，在实践参与、手脑并用的过程中促成学习和理解。学生的年龄决定了他们在处世的经验和阅历上都与成年人存在着极大的差距，在进行创意物化的过程中，往往从身边小物件入手，由小及大，循序渐进，一步步地激发学生发挥自己的想象，动手实践，将自己的想法加以呈现。因此，学生的创意物化结合自身兴趣爱好与现实需要，着眼"小"处，强调"实"处，选择有价值的问题进行观察与思考，提出多种问题解决方案，并创造性地运用各种活动材料和工具，将理论、概念等应用于实践，产生实践结果，即创意物化，从而获得更加丰富、具体的经验。综合实践活动课程力图在超越学科课程的分科内容上建立联系并实现综合，让学生在学习的内容和方式等方面有更多的选择性，让学生在自主的实践中进行探究的直接体验。此时，学习涉及对自身所处的真实世界和工具本身的理解，使知识学习与真实世界的联系得以加强，学习本身的内涵也超越了浅层意义上的"获得"，走向更为深度的学习。

第二，培育创新能力，形成批判思维。创意物化在进行问题解决的过程中，学生经历了问题的选择和价值判断，思考改善原有条件，制订计划、建模及选择合适的方式解决问题等，思考问题解决的合理性和适切性，发展了创新能力，培养了复杂问题解决的行动能力，逐步形成思维批判能力。

例如，听涛小学"生活创意实践"主题活动中，"如何解决上班家庭在晴雨变化的日子里晾晒衣服的问题"，指导学生进行创意物化，组织学生进行DIY衣架改良设计实践活动。为了激发学生的创意，需创设情境、亲身示范，运用头脑风暴收集思维策略,引导学生想点子。学生想出 12 种创新设计好方法,通过变一变、加一加的方法,给室外晾衣架加雨棚,制作雨量感应装置,控制伸缩弹簧,做到遇雨时自动拉紧衣架,弹出雨棚。模型制作的过程,旨在让学生将一定的想法或创意付诸实践,通过设计、制作或装配等,制作和不断改进较为复杂的用品。创意是破旧立新的创造,是批评思维的碰撞,是创新智慧的对接,物化的过程便是学生为解决问题采取模仿、体验、探究、反思,使学习过程成为一个手脑并用的过程。

综合实践活动的开发与实施强调学生乐于探究、勤于动手和勇于实践,注重学生在实践性学习活动过程中的感受和体验,要求学生超越单一的接受学习,亲身经历实践过程,体验实践活动,实现学习方式的多元化,发展学生的创新精神和实践能力。

第三,链接多种素养,面向未来发展。实践创新能力、开发高质量产品的能力或生产力,是 21 世纪学生发展核心素养内容。创意物化的过程需要通过参与特定领域,如艺术、科学、商业、技术等,共同体的创造实践活动培养与之相关的习惯、性向、知识,从而形成专长,并跃升到创造新的理念、方法和产品的新水平。

如文海"ADD 玩创"课程,需要学生具备科学和技术、戏剧和表演、艺术和设计三大模块的基本素养与能力,开设戏剧和表演、艺术和设计、科学和技术、即兴挑战、中心挑战五大类别的项目内容,尤其是 DI 创新思维项目的挑战问题,设置 DI 即兴和团队挑战课程内容,着重于培养学生良好的科技、艺术素养以及提高解决实际问题的创新实践和团队合作能力。

引导学生综合运用各个学科知识创意活动,几乎涵盖了学生学习、生活、活动的各个方面。各学科既可形成一个有机整体,又可相互独立,实现综合实践课与各学科的有机整合,发展学生的综合素养,对学生的成长与未来发展都有着深远的意义。

第三节　整体设计

　　综合实践活动课程建设是国家规定、地方管理、学校开发的必修课程。不同于学科教学，它的有效开发和实施离不开行政推动、教研带动和学校主动，地方和学校是课程的管理者与执行者，更是课程创生的领导者与建设者。针对钱塘新区综合实践活动课程面临的问题，诸如，区域内行政政策推进力度不够、业务部门引领监管不足、区域内学校课程缺乏系统架构以及管理保障制度不全等问题，需要更好规划、统筹，给予政策支持、机制保障，提供专业指导、教研支撑等，逐步形成区域推进综合实践活动课程的系统架构。

一、推进思路

　　面对综合实践活动课程建设中存在的问题和面临的挑战，如何实现综合实践活动课程在区域内规范化、特色化、品质化实施？一是基于全纳性调研做好顶层设计。对每一所公办中小学开展调研，从四个维度设计调研：课程设置、课程管理制度、课程研发、实施与评价情况。课程建设中存在的问题与支持需求，了解整个区域的课程实施的真实情况，形成调研报告，为课题研究的针对性提供基础。行政部门根据调研结果，听取业务部门的分析、对策思考后，确立了行政部门、业务部门、学校三方协同建设课程思路，行政出政策，业务部门给专业引领，学校开展校本化实施。二是在探索中立足区域资源，坚持"两条腿走路"。挖掘区域内高校园区、产业园区、学校特色资源，建立实践基地，开发实践基地课程；开发学校精品课程，形成循环机制，充分发挥精品课程的共享价值，使精品课程成为以点带面推进区域课程建设的"引路者"。三是坚持教研为支撑,提供专业性引领支持。开展普及性与针对性相结合的培训,建立教研共同体,丰富教研方式,以专业的力量推动课程建设。四是建立区校双层级管理机制,形成课程管理、考核评价等一系列管理措施,为整体推进课程形成系统的、整体的保障性支撑。总之,在课程建设推进过程中,行政部门、业务部门、学校突破自己管辖的边界,形成整体观,在核心课题的引领下,三力并举,打造强势推进合力,发挥出各自的优势和作用,相互配合,有序跟进,最终形成互助合作、共建共享的区域推进综合实践活动课程建设的态势。

二、研究设计

我们从"系统思考、整体推进"的架构入手,在区域整体范围内整合区域内各种力量,形成综合实践活动课程的推进合力,构建区域推进相对固化的范式,探索实施的有效策略,研究保障措施,形成区域层面整体推进态势。

(一)概念解析

模式是某种事物的标准形式或使人可以参照著作的标准样式。钱塘新模式指钱塘新区立足区域学校、教师、学生、课程资源等现实情况,形成综合实践活动课程区域建设的基本样式。行政部门、业务部门、学校三方联合行动形成课程建设的驱动、助动、主动的合力,为课程建设赋能,使课程建设落地。行政部门发政策、定目标、设机制、定考核、给激励,为课程建设定航、领航、导航;业务部门研标准、供模板、给指导、重管理、强监控,为课程建设提供专业引领与督查;学校建机制、出规划、设方案,对课程进行统筹考虑、整体设计、研发实施,发挥课程建设主体的能动作用,最终实现综合实践活动课程常态化、特色化的高品质实施。

(二)研究目标

区域推进综合实践课程建设意味着思维方式的改进与生活方式的重塑以及核心价值观的建设,必须要思考课程建设活动的出发点和归宿。总体来说,区域综合实践活动课程建设旨在达成以下目标。

1.形成综合实践活动课程推进的区域范式及推进策略

区域推进策略是整体到细节落实课程的重要支撑。重点打造精品课程高质量建设,从认识到书册指导、策略支持、教研跟进,全方位、多视角保障学校综合实践活动建设区域高质、均衡发展,形成三位一体合力推进,培育过程精致化,教研活动精准化,产生创生型全新课程,形成区域辐射性发展。

2.打造一批有影响力的综合实践活动精品课程

通过从对学校综合实践活动课程行动计划、课程体系和实施方案考察,寻找一些具有丰富课程资源、合理课程方案、严格管理制度和优秀课程教师试点学校,通过专家指导、课堂实践和反复修改,重点打造精品课程,帮助学校课程建设,逐步形成鲜明特色助推学校特色品牌的进一步深化,在区域内外产生一定的影响力。通过多种平台推广共享,以点带面,协同发展。

3.成长一批综合实践活动课程的专兼职教师

形成教研员、学校领导、骨干教师和兼职教师四级培训,达到学校重视综合实践活动课程,教师人人知课程的目标,使学校、教师对学校精品课程有较为全面的理解、把握;组织专题研讨活动、论坛活动,前期指导和后期提炼及各阶段调研等多形式、全过程指导,成长一批知目标、明体系、懂实践、会指导、善总结的综合实践活动课程的专兼职教师。

(三)设计原则

基于区域综合实践活动课程的现状,联系区域推进综合实践课程建设的目标,在具体课程建设的过程中需遵循以下原则。

1.形成合力

行政部门出台政策,形成外力驱动环境,为学校、教师开发课程提供保障;专家团队发挥引领力,为学校、教师开发课程提供专业支持,提供跟踪性、浸润式指导。行政驱动力,专家引领力,学校、教师内驱力三力并举,打造强势推进综合实践活动课程实施合力。

2.系统配套

综合实践活动课程建设要明确目标,把准课程建设原则,进一步落实课程建设任务,优化课程设置、课程开发、课程实施、课程资源和课程评价,健全组织领导、加强队伍建设、考核激励上建制简章,做好课程建设的系统配套,为推进课程建设保驾护航。

3.精品引领

综合实践活动要树立标杆,集合区域优势资源,强势打造一批精品课程,培育一批有意愿、会开发、懂课程的综合实践活动课程的优秀教师,形成开发实施的共同体,最终实现校际联通,课程共享共建,推进整体发展。

(四)基本理念

1.共建、共享,打开课程建设共赢方式

共建、共享是区域推进综合实践活动课程建设的基本理念,互助思维,是学校、教师双赢的方式。学校、教师在行政政策支持下,在专家的专业引领下共同开发课程,区域层面搭建平台,让学校、教师共同享有课程。共建,集合区域专职和相对稳定的兼职综合实践活动课程教师,互相扶持、推动,在课程开发中提升开发实力。校内以跨校、跨学科合作为主流,建立起同一课程、不同课程开发共同体,切实减轻教师开发课程之重。共享,缩小学校、教师差距。对于个性化强的学校特色课程,共享可以成为学校办学特色、品牌成熟及扩大影响力的有力推手;对于普适性强的课程,共享可以弥补部分学校自身开发实力不足;减少已开发课程资源的浪费,有效避免学校重复开发相同课程,避免不必要的耗时耗力;更好地实现校际联通,使课程利用最大化,实现课程建设从孤立走向共建、共享、共赢。

2.关注、尊重,促进每一个学生个性成长

区域视角推进综合实践活动课程,一个很重要的目的在于开发出一批高质量的课程,使课程学习常态化、特色化、序列化。综合实践活动课程面向学生完整的生活世界,其课程的内容与学生的生活实际紧密联系,引导学生从日常学习生活、社会生活或与大自然的接触中提出具有教育意义的活动主题,使学生获得关于自我、社会、自然的真实体验,建立学习与生活的有机联系。开展考察探究、社会服务、设计制作等综合实践活动,以项目化学习、问题解决式学习、体验式学习、辩论式学习等新型学习方式丰富学生的学习方式,不同的实践活动,不一样的学习方式,使学生的多种能力获得锻炼、成长。由于学习方式体现较强的自主性、实践性与开放性,让每一个孩子找到适合自己的学习方式,真实体现关注、尊重每一个学生。

（五）技术线路

为了实现区域综合实践活动课程规范、高质实施,我们通过行政驱动,定目标、设机制、增考核、给激励来加强保障;采用研标准、育精品、精教研、强管理等方式业务助动,加强课程管理;同时,学校主动出击,建章立制,立足学校实际情况设计规划,研发方案,推进课程建设。技术线路如图2-1所示。

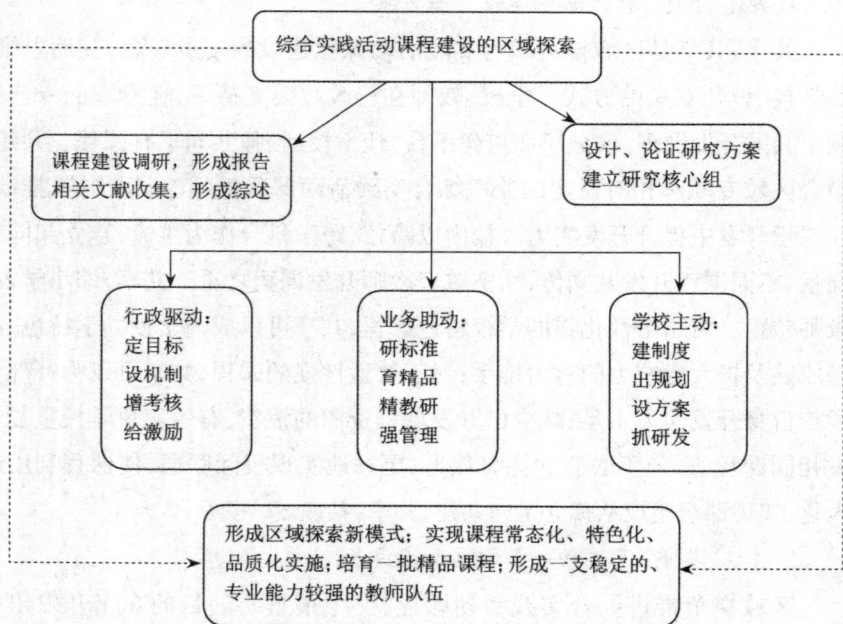

图2-1　技术线路

行政部门发挥驱动力,出台政策,制定课程建设区域目标,设定推进机制,增设多维度课程考核内容,如学校对课程的总体规划与每学期学校实施方案,有总体实施方案和学期活动计划相互配套、衔接,形成促进学生持续发展的课程实施方案等相关内容;给激励,包括纳入培育程序拟开发精品课程的资金资助,认定精品后的奖励,论文、案例评比,区名师认定优先等。业务部门发挥助动力,通过研制精品课程的认定标准,在引导精品建设中示范、影响一般综合实践活动课程的研发与实施;培育精品课程,一年一次循环培育,以精品课程的培育过程强化培训、引领,以精品课程的展示与共享发挥示范、辐射功能;精准教研,针对学校在课程建设中存在的问题、需求开展教研活动,在不同形式、不同目的的教研活动中提供专业引领与指导;强化管理,通过课程建设的目标管理、过程管理、质量管理,充分发挥业务部门的优势,使课程建设有引领、有督查。学校充分发挥主动作用,建立起课程管理相应的制度,如课程开发的审核制度、课程资源管理制度、月教研制度等;出学校的课程规划,规划立足学校的办学理念、目标、学生、社区资源等;设计学校每学期课程实施方案,凸显年级之间的梯度、衔接与配套,使课程建设体现持续性、改进性;抓好学校课程的研发,在相应的管理机制下保障教师研发课程以团队的力量研发,课程的实施有教研活动的支持,从而避免课程实施的随意性。

　　行政部门、业务部门、学校三方聚力,致力于在跨学科的综合实践活动课程中培养、发展中小学生的综合素质,充分发挥课程在立德树人中的重要作用,使这一门与其他学科并列设置的基础课程,不因需要"学校开发为主"而成为督查时有、日常时有时无的"模糊"课程,三方协同使课程真实走向规范化、常态化、品质化全面实施。

第四节　机制建构

　　全面实施素质教育为综合实践活动课程的建设提供了政策环境，三级课程管理体系的确立为其提供了独特地位和组织保障。它是国家设置、地方管理和学校开发的必修课程，具有综合程度最高、实施形态开放灵活、综合多元和自由选择的特征。但这些特征在一定程度上增加了课程建设的难度：难以整合课程内容、难以开发运用资源、缺乏合格的专业师资队伍以及难以对其进行有效评价等。问题的突破和解决需要区域层面发挥政策导向、评价导向、资源保障导向的功能，建章立制，形成长效运行机制。政府管理部门出台相关文件，学校制订课程建设方案，教研部门给予多方支持保障，区域推进综合实践活动课程的建设与实施。

一、政策机制

　　推进综合实践活动课程建设需政府重视。原杭州经济技术开发区管委会社会发展局（以下简称"社发局"）根据地方情况，制定符合本地区教师教育发展的相关政策，如适当增加教师编制名额、调整教师绩效工资制度和职称评审制度，为积极开展综合实践活动的学校和教师创造良好的外部条件，从制度上保障综合实践活动的地位。

　　2015年4月，社发局公布了《杭州经济技术开发区关于推进学校精品课程建设的若干意见》（杭经开社〔2015〕55号），根据培育周期建立启动机制、巡查机制、验收机制和展示机制四种机制，这四种机制互相依存，依序推进，共同完成推进精品课程共建的使命。重点明确认定标准和奖励办法，文件为持续推进学校精品课程建设的规范化、科学化、精致化起到了引领、导向、支持的作用。

2016年6月，社发局颁布了《杭州经济技术开发区学校精品课程共享实施建议》，在已有的一些评比、考核制度中增加学校精品课程指标，在新出台的"杭州经济技术开发区课改示范学校评比""杭州经济技术开发区示范学校评比"的评比项目中，把精品课程作为重要指标，建立学校精品课程发展的长效机制。

2018年8月，为加快深化义务教育课程改革，立足前期区域探索实践经验基础，进一步加强中小学综合实践活动课程建设，有效提升学生实践能力、创新精神，钱塘新区制定了《杭州经济技术开发区关于进一步加强中小学综合实践活动课程建设的实施意见》，并于2019年1月正式颁布，文件进一步明确课程建设目标，利用资源，开放空间，建成富有区域特色的载体平台，基本建成指向实践育人的课程样态，完善师资队伍建设，加快建成可测可信可用的评价系统。提出课程建设原则，突出课程目标的"发展性"，课程实施的"实践性"，课程内容的"综合性"；进一步落实课程建设任务，优化课程设置、课程开发、课程实施、课程资源、课程评价。关于课程建设保障机制，该实施意见提出了三个强化，从课程领导小组的成立及学校课程领导小组成立的相关要求，到综合实践活动教师队伍的建立，教研活动的组织、活动评比，学校年度考核和教师绩效考核等方面有了明确要求。

有了政策支持和制度保障，综合实践活动课程的建设以及实践基地的运行得到当地政府的有力监督，监督课程的设置及课时比例，不定期地实地考察，从而有效保障其课程地位，保证综合实践活动开展课程常态化。

二、管理机制

《指导纲要》指出"学校主体、地方指导"的综合实践活动课程规划要求，无疑对课程意识及建构能力提出新的挑战，这就需要从区域、学校、教师三个层面来强化课程规划意识，关注从课程到教学的整体设计与实施。如何指导区域综合实践的规划建构，促进学校自主实施课程规划，需从政策制度上保障综合实践活动课程，专业引领助力学校规划与课程建设，通过教研和培训提高课程的领导力，打造精品课程，促进课程的常态化实施。

(一)专业指导机制，课程实施有引领

专业指导机制是区域推进课程规范、高品质实施的有效保障。钱塘新区以"四式教研"制度为课程开发和实施明方向、促发展、保质量；以走向研究的线性机制，将问题课题化，保障综合实践活动课程持续化研究。

其一，四式教研制度。教研对一线教师的课程开发和实施具有引领、解惑的作用。四式教研制度把握课程实施中的关键点、普遍性问题、困惑处、学校个性问题，分别采用专家引领式、课堂研讨式、头脑风暴式和校本订单式四种教研方式。第一，专家引领式，即在专家的引领下，学校基于各自的办学理念、办学特色、培养目标、教育内容综合实践活动课程进行整体设计，而后把握课程关键点，培育精品课程，保障综合实践活动课程规范实施。第二，课堂研讨式，即以主题式课堂研讨活动解决教师的实际问题，破解课程建设过程中的共性问题。第三，头脑风暴式，即通过归类问题、组织议论、引辩解疑、撰写案例等方式，解决课程实施中的一些主要问题，为问题解决提供案例。第四，校本订单式，即每学期初向学校发布订单，征求学校个性化指导的要求，对订单的内容进行归类，安排深入学校指导顺序，满足学校个性化需求，解决学校个性化难题。

其二，走向研究的线性机制。研究可以使问题解决走向深入。钱塘新区将教师在实践过程中的问题进行整理、归纳，提取有价值的问题，把问题转化成课题，提高综合实践活动课程实施的质量。第一步，典型问题课题化。教研员通过实地走访、调查访问的方式征集问题，以专业性判断问题的研究价值，引导教师把有价值的问题转化为研究课题，以研究的方式解决问题，使问题的解决规范、有序、科学。第二步，课题指导实战化。思考如何把课题方案设计转化为研究行动，主要采取三种方式指导：一是深入课堂听课指导，给出具体建议；二是集中交流课题实施进展与存在困惑，提供参考建议；三是形成基于课题方案的实施案例，通过看案例把握课题的实施情况，以把握课题研究的进展，总结出综合实践活动实施的一些策略。第三步，成果提炼支架化。从感性经验到理性思考，需要为一线教师提供多形式支架帮助，如论文、小课题成果样例，批注式个别化指导，反复打磨，形成优秀成果,提升教师的研究力。

(二)监控机制,课程实施有制度保障

监控机制贯穿课程建设的始终,制约或影响着课程规划、实施与评价等各个环节,起着至关重要的作用。因此必须对综合实践课程建设的各个环节,尤其是课程实施过程加以监督和控制,以保证课程的有效实施,保障课程质量。一是建立逐轮更新机制,监控学校方案的设计与课程内容的更新;二是形成常态化监督制度,通过调研、实施方案备案与指定任务驱动,监督学校的课程管理。

其一,建立逐轮更新机制。学校总体实施方案每半年备案一次,备案方案需有具体可操作课程内容,符合学生年龄特征、学校特色、利用区域资源的具体的学校学年(或学期)活动计划与实施方案;内容设计应基于学生可持续发展的要求,设计长短期相结合的主题活动,使活动内容具有递进性;体现区域普适型精品项目的融入与浙江省教研室出版的教师使用书籍中部分项目的有机融入。通过成熟方案,成熟主题示范、解析,让每一所学校以一个学期为单位对原有方案进行优化、更新,以期在两年时间内形成相对稳定的、具有学校特色的、序列化鲜明的学校实施方案,达到顶层设计精细化。

其二,形成常态化监督制度。常态化监督制度是通过走访调研、指定任务等方式,督查各校的课程管理与实施状态,帮助学校建立起规范的课程管理。教研员每学期一次深入学校,通过“一听”了解学校课程规划、本学期的课程开设情况与实施情况;“二看”看课,听教师上指导课,看学校的课程实施管理制度等资料,把握学校课程实施的现状;“三访谈”访谈学生、教师与教研组长,明晰各方面对课程实施的真实体验,了解一所学校课程实施的真实情况。为区域层面采取针对性措施提供了可靠的原始资料,另外,教研员了解到各校管理经验的得失,提供支持,交流分享,实现经验互通。同时,各校需完成指定性的任务,提供“六个一”,即一个学校课程规划、一篇论文、一个案例、一个课题、一次教研活动、一份学生活动作品;从学校层面将教、研、训三者有机结合起来,促成综合实践活动课程的教师能力发展,提升课程实施的水平。

(三)教研机制,课程实施有支撑

综合实践课程的建设,无论是方案的设计还是课程的实施,关键因素都是教师,要建立起一支有意愿、懂课程、会开发的综合实践课程教师队伍,增强课程建设的软实力。如何才能提高综合实践课程教师队伍的整体素质,提升课程领导力和课程执行力,需在区域教研和校本教研的机制创新方面做出一些尝试,通过"四级培训制度",提升课程领导力;探寻"教研共同体制度",提高课程执行力。

第一,四级培训制度,提升课程领导力。四级培训指教研员培训、学校课程管理层培训、专职教师培训、兼职教师培训。教研员通过省市专家培训,以讲座为主。管理层和专职教师由区域层面组织,兼职教师培训由区域和学校相结合。学校课程管理层培训旨在使学校领导认识综合实践活动课程开发于学生发展的价值,熟悉课程实施政策、文件,了解保障课程开发学校需要建立相应课程管理机制的必要性。专职教师培训重在掌握课程开发、实施技能;兼职教师培训重在应用、改造课程后实施的能力培训,主要通过区级、校级教研活动的开展落实培训,保障一学期两次有计划、有序列的培训。立体式四级培训结构如图2-2所示。

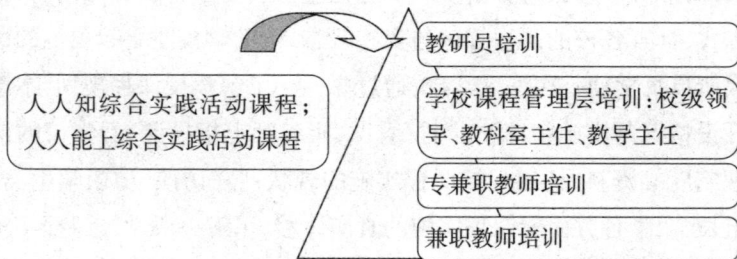

人人知综合实践活动课程;
人人能上综合实践活动课程

教研员培训

学校课程管理层培训:校级领导、教科室主任、教导主任

专兼职教师培训

兼职教师培训

图2-2 立体式四级培训结构

四级培训立足学校的需求,实施精准培训,对象明确、目标清晰、任务清晰,体现出四整合的特征:一是教研与培训整合,教研活动培训化,区级层面的教研活动体现序列化。二是展示与培训整合,开展综合实践活动精品课程的"展示与共享"活动,把活动培训化。三是评比与培训整合,将各类综合

实践活动的评比紧扣课程实施中的重难点,把这些活动的操作序列化,使教师领会课程实施的关键要素。四是校本研修与培训整合,选择组织较好的校本教研活动,深度介入指导,再度策划,扩大到区级层面,突出校级优质活动的升格。

四级培训凸显角色特点,分类培训。校长、分管领导的培训,注重课程价值、定位、规划、管理上的培训,提升课程核心领导力;专兼职教师的培训,注重课程的具体实施以及基于问题的研究,包含课程的开发、实施、评价,教师不仅是课程的执行者,也是课程的实践研究者,在具体课程事务上具有领导力。

第二,探寻教研共同体建设制度,提高课程执行力。教研共同体是由一批具有共同愿景,有志于综合实践活动课程的教师组织起来的教研团队,是提升教师专业能力的有效组织。通过区域层面自上而下组建和骨干教师自下而上自发形成的两种方式组建共同体,共同探讨综合实践活动课程建设中遇到的问题,互相促进,提高教师的课程研发能力和实施能力。根据不同的组建方式和教研内容,一般有这几类:由区教研员组织各校综合实践活动课程的教研组长组建而成的管理类共同体;因共同开发相同或相关课程而形成,课程开发类共同体;由共同兴趣和爱好而自觉自发形成的自结盟类共同体;为了参加市级以上某项评比而临时组织教研共同体。教研共同体会根据教研目标和内容不同,选择不同的教研方式,如批注引领式,由专家、骨干教师以线上或线下的方式,针对学校课程规划与实施方案的设计做出批注式引领,指导修改,提高方案设计的文本质量;合力协作式,教师团队致力于某一门课程的共同研发,确立实施主题,开发课程资源,设计具体的实施方案,强化教师对课程的研发能力;共诊助修式,深入具体的课堂实践,引导教师把握不同的课型,反复磨课,充分发挥教师群体的力量,提升教师课程实施能力。

无论哪种共同体,都体现出以下特征:一是"做中研",以师为本,边学边做,边做边学,体现开放、共论、互助的特征;二是强调互助与合作,通过聚焦于一定任务或主题的协作性教研活动,教师在个体思考、实践的基础上,通过同伴互导、协同教学、集思广益,互促成长;三是聚焦生成与反思,教师在

具体实践过程中产生的新问题，通过骨干教师、专家的点拨，同伴的头脑风暴，自我的实践反思等，创生出更多解决问题的办法、策略。

　　总之，综合实践活动课程建设中我们充分发挥行政区域统筹的力量，由教研主管部门加强管理和培训，借助多方力量协同开发，制定相应的课程实施与管理组织制度，提供实施保障，形成综合实践活动课程共建共享、协同创新的长效机制，共同推动了区域课程的开发与实施。

第三章

综合实践活动课程建设的基本策略

第一节　行政驱动策略

立足钱塘新区区域实际,挖掘区域特质,行政部门发动驱动力量,出台文件,筛选、培育示范点,推广课程,发挥督促、引导、保障作用。专业指导启动引领力量,制定标准、改革教研、助推发展,发挥目标导向、要点把握、问题解决的作用。学校强化执行力,主动定位、科学开发、规范实施,开展创造性的工作,保证课程落地、健康发展。三方协同,形成合力,稳步推进综合实践活动课程的共建共享,最终实现综合实践活动课程区域内常态化、特色化、序列化的高品质实施。

综合实践活动课程的区域推进,首先以行政力量为推手,设计、出台具有导向性、强制性的课程推进指导意见,使课程推进做到有目标、有规则、有培训、有保障;接着对实施学校进行筛选,发现和建立试点学校,再将具有示范性的课程规划及资源进行区域推广,形成自上而下课程推进策略,保障课程建设有序有质、扎实可行。

一、文件保障

综合实践活动课程因其无规定、固定的教材(活动手册)导致课程实施常态化得不到保障。2019年1月,钱塘新区正式颁布了《杭州经济技术开发区关于进一步加强中小学综合实践活动课程建设的实施意见》,旨在认真贯彻落实《指导纲要》及浙江省教育厅相关通知精神,进一步加强区域内中小学综合实践活动课程的建设。

(一)目标导向,确立可行性"制高点"

确立四大目标。一是到2020年年底初步建成富有区域特色的载体平台,充分利用区域的企业、高校、社区教育资源。第一批学生综合实践活动基地为浙江理工大学丝绸博物馆、浙江计量大学计量博物馆等28个基地已经落实,这些基地活动的课程化建设尚处于起步探索阶段。二是基本建成指向实践育人的课程样态。基于学校办学目标、理念的课程架构已经初步架构成型,共建共享的课程在前期课程研究的基础上,已经总结出集中、分散、线上、线下多种形式的共建共享方式。三是逐步建成结构合理均衡的师资队伍。师资是课程高质量实施的软实力,师资的设置、研训将成为课程建设的"重头戏"。四是加快建成可测可信可用的评价系统。评价一直是综合实践活动课程建设中"一块难啃的骨头",确立可测可信的评价方式、评价指标、评价工具是助推课程快速推进的逆向手段。

(二)原则把关,设立基础性规则

突出三大原则。一是突出课程目标的"发展性"。综合实践活动课程强调运用各学科的知识,认知、分析和解决现实问题,寻求知识学习与生活意义的契合点,着力发展学生的核心素养,以适应快速变化的社会生活、职业世界和个人自主发展的需要。二是突出课程实施的"实践性"。从学生自身成长需要出发,强调走出教室,参与社会活动,开展社会调查,研学旅行,运用各种工具动手制作,让学生在亲历中成长。三是突出课程内容的"综合性"。主题活动的选题凸显内容的连续性、递进性,构建科学合理的活动主题序列,运用多门学科知识开展活动、解决问题。

(三)优化实施,提供引领性策略

体现五个优化。一优化课程设置。采取分散与集中相结合的方式,探索长短课、跨年级,保障课时到位。二优化课程开发。课程开发在《指导纲要》的指导下紧扣学校办学目标与理念,设计适宜的课程规划与实施方案,课程架构清晰,课程开发体现阶段性、连续性,在真实的主题活动中培养学生的综合素质。三优化课程实施。根据活动主题有机整合活动方式,使不同的活动要素有机渗透、融合,以多样的方式积累切身体验。强化活动方案指导,使方案成为学生行动的指南。以小组合作的方式展开活动,让学生在全身心的活动中,发现、分析、解决问题,体验和感受生活,发展实践创新能力。四优化课程资源。立足区域资源,建立实践基地,探索基地活动课程化之道。五优化课程评价。充分发挥评价的激励导向功能,注重过程性评价、强化质性评价、表现形式评价。指导学生建立个体实践档案,记录活动痕迹。

(四)强化保障,提供保驾性管理

提供三维度保障,强化组织领导、队伍建设及考核激励。设立从区行政部门、教师教育学院到学校的管理、指导、督查、考核小组,使课程建设层层落实。队伍建设从强制性的专兼职队伍的形成到教研、培训、展示与共享等各类活动的实施,促进教师水平的快速提升。考核激励从四个方位下力:学校绩效考核有明确的综合实践活动课程建设可检测指标;对共享性区级精品课程予以一次性经费补助;新增团队激励办法;评优评先适度倾斜。

二、试点推进

设立课程推进试点是为了探索课程开发与实施的路径和形式,通过试点确定课程规划模式,课程设计样式,课程教学范式,以点带面实现整体突破,取得总体成效。首先通过多种路径寻找示范点,在选点基础上提供区域化培育机制,建设示范点,发挥优势、立足校本、凸显特色,真正起到试点的示范引领作用,以此提升区域综合实践活动课程实施资源开发的质量。

(一)示范点筛选

示范点是他人学习的榜样,是发挥引领作用的样板。在这里指可供学校学习的较为完备的课程规划,教师学习、借鉴的课,活动方案及精品课程等。我们通过三条路径寻找示范"点",具体如下。

一是寻找完善的课程规划。完善是指课程规划有明确的课程架构,且各课程间内在肌理清晰,即各个课程的活动主题、目标的确立与学校的办学目标、办学理念接轨,与学生的生活对接,与学生的年龄特征以及已有的知识、经验相符,较好地体现综合实践活动从学生的真实生活和发展需要出发,有梯度地培养学生的综合素质。

二是寻找纯熟的课程设计。纯熟是指课程设计与学校的办学理念、学生的培养目标、学校的课程资源紧密结合。通过发现省市级精品课程在实施中多采用综合实践活动的学习方式,与精品课程的负责人对接,根据综合实践活动课程的实施方式进行改造,包括课程纲要、教材、活动手册及学习方式。与相关人员对接,纳入学校综合实践活动课程规划。

三是寻找规范的课堂实施。规范是指教师的定位是指导者,且活动设计及流程包含准备、实施、总结三个阶段,体现内容组织的关联性,能力训练的阶梯性,实施方式的生动性。以每学期为单位,区教师教育学院组织综合实践活动课程专项的优质课评比,从教案设计到课堂评比,形成序列。对一、二等奖的教案进行"三研三磨":选择主题,集体备课;课堂实施,行为跟进。评议提升,形成新案;再次施教,连环跟进。继续完善,提炼总结;三次施教,形成案例。为全区起到示范引领作用。

(二)示范点运作

区域层面推出一套确实有效的机制:启动机制、巡查机制、验收机制,在不同阶段给予学校和教师专业支持,保障课程培育有序列、有监控、有指导、有质检。

启动机制,"三给"帮扶。在课程开发起始阶段,采取"三给"策略,驱动学校、教师共建课程行动,降低课程开发难度。给专家,组织省市课程专家论证课程纲要,论证重点聚焦"课程结构""课程内容"与"实施建议"。解决课程结构图难以表现,课程内容堆砌、罗列及实施建议缺乏操作性三大问题。给"中介",区教研部门组织教研员、教科员通过调研、教研、课题活动、会议四条路径细致了解课程开发情况,做好沟通、协调,为学校、教师牵线搭桥,引导学习、借鉴、合作共建课程,促成合作型课程的产生。给资金,2015年出台的《学校精品课程建设的若干意见》沿用至综合实践活动典型课程的开发,课程纳入区拟开发范围,给每个课程发放8000元的资助资金,开发过程中资金不够的课程要求学校补足。

巡查机制,"四环"监督。巡查机制主要对课程方案完善、课程纲要编制、课程实施和课程验收四个环节进行检查、指导。在巡查中做到三个明确,多向对话,注重协商。多向对话是指在巡查中强调与学校、教师、学生对话,通过对话,了解课程开发状况,共商对策。通过看材料,提修改建议;通过看课程实施,诊断、改进课程的实施方式。访学生,了解学生对课程的反

响;访教师,分享教师在课程实施中的欣喜,了解实施中的困惑,并给出建议。每次巡查前,强调区校之间的协商(包括时间、内容、形式等),便于深入指导。

验收机制,"三定一助"质鉴。"三定"指定验收时间与课程、定验收要求与流程、定验收专家;"一助"指在课程验收前,邀请专家做专题讲座指导教师撰写课程实施报告。其中查阅验收材料,看实施环节采取两种形式:现场听课或看微视频,再听课程负责人介绍课程特色,然后专家提出问题,由课程负责人答辩,最后专家商量后认定等级,撰写鉴定意见。鉴定意见表一式两份,区、校各一份,课程负责人要求根据建议进一步修改,为课程的循环使用打好质量基础。

通过一套机制的运作,对试点精品课程进行重点打造,指导课程开发,朝优质的综合实践活动课程方向发展;对课程进行诊断,提炼经验,发现问题,形成改进方案,帮助学校课程建设,逐步形成鲜明特色。

三、课程推广

以试点示范学校为点建立联动区块,试点学校发挥示范、引领功能,带动其他学校开展系列活动,互助、协同发展。

(一)推广原则

1.筛选普适性强的课程

普适性课程是指在内容选择、实施方式、评价策略等方面,具有基础性、普遍性以及广泛的适用性,简单易学,可直接"移植"的课程多为单学科、跨学科的综合实践活动课程。

2.甄选地域性浓的课程

它根植于特定地域并始终面向该地域,充分研究掌握地方社会、历史、文化、经济条件和现实状况,挖掘课程资源,根据地域经济,文化发展情况或社区发展要求而制定,设计出充分体现地域特色的课程,在适用范围上必然具有鲜明的地域性。

3.挑选匹配度高的课程

课程匹配是指将区域内推广的各类课程搭建出一个"课程超市",供各校依据学校、教师、学生特点进行选择、借鉴并合理使用，最大限度地满足不同层次学校的需求，学校能挑选到与本校实际高度匹配的课程。

（二）推广形式

综合实践活动课程的推广是为了推动本课程在区域内的常态化实施，由区业务部门牵头，通过多种推广形式，将各试点学校的课程实践成果辐射到区内其他学校，以实现共享共进的目的。钱塘新区课程推广实施主要有以下两种形式。

集中推广：一年一次大型"展示与共享"活动，每年11月举行，各学校利用这样的活动集中展示课程成果，以物化成果、分场地主题报告、课堂展示三种类型共享。物化成果包括四类：课程规划、课程方案、课程纲要、课程实施报告及教材；分场地主题报告主要围绕精品课程的规划与实施进行经验分享；同时将每年评选的优质课进行现场展示，邀请专家进行课程引领，以确保综合实践活动课程在区域内的常态实施。

分散推广：包括三种形式，即网络平台推广、社交媒体推广、点对点走校推广。开辟区教育网精品课程专栏，每一批课程验收结束后，上传课程资料，供教师下载学习、应用。建立课程管理及精品课程负责人QQ群，教师半自发建立的微信联盟小组，不定期不定时互动、互助，形成"守望相助"的课程共享支持。走校推广，将每年通过验收的精品课程建立精品课程资源库，从学校需求出发，立足本校实际，寻找适合本校的精品课程，在选择基础上以点对点的形式开展"精品课程走校"活动，在走校期间，组织观摩学习，充分发挥精品课程的辐射效应，确保走校推广的实效性。

（三）推广内容

推广内容需精心选择，既要满足各学校的需求，又要引领各学校规范、创造性地实施课程。因此，可以选择课程方案、课程资源、精品课例进行推广，以助推区域内各学校综合实践活动课程的常态化和创造性实施。

一是方案共享。一所学校要常态化实施综合实践活动课程，制订一个科学、规范的课程总体实施方案是开发与实施的第一步。由于区域内各学校的情况各异，因此在各学校制订课程方案并上交备案后，寻找具有共享性和独创性的课程方案进行分享，帮助区域内各所学校制订出定位准确、规划合理的课程方案。

推荐共享性课程方案：从区内各学校设计的综合实践活动课程方案中寻找具有规划性、借鉴性的课程方案。这类课程方案具有明确的课程目标，体现学校办学理念，落实层级化建构，各课程间内在肌理清晰，层层递进，有可操作的课程实施方式，有立足于学生发展的评价体系，有完备的课程保障。

推介独特性课程方案：一方面从区内综合实践活动课程的共享性方案中寻找符合办学目标和理念，对接生活实际，具有培养学生综合素养的独创性课程方案。另一方面撷取在地方资源、课程基地、学校特色三个维度开发中有亮点的课程方案。方案负责人通过现场介绍交流本校方案的独特性，同时将优质方案上传网络平台，供区内学校进行互评互鉴，以实现优质方案的区内推介。

二是资源共享。课程资源决定着课程实施的丰富性和有效性，实现课程资源共享，以场域联展各校特色课程资源的同时，在虚拟平台共建区域课程资源库，为各所学校提供更为丰富的课程资源，进而推动课程实施的进程。

以场域平台为载体，联展特色课程资源。在区域层面，以试点学校为辐射点，进行课程资料的联展。联展内容包括课程资源的选择与运用、主题的设计与实施。联展形式结合学校实际情况，力求丰富，内容全面，尽力发挥先行课程的辐射、引领作用。

以虚拟平台为载体，共建区域课程资源。依托虚拟平台，开辟区域综合实践活动课程资源专栏，定期上传资源包，供各校下载、学习、应用。同时建立综合实践活动课程交流平台，以网络协同学习平台为技术支撑，开展自发的、有引领的互学共进的研究，形成"守望相助"的课程资源共享模式，在资源共享与智慧共建的同时实现专业化增容、延伸与发展。

三是课例共享。通过总结提炼综合实践活动课程在实施中的经验，保障课程有质量实施。将一、二等奖的课例进行汇编，为教师提供学习样例，分学科组织优秀案例分享活动，介绍课例中的亮点、课例产生的背景、课例的形成过程等，再组织教研员、执笔者、教师三方对话，在对话中进一步了解、把握综合实践活动课程实施的要求（见案例3-1）。

【案例3-1】 印象甘蔗

张老师以下沙二小的"北沙五地"课程开发为抓手开展教研活动,执教"印象甘蔗"时,邀请市教研员亲临指导。上课的地点在学校的甘蔗地,"印象甘蔗"以说甘蔗、辦甘蔗、品甘蔗、玩甘蔗、论分享五个环节展现了利用学校资源自主开发课程的魅力。市教研员在评课时说:"课可以在教室里,可以在蓝天下,学习材料可以是文字书籍,也可以是我们今天看到的甘蔗。利用常见的甘蔗,用学生喜闻乐见的方式,让学生体验了分享的快乐,领悟了分享的意义。相信在这些孩子的心里,分享的意义不再抽象、空洞。"

区域性组织和实施综合实践活动课程是中观层面的课程管理行为,在广泛开发课程资源,有效管理和扎实推进综合实践活动课程实施的过程中,通过文件保障、试点推进、课程推广三大策略,致力于理论与实践相结合,创新行为模式。主要解决两个实质性的问题:一是加速理想课程变为实施课程的进程,引领区域综合实践活动课程低耗、优质、高效地开展。二是促使区域实施该课程均衡发展,实现区域教育均衡化的总目标。

第二节　业务助动策略

为了让钱塘新区综合实践活动课程实施走向规范化,区教研室特制定了《综合实践活动精品课程的认定标准》(以下简称《标准》)。钱塘新区以《标准》为课程导引,指明了一线教师课程开发和实施的基本方向;以各种形式的教研活动为依托,提升综合实践活动课程的教学质量和教师自身素养;以问题转化成课题、课题提炼成成果为抓手,保障综合实践活动课程持续化研究;从课程开发与实施的具体方法策略上逐个引领、解决、提高。

一、定标准

专业助动是区域推进课程规范、高品质实施的重要策略。而区教研室制定的《标准》在综合实践活动课程建设的推进中发挥着承前启后的示范引领作用。其功能主要体现在两个方面:一是为课程建设提供示范。通过认识标杆性课程获得启发,进而研发课程,为全面推动课程的实施奠定良好的基础。综合实践活动精品课程是课程中的标杆,之所以提出精品课程引领,一个重要原因是受制于钱塘新区综合实践活动课程开发不规范、质量不高的客观事实。希冀通过一年培育一批精品课程,掌握课程开发的规范程序,了解课程的基本要素,掌握课程开发的技能,在外部环境的刺激和学校内部行动中,人人具备规范开发课程的意识、技能。充分发挥精品课程的共享价值,使精品课程成为有课程开发需求的教师主动学习、能动发展的专门资料,成为以点带面推进综合实践活动课程的引路者。二是为课程实施提供准则。综合实践活动有考察探究、社会服务、设计制作、职业体验四种主要活动方式,每一种活动方式的关键要素并不相同,教师通过综合实践活动精品课程示范引领基本把握课程实施的方式方法,把握不同活动方式的关键要素。

《标准》根据课程开发规范、实施质量和学生满意度三个维度的一级指标,设计课程定位、课程纲要、课程实施、课程特色、课程资源及问卷访谈六个维度的二级指标(见链接3-1)。

【链接3-1】 综合实践活动精品课程的认定标准

指标 I	指标 II	具体内容	分值
开发规范（45分）	课程定位（15分）	课程名称明确,有新意,体现出课程主要内容或操作特色	2
		目标清晰、合理,符合社会发展与学生发展需要,切实培养和发展学生在合作中解决问题的能力、探究精神、社会责任感与创新实践能力	5
		与学校办学定位、目标、特色契合,纳入学校综合实践活动课程规划,并占有一定地位	3
		课程内涵诠释涵盖课程实施的具体目标、主题内容、实施与评价	5
	课程纲要（30分）	设计规范,包含课程开发背景、课程定位、课程结构、主题化课程内容、课程实施建议、课程评价六个部分(学生视角的评价)	10
		课程内容、实施方式符合综合实践活动课程要求,凸显跨学科性,强调综合运用各学科知识	5
		课程纲要中主题架构清晰,课程内容适切,符合学生年龄与学习水平	5
		实施建议具有操作性	5
		课程评价有课程的个性特征	5

指标Ⅰ	指标Ⅱ	具体内容	分值
实施质量（50分）	课程实施（28分）	课程纳入学校课程计划，课程设置中有体现	2
		有课程实施计划，课时安排合理	5
		活动目标清晰，目标达成度高	5
		活动方式、关键要素清晰，方式为目标达成服务；凸显综合性、实践性、开放性、生成性和自主性	8
		活动方式灵活多样，充分体现学生主体作用，具有课程鲜明个性特色	8
	课程特色（10分）	彰显学校特色或下沙本土特色	5
		在区域内承担课程研讨活动、介绍经验、展示等，或在区、市级各类评比中获奖	3
		在区域内同类课程开发中有示范性，具有推广价值	2
	课程资源（12分）	有课程实施研讨活动相关资料	2
		有物化成果：(1)课程实施报告、教案、课例等；(2)配套教材或活动方案汇编集	5
			5
学生满意度（5分）	问卷、访谈（5分）	学生对课程的满意度高（问卷调查）	2
		学生、家长、教师对课程的满意度（访谈）	3
认定等级说明		验收时从上述六个维度考量，90～100分优秀，80～89分良好，79～70分合格，60～69分合格，60分以下"待验收"，一年后再验收，无课程纲要、无实施报告直接定为"待验收"	

通过精品课程标准的编制，引导教师关注课程开发与实施需要达到的要求和关键点。研制的终极价值指向学校综合实践活动开发能力与实施质量的提升，是指导学校、教师研发课程、实施课程的操作准则，打造一批精品课程，为学校综合实践活动课程的开发起到指导和引领作用，推动区域综合实践活动课程的发展和实施。

二、改教研

教研是解决一线教师在课程实施中的问题最常用、最有效的办法。我们从课程实施中的关键点、普遍性问题、困惑处、学校个性问题四个视角入手,采用专家引领式、课堂研讨式、头脑风暴式和校本订单式四种方式解决教师在课程研发与实施中的难点。

(一)专家引领式,把握课程关键要点

综合实践活动课程实施的关键点:学校层面有可操作的课程实施规划;执教教师人人能把握《指导纲要》。学校是综合实践活动课程规划的主体,学校需要对综合实践活动课程进行整体设计,将办学理念、办学特色、培养目标、教育内容等融入其中,形成具有校本特色的综合实践活动。课程总体实施方案和学期、学年活动计划。只有课程规划与实施方案清楚、符合学生综合素养发展的特点,才能保障课程有计划、真实落地。教师对《指导纲要》的正确把握,才能保障综合实践活动课程的规范实施。我们坚持"两条腿走路":一是采取专家引领的方式把握课程关键点。在研究之初重点聚焦课程规划与实施方案的设计、优化,通过给模板、给专业技术支持等多种方式完善学校的课程规划与实施方案。二是抓精品课程培育。课程研发方案的论证、课程实施到课程验收均有专家支持介入,保障课程实施质量。

(二)课堂研讨式,破解过程共性问题

在综合实践活动课程的建设中,教师遇到的问题较多,把教师的普遍性问题转化为主题,以主题式课堂研讨活动来解决问题(见案例3-2)。首先,教研员把普遍性问题中亟须解决的先转化为研讨主题,然后根据主题确定指导教师,通过现场课例供大家探讨共同关注,其操作流程如图3-1所示。

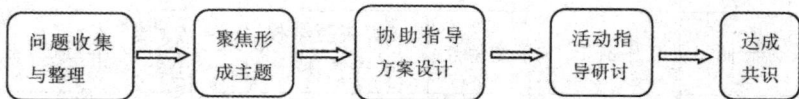

问题收集与整理 → 聚焦形成主题 → 协助指导方案设计 → 活动指导研讨 → 达成共识

图3-1 课堂研讨式操作流程

如图3-1所示,进行基于普遍性问题的课堂研讨活动,通过看课、议课,在智慧碰撞中使教师对存在的问题有明确的认识及解决的方法。

【案例3-2】 学科实践活动延伸与综合

许多教师理解学科实践活动不属于综合实践活动,它是一门单独的学科,把综合实践活动课程与其他基础学科课程完全割裂开来,也有的教师认为,如果运用跨学科知识来解决具有鲜明学科特色的问题也应该属于综合实践活动。针对这一现象,教研员组织专题课堂研讨活动,请文海实验学校李老师上了一堂课"小记者实战——采访方案设计"。

活动指导过程:

一、采访方案设计前指导

1.导入:这一节课,让我们上一堂小记者采访实践的方法指导课。

2.小记者分组:成立五个记者团,并分别选出记者团团长。

3.看微课,学方法。

4.呈现讨论结果。

5.讨论采访时的注意点。

二、采访方案设计中指导

分组设计→模拟采访→小组修改方案→集中交流方案

三、教师总结方案设计的关键要素

文海实验学校四年级小太阳组采访世界冠军的

"魔神"庄海燕组的方案

小组成员及名称	胡天泽、吕钰郝……			小组名称:小太阳	
采访时间	9月21日	采访地点	文海实验学校六艺楼	采访对象姓名	庄海燕
采访原因	魔方世界冠军的"魔神"庄海燕已经获得连续十届冠军,且文学上也很有成就,很想知道他优秀的原因				

采访目的	了解庄海燕成为世界冠军的原因,从中获得启发,激励自己和同学
采访需要工具	话筒、DV、笔记本
采访时预设问题	1.您觉得成功等于什么 2.您是怎样学会魔方,之后是什么让您能够坚持下来,不断练习的呢 3.您的魔方转得这么好,又是什么让您走上儿童文学创作之路的 4.文学创作带给您怎样的感觉 5.学习魔方与从事儿童文学创作有相关性吗
采访后小组成员思考	1.做任何事情要持之以恒,要懂得坚持,梦想才有实现的一天 2.一定要先有梦想 3.只要有想法,并有决心和勇气,你看,我们也可以和世界冠军面对面近距离交流 4.有梦想,有志向,有希望,有实力,有心思,有坚持,还要有行动,就能创造奇迹,取得成功

课后,与会教师讨论了这堂课在活动方案的指导中,哪些体现了学科显著特性;哪些属于学科知识的有效运用;这样的活动指导课,给语文习作教学带来什么启示。通过研讨课,教师普遍认为采访让学生获得更多习作素材,为习作细节描写带来便利。在上述案例中,教师的重点是指导学生设计采访的方案,特别关注采访中可能会遇到的问题,采访中这些问题的到位性恰恰是习作中为细节表达服务的。通过探讨活动,教师认识到兼职并不只是单一的综合实践活动课的教学,而是在综合实践活动指导过程中自己任教的主要学科能力会得到更好的培养。开展具有学科特色的综合实践活动,就是将综合实践活动与学科课程的教学融为一体,以其他学科课程为基础,把综合实践活动的目标、学习方式以及评价应用到其他学科教学中去,最终落实到改变其他学科单一的学习方式中。

(三)头脑风暴式,辩清教师心头困惑

头脑风暴式教研活动,让教师在讨论中辩清、辨明,解开心头的迷蒙之处。这类教研活动不单独举行,作为其他专题活动中的一个板块设置,一般一次交流五个问题。其操作流程如图3-2所示。

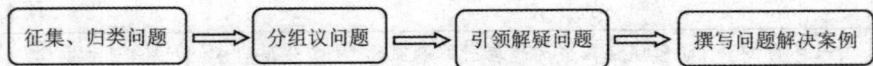

图3-2　头脑风暴式操作流程

抓住课程实施中的一些主要问题，教师结合自身的实践自由发言，集思广益，引人思考、给人启发，并不在于产生唯一的标准答案，而在于引导教师有解决实施中困惑的思路，通过案例撰写了解教师解决问题的情况。如教研员通过实施问题的征集，整理出下列五个问题：①如何做一份人人都能兴奋起来的活动分工方案？②活动方案设计课中，如何让学生"人人有事做"？③在方案设计中为什么学生提不出一些探究性问题？④活动方案设计中教师如何提供支持？⑤为什么制订了活动方案，学生还无法开展活动？因为上述五个问题集中指向活动方案的设计，但侧重点又有不同，解决上述五个问题可以保障教师在活动方案设计课中的顺利指导。先分成五组进行交流，每位教师谈各自的解决办法和困惑，然后各小组派一位教师现场交流，最后教研员针对问题提出如下思考与建议：①方案设计避免流于格式化形式，要面向全体，让学生人人有责。②分工要细致，任务要全面，责权明确，形成互相督促的局面。③多次细化，设计好活动方案中的题目。④综合实践活动不能"教"，但离不开教师的必要指导，指导方法：一种是把学生的疑问转化成解决疑问的方法重新抛给学生；另一种是教师作为活动方案的设计者参与介入，与学生一起探讨怎么办，给学生以示范性指引，为设计能操作的活动方案提供帮助，将学生的思维引向深入，培养学生设计有效问题的能力。

（四）校本订单式，解决学校个性难题

因不同的学校全面铺开实施综合实践活动课程的时间有长短，执教教师和教研组长的课程把握水平有差异。因此，综合实践活动课程的实施能力存在着一定的校际差异。每学期初向学校发布订单（见表3-1），了解学校个性化指导的需求。根据学校订单要求，对订单的内容进行归类，安排深入学校指导顺序，以满足学校个性化需求。

表3-1 综合实践活动课程建设学校个性化订单

学校		填表人姓名		联系电话	
课程实施中急需解决的问题(不超过三个)					
课程实施中已有经验有哪些					
希望教研员提供什么支持(形式:听课、讲座、交流、其他_____)					

  梳理订单表中的问题,依据问题进行归类,以不同的教研方式解决。对存在于几个学校相对具有个性化的问题以组建临时交流群,通过研讨课、现场交流、总结基本流程解决问题。如2019年第二学期,有4所学校提出综合实践活动课程实施中的评价问题,如:不知道如何将评价内容具体化? 展示课如何上? 评价如何做到结果与过程的有机统一? 评价标准需要提前告知学生吗? 综合实践活动课程的成果如何展示? 上述五个问题集中指向综合实践活动的评价该如何操作。因此,教研员与4所学校联系、沟通后,有1所学校执教活动展示课"劳动中的智慧",课后与会教师交流,梳理出综合实践活动评价的一些建议:①在活动前让学生知道活动任务的具体要求,并配以针对性的活动评价卡,让学生在活动中可对照要求开展实践活动,帮助学生及时进行调整、自我反思(见表3-2)。改变活动评价"脸谱化",设计指向行为的评价内容。②重视过程性评价,也重视活动成果的提炼外显,多元评价,关注学生的过程表现和活动体验,让学生在活动中既关注感性的体验,也有理性的思考,形成图文、图表、文字报告、音像、实物等多种成果资料。③在注重显性成果的基础上,注重挖掘活动体验的隐性价值。④评价体现"量身定制",多主体、多形式评价,必要时采用协商方式评价,评价的目的是促进学生的发展。

表3-2　主题：生活中的劳动——"劳动中的智慧"评价卡

评价要素	指向具体行为的评价内容
活动态度	1.活动周中至少每天20分钟家务劳动 2.每天一张记录劳动的照片
问题解决	1.家务劳动遇到的问题有：_____ 2.实际解决问题的办法是：_____
制订计划	每天劳动计划表一份(有时间、有劳动内容、有预测遇到的问题)
收集信息	提前预测问题的解决办法：_____
表达与交流	1.每天完成一篇劳动小日记 2.小组汇报劳动智慧

在区域化教研专业指导过程中,通过专家引领式,把握课程关键点,使学校的课程规划与实施方案符合学生综合素养发展的特点,保障综合实践活动课程规范实施;通过课堂研讨式,破解普遍性问题,兼职综合实践活动的教师有意识地将综合实践活动课程的目标、学习方式以及评价与学科课程的教学融为一体;通过头脑风暴式,辩清迷蒙处引导教师对实施中的困惑有解决的思路;通过校本订单式,解决学校个性问题,以满足学校个性化需求。横向联盟、纵向提升、立体交互,以确保专业指导内容的系统性和全面性,使教师既能把握综合实践活动课程的理念,又能掌握综合实践活动课程实施的实践经验。

三、助发展

在制定标准专业指导的基础上,善于发现实践过程中的问题,把问题转化成课题,以课题研究的方式提高综合实践活动课程实施的质量,这是我们近3年来刻意追求的事。教研与科研结合,提高教研的质量,也改变缺少持续性抓手的现象。

(一)典型问题课题化

绝大部分教师是在《指导纲要》发布前后才正式接触这门课程,由于这门课程的操作有别于其他基础课程的操作,因此,教师在实施中遇到的问题普遍较多。教研员通过实地走访、定期的实施问题征集以及以其专业性判断预计会产生的问题,引导教师把问题转化为课题,以研究的方式解决问题。以2019年为例,依据问题产生了如下课题(见表3-3)。

表3-3　2019年从问题走向研究的情况统计

序号	问题	课题
1	综合实践活动中的问卷调查怎么设计	初中综合实践活动"问卷调查"的设计与指导策略
2	如何开发出有价值的课程资源	综合实践活动课程资源开发的有效策略探究
3	主题活动的评价如何设计	核心素养视域下:小学综合实践主题活动中教学评价的实践研究
4	展示课怎么上	小学综合实践成果展示课的设计与操作研究
5	课程实施中目标如何把握	小学综合实践活动中目标设计存在的问题与对策研究
6	综合实践活动中探究能力如何培养	五步十走:小学综合实践探究性能力培养的策略研究
7	如何通过教研的方式提高教师的课堂驾驭能力	"三诊式"教研:提升综合实践活动课教师专业能力的教研方式探究
8	综合实践活动课中同伴评价怎样操作才有效	小学综合实践活动课中同伴评价的设计与应用
9	多元评价如何落到实处	研学课程中多元评价策略实施探究
10	如何设计高质量的活动方案	深度学习环:小学综合实践活动方案设计教学指导策略研究

通过表3-3的信息,我们发现把问题转化为课题是提升教师综合实践活动课程实施能力的有效方法,教师从关注问题到走向以研究的方式解决问题,这个过程的转化需要教师查阅文献学习,深入思考解决对策。在这个过

程中，我们科研人员给予专业指导，一是引导教师抓住问题中的关键词，搜查文献学习，开阔解决问题的思路；二是引导列出解决问题的方案，即这个问题会导致怎样的结果出现，别人是怎么解决这个问题的，你思考用哪些策略来解决这个问题；三是给教师小课题模板，形成课题方案，使问题的解决规范、有序，这也成了引导教师走向研究的重要方式。

（二）课题指导实战化

如何把课题方案设计转化为研究行动？需要教师把方案转化为研究行动，根据方案中预设的策略设计具体的活动，以活动结果检验预设对策的可行性、有效性。采取三种方式指导：一是深入课堂听课指导，给出具体建议；二是集中交流课题实施进展与存在的困惑，提供参考建议；三是形成基于课题方案的实施案例，通过看案例把握课题的实施情况。通过上述三种方式，把握课题研究的进展，总结出综合实践活动实施的一些策略（见案例3-3）。

【案例3-3】 潮涌·桥韵·名人：小学"话说钱塘江"课程开发与实施研究指导

W学校的邵老师针对教师缺乏对课程资源的利用和开发、课程组织与评价形式单一等不尽如人意的现象，设计了课题"潮涌·桥韵·名人：小学'话说钱塘江'课程开发与实施"。教研员在深入学校指导中发现教师从课程视角确立的内容存在两大问题，其中之一是课程内容过于庞杂。从钱塘江的形成、历史，到钱塘江上的桥，再到钱塘江两岸的名人，三个主题构成一个课程，但没有做到知识与活动的有机融合。因此建议：1.先做项目，缩小研究范围，随着项目的成熟再根据课程的规则做课程开发研究。2.确立"潮涌：同护一条江""桥韵：共架一座桥""名人：合访一名人"三个综合实践活动项目作为研究内容，细化每一个项目的具体内容。3.设计项目评价策略，保障项目实施的有效性。科研人员深入课堂看成果展示课，提出展示的不仅仅是学生设计、制作的不同的"桥"，活动成果的设计需要多样化，可以是创意设计的桥，也可以是有关桥的历史探究，桥对于钱塘江两岸经济发展的价值的探究报告等,以丰富的活动项目加深学生对钱塘江的认识,增进对杭州的情感,并有效提高学生认识自然、探索自然、研究自然的能力,切实增进学生独立思考、团队合作、设计理念等综合素养。这个课题一年后的成果报告《基于钱塘江资源的综合实践活动项目学习设计与实施》获杭州市小课题成果二等奖,教师在这个课题研究过程中总结出了三类活动项目的操作流程与指导策略,编写了三个项目活动实施的资源包,其研究能力也得到了提升。

(三)成果提炼支架化

一线教师是行动的专家,他们基本能够依据预设的方案在实践中操作,但是对于自己积累的一堆资料如何进行有效的提炼需要教研员给予指导。为了总结提炼教师解决问题的策略,让教师在行动后有获得感,教研员提供多形式支架帮助提炼。一是提供论文、小课题成果样例供教师模仿;二是给教师撰写的文章给予批注式个别化指导;三是帮助教师反复打磨,助其出好成果。我们统计了2019—2020年的省市级课题立项、成果与论文获奖情况,立项16个,成果获奖7项,论文获奖8篇。其中,2020年省市级立项课程统计见表3-4。

表3-4　2020年省市级立项课题统计

立项编号	课题(论文)题目	获奖(立项)	所在单位
2020SC017	行走钱塘江:初中综合实践活动的设计与实施研究	省规划课题	景苑中学
YB2020068	雁行共同体:提升初中综合实践活动教师专业能力的组织架构与实施探索	省师干训课题	景苑中学
20G1409	遇见未来的自己:岗位体验"3+12"行动范式的设计与实施	市综合课题	文海实验学校
2020YQJY349	"疫"人为本:疫情背景下对初中生社会责任感的培养——基于不同社会群体事件的评析	省疫情专项课题	学正中学
20G1401	每天1小时:基于时空要求的城市小学劳动教育新探索	市综合课题	下沙二小

立项编号	课题(论文)题目	获奖(立项)	所在单位
20G1408	校园生态馆：城市小学育人载体的架构与运行研究	市综合课题	学正小学
20ZK1401	学林劳动：小学劳动主题综合实践活动的设计与实施研究	市专项课题	学林小学

　　从表3-4可以看出，钱塘新区的综合实践活动课程建设正在走向课题化，学校层面的大课题居多，研究指向多样，也出现了指向综合实践活动课程教师专业能力发展的研究。

　　以区域教研为抓手助推综合实践活动课程的常态化实施的实践证明，当把问题作为研究的起点时，从问题走向课题研究，不仅寻找到了破解问题的载体、抓手，也使学校在综合实践活动课程建设上走向新高度，这些课题的研究必将带来教师专业能力和研究能力的提升。

第三节 学校主动策略

美国著名课程论专家布莱德利认为："课程与教学的改进必须靠教育者的自主工作和这一系统中其他承担重任的人共同完成。"在综合实践活动课程建设上同样适用,学校是该课程实施的最终落地者,学校在课程管理上的终极目标,就是让教师拥有专业的思想、专业的行为,让教学聚焦于学生综合素养的发展,学校依据自身特点主动定位,科学开发、规范实施是实现学校在课程建设中基础地位的有效方式。

一、主动定位

由于各校的理念、文化背景不同和周边资源不同,学生生活的环境也不相同,因此,学校在主动定位时,通过以下三条路径:依据办学理念,把"一校一品"学校特色课程与综合实践活动课程的培育连接起来(见案例3-4);连接社会生活,将生活元素融入综合实践活动课程内容中(见案例3-5);利用地域资源,将具有开发价值、学习意义、独特内涵的区域资源作为综合实践活动课程的活动主题(见案例3-6),以实现本校综合实践活动课程的合理化、精准化、多样化,并以此设置综合实践活动课程的目标、架构、资源开发及实施、评价等。

【案例3-4】 依据办学理念,主动定位

文海实验学校把"教育是一种影响"化为教育实践,提出"以文化人"的教育理念,使文海学子"文明文雅、学识博厚、多才多艺、身心两健、才华横溢

与充满智慧,充分和谐发展"。在这种教育理念的指导下,学校设计了特色综合实践活动课程,如"ADD玩创"课程、"陶陶乐 乐淘淘"课程、"小记者大视界"课程等。

【案例3-5】 融合生活元素,主动定位

为了让二年级学生更全面、更深入地了解蔬菜,认识到蔬菜在人们饮食中的重要性,养成不挑食、爱吃蔬菜的好习惯,某校结合二年级学生的学情开设"我和蔬菜交朋友"主题的实践活动,旨在让学生在实践过程中真正了解蔬菜、喜欢蔬菜,慢慢养成爱吃蔬菜的饮食习惯。

【案例3-6】 利用地域资源,主动定位

文清小学利用钱塘江资源设计了"钱塘江之旅"课程,以钱塘江水系的物理生成和自然景致所引出的地理、人文、历史、商贸、生活等课程资源为课程核心内容,分"桥"和"潮"两个维度,紧密结合学生自身发展的需要,让学生在自己熟悉的环境里认知、调研钱塘江的自然景致;探寻、诠释钱塘江的悠久历史;传承、弘扬钱塘江文化;了解家乡,增进对家乡的情感。

学校主动定位是从学校实际出发、从学生实际需要出发,依据办学理念,融合生活元素,利用地域资源,形成综合主题,以考察探究、设计制作、职业体验、社会服务四种活动方式开展综合实践活动。增强学生亲近社会、体验生活、参与实践、了解风土人情、民风民俗的活动提升学以致用和解决问题的能力。让学校的综合实践活动课程规划主动落地,促进综合实践活动课程的校本化实施。

二、科学开发

综合实践课程资源的开发根据实际活动的需要,对资源进行有意识的选择和取舍,以充分彰显学生的主体性,促进学生的全面发展。对课程资源

的开发,只有坚持正确的价值导向,体现课程资源开发的合理性和独特性,以期达到有效开发,最大化地实现课程目标。

(一)开发原则

1.方向性与特色性相结合原则

方向性是指正确解读《指导纲要》,遵循开发的正确方向,把握区域课程的整体规划,立足本土,挖掘特色资源,设计学校课程。特色主要包括学习钱塘新区人文资源,如围垦文化、沙地精神、新世纪大学城等;体现区域自然、地理特质,如钱塘江大潮、沿江湿地、金沙湖等;凸显各校办学品位、理念,如"以文化人""童年味道""蒙以养正"等。

2.科学性与实践性相结合原则

课程资源的开发因地制宜,科学取材,因材施教,循序渐进,是综合实践活动课程有效实施的前提。课程资源开发的科学性与实践性紧密结合,让学生在实践中动脑、动手,通过亲手体验和实践操作获得直接经验,从而扩大视野、拓宽知识、训练技能和发展多种能力。如新湾小学"诗意田园"、金沙湖小学"吉利汽车体验馆"等校内基地和青少年宫、刀剪剑博物馆等校外基地相结合,培养学生的实践能力。

3.时代性与实效性相结合原则

综合实践活动课程开发不仅要关注历史传统文化的传承、已有地理资源的挖掘,还要着眼于当地的未来发展、城市起源及时代重要事件,补充新创造出来的生成性资源,体现可持续性的课程资源开发理念。

(二)开发策略

综合实践活动课程是以主题形式对课程资源进行整合的课程。因此,可以建立丰富的课程资源库,储备课程资源;建立规范的课程审核机制,保障课程的有效实施。

1.建立丰富的课程资源库

综合实践活动课程是一门具有鲜明的国家课程校本开发特性的活动课程,针对该课程综合性、实践性和开放性的特点,在资源开发的过程中,需要根据这些特点引导教师对周边的环境进行审视,从而提取可供利用的课程资源,结合本校学生的培养目标和特点,自主开发课程。

第一，借助社会资源，向外探寻。社会资源包含地域文化、人文环境，还有社会职业体验活动，学校组织学生对这些方面进行实践考察、体验研究。依托地域环境：学校针对当地特有的地域环境组织学生观察学习。探访地域人文：学校组织学生进行社会实践活动，包括参观教育基地、社区人文或自然景观，考察社区环境、传统、生活习惯、经济发展情况，对社区机关、特定群体、典型人物、热点事件进行调查、访谈等。如"东坡先生在杭州"引导学生积累、鉴赏苏轼在杭州五年留下的诗词文，跟着诗词文游历其文化足迹，不仅让学生更全面、立体、直观地了解苏东坡在杭州的历史，帮助学生理解苏轼的精神品格和杭州的人文，更培养学生亲近江南文化和杭州文化的思想感情。体验社会职业：根据职业生涯规划的要求，学校组织学生接触社会各行各业，亲身体验真实的社会。如军训、学工（商）学农、志愿者活动、科技文化活动、勤工俭学等。这些活动也可以作为综合实践活动课程的组成部分。

第二，立足校本资源，向内构筑。校本资源大致分为两个部分：一是学校传统活动；二是学校环境资源。这些资源的开发和利用为学生的活动提供了更广阔的活动空间。融合学校传统活动：学校组织学生参加校内各项活动，以丰富学生生活并促进其健康成长，这是学生实践活动内容的重要来源。挖掘学校环境资源：学校根据校园环境内特有的实践活动基地，组织学生依托基地资源进行考察、探究，培养学生的创新能力和实践精神。如"诗意田园"课程将在学校特有的耕读园内开发出四个种植领域：种花、种药草、种菜、种瓜，依着时令，最终形成"离离草园""翩翩花园""青青菜园""脆脆果园"。通过课程的学习，改变学生的学习方式，亲身体验实践，最终学会观察、记录、交流、讨论、思考，提高自己的审美情趣、科学探究以及文学创作的能力。学生身临其境激发探究的兴趣，大量的信息采集使活动有理有据，潜移默化培养学生爱党、爱校、爱集体和团结协作的精神。

第三，结合办学特色，向上生发。学校将办学理念、育人目标、学生发展状况和实际需求、学校及地区的资源状况等加以统筹规划，进行整体设计、系统开发，形成一套完整的具有学校自身特色的课程体系和课程实施方案。紧扣办学理念：综合实践活动课程学校层面的顶层设计，要以学校的办学理念为目标,以学校的办学特色为中心,利用一切可以利用的资源,整合学校的相关活动,推进学生自主、合作、探究、实践。如"蒙正国学"课程从学校的办学理念"蒙以养正"出发,通过该课程的建设与实施,让学生吸收国学经典中的立身、处事、为学等丰富的人生经验和人生智慧,融伦理、道德与教育为一体,其核心是做人,是伦理道德修养。联结育人目标:综合实践活动课程具有独特的育人功能。在资源开发中可以从学校的"育人目标"出发,根据学校的育人体系、教师的特长与学生的实际进行尝试性研究。

第四,统筹学科资源,交叉辐射。学科资源也是综合实践活动课程开发的一大主要来源。在教学实践活动中,可以尝试从各个学科中进行资源开发,以不同的方式丰富其课程资源。单学科延伸:学科教师在教学中关注对教材的二次开发和利用,将学生感兴趣的内容进行拓展与延伸,结合学生已有的学科知识,生成与该学科有关的综合实践活动主题。如"超轻黏土作品创作"课程就是从美术的基本技能进行延伸,与传统节日相融合,运用传统节日元素,创作出具有节日气息的美术作品,在作品创作的过程中学习、传承民族传统文化,让学生爱上民族传统文化,进而产生民族的自信与自觉情感。跨学科整合:综合实践活动课程的资源开发及对活动主题的探究体验,可以强化各学科的内在整合。

2.建立规范的课程审核流程

学校课程的审核是一个民主开发的课程决策过程,由教师主体进行课程方案的自主申请与汇报,学校组织评审专家组进行方案的点评和指导后,交由教师完成修改与完善。课程方案审核完成后,方可按课程方案实施,确保课程方案开发的规范性与有效性。

方案申请:学校为教师提供综合实践活动实施方案的模板,教师依据模板进行申请,学校组织汇报。在此过程中,方案的撰写要严格按照模板中的五大板块,尤其是课程的价值定位与课程框架要有逻辑性和严谨性。在汇报中汇报者要把每个板块分项汇报,尤其是课程内容的架构要有具体的案例或设计支撑。如文海实验学校综合实践活动课程校本实施的活动方案申报表,教师在学校课程顶层架构的基础上,结合本年级、本班学生的知识结构、能力水平、年龄特点、兴趣爱好、自身特长制订可执行、可实施的活动方案,提交学校审核,学校统一时间进行汇报交流,以确保课程的规范化实施。

方案点评:在方案汇报过程中,学校先在校级层面进行内部打磨,然后再找区级以上专家进行点评和指导。如某校综合实践活动课程方案汇报及点评,参加评估的综合实践活动课程方案经过前期自主申报,认真遴选,基本涵盖小学阶段的四种活动方式,特别是在职业体验活动中,利用走进工厂、走进大学、走进社区,进行相关的职业体验活动。学校组织名师做评委,进行现场量化打分,个体评价和整体评价相结合,让教师修改有的放矢。

方案修改:根据专家的点评及指导,进行方案的修改与进一步完善,以确保课程实施的合理性与可行性,形成一套完整的课程体系。如某校的课程实施方案经过几次修改后,实施方案的制订与表述更专业,课程实施背景更明晰,课程资源开发更广阔,课程实施过程更严谨,课程实施目标层次化更清晰,课程评价体系更完善,课程教师的培训与提升更系统,促进学生能力发展的阶段性、连续性。

学校自主审核下的课程开发应该把准课程方向、充分利用各类课程资源、建立课程审核机制,以确保形成具有学校特色的、完整的课程体系。

三、规范实施

在综合实践活动课程实施过程中,首先要基于本校实际进行课程设置,一般主推常态课时和弹性课时两种形式,以保证综合实践活动课程真正落脚于学校的教学中,然后落实教师的有效指导。在活动准备阶段,引导学生将大主题细化并制订出切实可行的方案;在活动实施阶段,提供学生研究的方法并组织中期交流,回顾前期活动的基本情况,分享活动的成功经验,同时解决困惑;在活动总结阶段,指导除了成果表达外,还有对本次活动的反思与评价。

(一)课程设置

钱塘新区综合实践活动课程设置是结合学校特点的,主要有两种形式:常态课时和弹性课时。

常态课时:学校以学科教学为主,活动内容、活动时间、指导教师、活动地点相对固定,一般由学校教导处排定,没有特殊情况便不再变动,指导教师根据班级日课程表进行授课。

弹性课时:根据活动内容和活动阶段随时调整活动的日期与活动时间的长短,有时集中、有时分散,有时间隔长、有时间隔短。在常态课的基础上,适当利用课余时间、双休日和节假日作为补充的课时安排方式,解决课时的冲突。例如,某校将每周为三个基本课时一分为二,一天安排1课时,另一天连续安排2课时,中间间隔至少一天。指导教师在安排活动内容时适当考虑课时的安排;利用课余时间、双休日和节假日以"家长书"的形式告知家长活动内容、活动时间及需要家长配合和监督的事项。

(二)教师指导

教师既不能"教"综合实践活动,也不能推卸指导的责任,而应当成为学生活动的组织者、参与者和促进者。教师的指导应贯穿于综合实践活动实施的全过程。

1.活动准备阶段指导

《指导纲要》指出,在活动准备阶段,教师要充分结合学生经验,为学生提供活动主题选择以及提出问题的机会,以生成主题,注重方案的制订,学校多以头脑风暴、具体课例活动掌握活动准备阶段的指导方法。

头脑风暴——生成多样化主题

主题确定是综合实践活动的第一步,它的主要任务是培养学生的问题意识,帮助学生确定活动主题,所以需要利用各种方法来发散学生的思维,以此引起学生对这一主题的浓厚兴趣。由于综合实践活动课程选择的主题往往源于学生感兴趣的内容,如何帮助学生将感兴趣的内容生成一个有研究价值的问题,则需要一个过程(见案例3-7)。

在教学中,第一,教师通过各种方式创设情境,激发学生的兴趣,提出本次活动的大主题;第二,学生各抒己见,师生共同将提出的问题归纳为二级关键词;第三,学生在此基础上以小组的形式进一步发散,形成"头脑风暴";第四,全班开展讨论,完成整体的思维导图;第五,各小组确定自己所要研究的主题,并为研究主题取一个响亮的名称(见图3-3)。

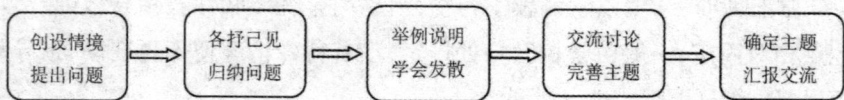

图3-3　主题生成基本流程

【案例3-7】　生活中的一次性用品

（1）创设情境，提出问题：生活中有哪些一次性用品？

（2）各抒己见，归纳问题：打算研究一次性用品的什么问题？在讨论中确定二级关键词。

（3）举例说明，学会发散：以"利与弊"为例，引出三级、四级关键词。

（4）交流讨论，完善主题：小组选择一个研究问题，把想到的写下来。全班交流讨论，共同完善。

（5）确定主题，汇报交流：各小组选择感兴趣的活动主题，进行主题表述，说明原因。小组汇报选择的活动主题，适当修改。

【案例评析】

以上案例在主题生成时，学生先确定大主题，学会发散思维，思考关键词，经过层层推进，从而达成最终的主题。这样的活动步骤，保证和尊重了学生的兴趣与自主性，引导学生对生成的问题进行比较和鉴别，选择最恰当的部分开展研究。

集思广益——形成可行性方案

方案设计是综合实践活动中后续活动能否有序开展的重要保障，但在指导学生制订方案时遇到的问题较多，有些方案过于粗线条，分工不明确，同时，对于成果的展现形式没有给予落实。确定好小组感兴趣的小主题后，学生需要对自己的主题进行整体的方案设计，使接下来的活动得以顺利开展（见案例3-8）。

第一，教师创设情境，明确方案制订的重要性，并请各小组汇报各小组的活动小主题；第二，通过小组交流，了解活动方案所包括的基本要素；第三,通过讨论,小组共同策划,初步进行计划制订;第四,确定好活动内容和方式后,引导学生进一步细化,增强活动的操作性;第五,根据大家的讨论结果,进一步完善活动计划(见图3-4)。

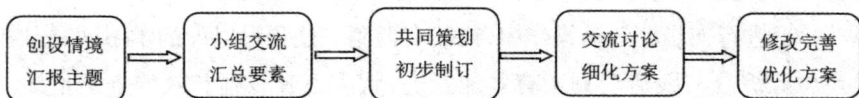

图3-4 活动方案制订指导流程

【案例3-8】 行走钱塘江

(1)创设情境,汇报主题:回顾上节课的内容,各小组汇报。

(2)小组交流,汇总要素:汇报下一阶段开展的活动,适时写出时间、负责人、具体任务、方法等。一份完整详尽的计划书里,还应该具备哪些东西?

(3)共同策划,初步制订:把内容放进去,就是一份完整的活动方案。

(4)交流讨论,细化方案:各小组展示方案,提出优点与需要改进的地方。

(5)修改完善,优化方案:各小组修改方案,进行细化。

【案例评析】

在方案设计时,学生在了解方案制订的基本要素后,试着自己完成方案的制订,并通过交流修改完善,从而达成细化的方案。这样的方案制订,层层深入,让活动更具有可行性。每一个环节都能让学生在学习中锻炼思维,学会思考与分析,进而发挥出创造的潜能。

2.活动实施阶段指导

《指导纲要》指出,在活动实施阶段,教师要让学生经历多样化的活动方式,促进学生积极参与活动过程中发现和解决问题,体验和感受学习与生活之间的联系。要加强对学生活动方式与方法的指导,在这一阶段,教师的方法指导、问题解决就显得尤为重要。

思维碰撞——给予针对性方法

方法指导主要是学生在走出学校、走出课堂，进入社会开展实践活动后开设的，是考虑到学生在综合实践活动课程实施过程中，在方法方面遇到问题时，为其提供的指导策略，可以根据研究的需要适时指导。

学生进行初步的活动操作中，往往会遇到一些预设以外的学习问题，这时要想让综合实践活动真正有效地开展，就离不开教师有效的方法指导。然而，学生对于各种方法很少能正确合理地运用，运用方法获取的信息不丰富、不准确，不能服务于研究目标（见案例3-9）。

第一，教师通过创设情境，明确活动目的；第二，各小组根据各自活动主题，交流下一步的打算；第三，教师通过媒介，让学生大致了解此方法所包含的内容，通过进一步发散，学生针对某一项方法做进一步探讨；第四，在制订计划中形成导图；第五，总结交流，并准备实践活动（见图3-5）。

图3-5　方法指导基本流程

【案例3-9】 钱塘江水质调查

(1)创设情境，明确目的：以《我们的母亲河——钱塘江》引入。一起走进钱塘江。

(2)各抒己见，交流方法：各小组交流下一步打算怎么做。

(3)小组讨论，确定要点：观看水质调查的相关图片，了解水质调查。交流所看到的内容，确定二级关键词：(预设)实地考察、走访调查、取样观察。

(4)制订计划，形成导图：根据活动主题，结合三种方法，完成计划表。汇报展示，完善思维导图。修改计划表。

(5)总结交流，准备行动：交流本课所学内容，激励同学们在合作中开展行动。

【案例评析】

在本次活动的方法指导阶段,在讨论与计划制订中,引出方法指导中某一方法的具体应用,如问卷调查、实地考察、采访等,让学生在实践中明白各个研究方法的要点与需要注意的事项,最终以直观的形式呈现,提高方法指导的时效性。

各抒己见——展示中期性成果

中期交流是综合实践活动策划与实施阶段,其基本任务是回顾前期活动的基本情况、分享活动时的成功经验与喜悦以及解决活动中的困惑。然而,很多中期汇报交流课却成了近乎完美的综合实践活动汇报展示,缺少对问题展开深入的讨论和广泛交流。

第一,师生共同交流讨论,回顾近期的活动;第二,各小组分别汇报展示,既可以谈困难,也可以谈成功的经验,还可以谈活动的体会;第三,引导全班学生分析各种情况,提出问题;第四,共同交流研讨解决问题的办法;第五,及时调整下一步活动步骤(见图3-6)。整个汇报与研讨的过程重在阶段性小结和调整活动方案上,为下一步活动的顺利进行扫除障碍(见案例3-10)。

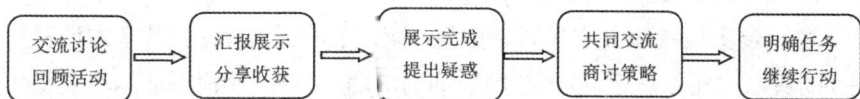

图3-6　中期交流基本流程

【案例3-10】　教室盆栽我做主

(1)交流讨论,回顾活动:小组交流讨论,回顾前期活动。

(2)汇报展示,分享收获:小组展示交流活动成果,分享收获。

(3)展示完成,提出疑惑:展示完成后,每个小组都提出活动中所遇到的困难与问题。

(4)共同交流,商讨策略:交流讨论,商讨对应策略,解决存在的困难与问题。

（5）明确任务，继续行动：下一阶段，各小组需要及时处理问题，并进行及时的观察与记录。各小组继续行动。

【案例评析】

在本次活动的中期交流阶段，通过展示交流阶段性成果，提出疑惑，共同商讨，形成可行性策略，明确下一阶段的活动任务，为下一步的活动打下基础。这既像一堂总结课，也像一堂评价课；既是前一阶段活动的总结，也是后一阶段活动的开启。在此过程中，发散学生思维，提高解决问题的效率。

3.活动总结阶段指导

《指导纲要》指出，在活动总结阶段，教师要指导学生选择合适的结果呈现方式，鼓励多种形式的结果呈现与交流，通过撰写活动报告、反思日志、心得笔记等方式促进学生自我反思与表达、同伴交流与对话。学校通过流程固化、细化提高活动总结阶段的质量。

流程细化——丰富个性化成果样式

成果表达更加注重学生学习活动中的表现与成长，使学生明白总结交流中需要考虑过程、内容与方式，有助于以后活动更好地开展。

在综合实践活动的成果展示中要凸显个性化成果表达，其基本流程如图3-7所示。在教学中，教师总结前期的活动，并对此次成果展示交流提出一些要求；各小组将开展的活动进行汇报展示；通过交流讨论，对各小组存在的问题提出自己的意见；然后各小组对这次活动进行自我反思，教师进行全面评价；最后进行总结交流，拓展延伸（见案例3-11）。

总结活动提出要求 → 小组汇报进行展示 → 交流答辩形成导图 → 自我反思全面评价 → 总结交流拓展延伸

图3-7　成果表达基本流程

【案例3-11】　走进面塑

(1)总结活动,提出要求:回顾前期活动,用录像的形式展示。提出本节课的要求。

(2)小组汇报,进行展示:小组展示交流各自的活动成果,分享各自的收获。

(3)交流答辩,形成导图:各小组进行交流答辩,商讨可以解决的策略。

(4)自我反思,全面评价:各小组根据此次活动进行自我反思,教师进行全面评价。

(5)总结交流,拓展延伸:总结交流在成果展示汇报课中所要注意的地方,拓展学生活动开展的深度与广度。

【案例评析】

在本次活动的成果表达阶段,学生从传承的维度收集资料非常完整,呈现形式更是多样化。在展示活动过程中,不仅仅局限于小组的简单汇报交流,还针对各自小组的成果进行交流答辩,并做出自我反思,掌握成果展示的方法。

反思评价——开启思辨式引擎

反思评价是综合实践活动课程实施过程中的难点,也是关键点。从理论上说,关注过程,兼顾结果,强调评价主体多元、评价形式多样、评价项目多元,是综合实践活动课程实施的内在要求,但从实践过程看,每个主题活动都让学生针对活动方案的设计、任务的完成、小队合作、活动结果进行及时的反思评价与改进。在这个过程中,来自队员、教师、家长、其他同学的评价让大家的活动能力逐步提高,自评逐渐做到有针对性,真正帮助学生在综合实践活动中不断成长。

如何在活动中进行有效评价指导的突破,成了我们本课设计的一个切入点。反思评价基本流程见图3-8。教师先引导学生回顾整个活动过程,反思活动过程中出现的已解决的问题和未解决的问题,交流解决方法,群策群力解决待解决的问题,夸夸队友在活动中的优秀表现,同时回顾自己在活动中的成长历程(见案例3-12)。

图3-8　反思评价基本流程

【案例3-12】　追寻风筝

(1)小组汇报,回顾活动:通过主题活动的回顾与介绍,带领学生感受活动期间,整体活动能力的提高。

(2)提出问题,交流反思:教师适时整理归纳出针对小队汇报交流的反思和评价。

(3)聚焦问题,讨论解决:反思活动过程中出现的已解决的问题和未解决的问题,交流解决方法,群策群力解决待解决的问题。

(4)互动评价,夸夸队友:夸夸队友在整个活动中的表现。

(5)总结活动,自我审视:学生在评价过程中,不仅关注到队员的成长,还关注个人能力的转变、提升。

【案例评析】

在本次活动的反思评价阶段,学生回顾活动全过程,从特色、亮点、细节、不足等角度进行反思,整理活动中的问题,夸夸队友在活动中的表现,总结自我在活动中的参与度等。这既是回顾总结,也是再度出发;既能培养学生与队友困惑共担、成果共享的精神,也能对活动过程进行理性反思,提高客观欣赏他人成果、评价他人活动、客观定位自我的素养。

综合实践活动课程中三个阶段的活动指导策略研究是我们依据综合实践活动课程理念、课程性质及其特定的活动内容、活动目标以及师生双方在教学中的特定活动方式而划分的。在实施综合实践活动每一个主题活动阶段中起关键作用,具有指导性、可操作性的六个基本的教学结构和程序,根据不同的活动任务而建构起特定的活动基本组织形式。

第四章

基于校外资源运用的课程开发与实施

第一节　定位、开发与实施

　　综合实践活动课程资源指向学生的真实生活，如学生所在的家庭、学校以及周边的社会生活。其课程的开发与实施要求"立足本校、立足本土、开发资源、形成特色"，即要体现学校特色或地域特征。本节中的校外资源主要指学生的成长环境中涉及自然、历史、人文、经济等各种物质与非物质资源，即地方资源，可分为自然环境资源、历史人文资源和地方文化资源。自然环境资源指动植物资源和自然地貌资源，如钱塘江、金沙湖、湿地公园等；历史人文资源包括名人古迹、城市起源及时代重要事件，如新世纪大学城、工业园等；地方文化资源包括地方风俗、非遗文化及民族精神等，如沙地文化、江潮文化等。依托地方特色资源，因地制宜地利用特有的自然、人文、经济环境来开发实施课程，在当前学校校本化开发综合实践活动课程中具有代表意义。

一、价值定位

　　围绕着学生所处的钱塘江流域，在充分研究、分析、挖掘地方特色资源的基础上，以区域资源为依托，将其独有的自然属性和人文特征融入综合实践活动课程建设中，对于学生核心素养培养具有积极的现实意义。

　　一是依托熟悉的自然环境资源提升生活的理解力与创造力。学校小社会，社会大学校。陶行知强调"做中学"，依托校外资源开发的课程，直接将学生拉入"大学校"中，能使学生快速融入社会。学生是信息时代和知识社会的未来接班人，需要具备相应的生活理解力和创造力，就必然要参与社会生活。同时，学生对自己生活的熟悉的环境有一种天然的感性认同，校外的身边资源极易激起学生学习和探究的兴趣。兴趣驱使学生从被动接受转变为主动探寻。从地方资源中挖掘活动主题,帮助学生建立与生活的联系,在探究、服务、制作、体验等活动中综合运用学科知识分析解决实际问题,有助于培养学生的创新精神和实践能力。杭州作为典型的江南水乡,湖泊遍布,桥梁众多,一座座跨湖桥就是历史文化符号,也成为学生热门的探究话题。如学正中学"探秘杭城宝藏"课程的"探源·跨湖桥遗址博物馆"一课,文海小学"钱塘江之旅"课程以桥韵为主线展开的桥跃钱塘江、舟行碧波上、追寻一桥史、筑梦十一桥四个话题内容。学生通过采用实地考察、现场采访、师生生生碰撞式互动等活动方式,主动地探求社会生活的本源,形成具有个性化的判断能力和行动能力,并在这样的研究性、探究体验式的学习方式中主动融入社会生活,开启深度思考、发展高阶思维。

二是依托历史人文资源培育社会责任感。教育的根本任务是立德树人,落实立德树人需从学生社会责任感培养入手。关注地方时代重要事件,以地方发展为探究内容,共话共谋区域未来。随着G20峰会在钱塘江畔的成功召开,杭州国际知名度显著提升,正快步从"西湖时代"迈向"钱塘江时代"。"行走钱塘江"课程立足于学生生活的新区地理及经济文化特色,开展各类主题实践活动,如城市面貌变迁博物馆、小区底商调查、走访区域企业等,在活动中萌发学生勇当时代弄潮儿,学习为新区建设谋划发展、开拓创新的本领,争做新时代合格的接班人。

三是依托地方民俗资源涵养学生家国情怀。文化是一个国家生生不息、持续发展的软实力。开发地方文化资源,纳入学生的课程体系,从而培养学生的家乡情怀,进而热爱家乡、服务家乡,是真正能够对地方文化进行保护与传承最有效的方式之一。杭州是一座历史悠久的城市,有着独特的江南之美、山水之美、意境之美。杭州也是一座充满活力的城市,诞生了一个又一个敢为人先、勇立潮头的创业创新故事。杭州历史的印迹就在我们的一个个基于地方资源的综合实践活动课程中,如研学课程"行走钱塘江""行读下沙""话说钱塘江""湿地鸟语";从人文角度有"寓言北沙""杭州诗韵""悦读丰之恺""苏轼与杭州";从历史文化角度有"探寻杭城宝藏";从民俗角度有"北沙百草""北沙二十四锦""轻土上的传统节日";等等。

二、课程开发

钱塘新区由大江东和下沙组成,地处杭州东隅、钱塘江下游要冲,是杭州未来的城市副中心。该区域有13千米的钱塘江,大江东和下沙分别处于似喇叭形状的钱塘江口的南、北岸,东邻东海。从千百年荒草野蒿的盐碱滩涂到现在繁花似锦的魅力新城、文化名城,记录了钱塘江这条母亲河给予的大自然的馈赠和人民"奋勇争先、勇立潮头"的拼搏精神。在人与自然的和谐共处中,给我们留下了丰富的地方资源,而这些资源经打磨后走进中小学课程,又成为新时代青少年继往开来的成长必修课。结合新区学校多个相关的探索实例,总结出以下三个依托校外地方特色资源的课程开发与实施原则。

(一)同样资源的利用需尊重学情

同样的地方文化资源,但对不同年龄段的学生来说,由于年龄特点、认知特征和能力水平差异,学生的学习需求不同,所挖掘的主题、所选择的活动方式也是不同的。因此,地方特色资源选择的首要依据即是否满足学生实践活动的实际需求,同样的地方资源需根据学生特点调整开发与实践策略。如景苑中学课程"钱塘发展志"中设计了"大湾区发展之我见"主题,对学生有较高的综合能力和素质要求,因此放置在课程的最后,同时根据初中生的能力水平,设计了对比学习活动"杭州湾大湾区vs粤港澳大湾区",让学生有更深的感知体验,有助于对自己观点的梳理。只有符合学生需求的活动主题,才能促进学生真正参与,才能实现综合实践活动课程的独特价值。

(二)不同资源的整合需凸显地方特色

《指导纲要》指出,综合实践活动课程资源的开发在充分挖掘学校课程资源的同时,要研究和分析地方条件,充分挖掘地方自然条件、经济文化状况、文化传统等方面的课程资源,体现课程资源的地方特色,即在调查地方资源的同时,了解学校进行综合实践活动课程资源建设已具备的条件,将地方资源与学校特色、教师实际、学生实际进行整合。文海小学课程"钱塘江之旅"结合学生自身发展的需要,从"桥"和"潮"两个维度,设计了以钱塘江水系的物理生成和自然景致所引出的地理、人文、历史、商贸、生活等课程资源为课程核心内容。同时结合学校木艺工坊的特色项目,开发了桥的设计制作成果物化内容,利用学校特色凸显了地方特色。

(三)拓展资源内涵让活动设计更有深度

地方资源丰富,可以开展的实践活动很多,但要避免浅显地变成活动课或参观课,即在基于地方特色资源的课程开发与实施中,需深挖资源内涵,巧设有层次、有梯度的学生活动,引导学生进行深度实践,通过实践,学生能真正理解活动的目的与意义。如景苑中学在设计基于下沙地方文化"发扬围垦精神"主题活动时认为,不能简单地变成毅行加围垦主题公园打卡活动,可以从围垦历史查阅学习出发,自主选择探究的角度,在沿江毅行活动中感受先辈们的智慧和坚韧不拔,并在主题公园中寻找到自己探究问题的答案,同时对实践过程进行细致的记录和深刻的反思,最后形成成果报告并与同伴分享交流。在这个过程中,活动内容不断丰富,活动范围不断拓展,使活动主题向纵深发展。同时还需要思考构建科学合理的活动主题序列,考虑到学期、学年、学段之间的衔接,保持课程内容在时间上的联系性和系统性,形成中长期探究主题,让探究走向深入。只有开展这样持久深度的探究,才能更好地、持续地发展"学生对生活的理解能力、创造能力和实践能力"。

三、课程实施

综合实践活动的基本活动过程一般分三个阶段,即活动准备阶段、活动实施阶段、活动总结交流阶段,每个阶段有不同的任务和要求,活动的具体方式因主题不同而不同。除了综合实践活动课程常规的实施策略与方法外,依托地方特色资源来实施的综合实践活动具有一些特色性的实施路径。

(一)依托自然环境资源的课程实施,以"研学+创作"为主

自然环境资源的应用主要通过观察、分析的方式结合学科综合知识增进对家乡的了解。依托这一类资源的综合实践活动需要组织学生确定主题并制订行走研学的方案,在研学过程中完成主题的研究性学习任务,最后以小组主题成果汇报、文学宣传作品及创意物化等为主要形式。以文海小学精品课程"话说钱塘江"中"钱塘江之桥梁"主题活动为例,设计了研学中关

于桥梁的寻访记录单,让学生从历史、结构及功用角度去了解桥梁,并开展了小组合作制作桥梁模型的展示活动(见案例4-1)。

【案例4-1】 钱塘江之桥梁

"钱塘江之桥梁"主题在学生寻访杭城古今桥梁的亲身实践中,了解钱江一桥到十桥的历史、构造后,尝试设计一座钱江十一桥,并动手制作,进行展示。

课堂教学流程的设计如下。

第一阶段:寻访杭城古今桥梁

让学生周末随同家长对杭城古代保留的桥(拱宸桥、断桥、长桥等)及现代兴建的桥(钱江一桥、九堡大桥、杭州湾跨海大桥等)两类桥中选择一座桥进行直观的探访活动,并填好下表。

我的寻访记录单

桥名	
建造原因及历史	
桥梁结构 (作图或拍照)	
桥梁的功用	
寻访感受 (50字左右)	

第二阶段:桥梁结构认识及设计

让学生根据自己的寻访记录单,自主结合5~6人为一个研究小组:重点研究桥梁的结构及本组的设计方案,包含桥梁结构、结构图、特点及作用,并说明理念和所需材料。

第三阶段:"钱江十一桥"模型制作

小组合作制作桥梁模型并展示。适用材料:普通绘图纸、电脑、卡纸、胶水、透明胶、双面胶、小刀、一次性木筷等。根据设计草图搭建出桥梁模型,并开展"桥梁承重力比拼"活动。

【案例评析】

本案例中的研学活动设计,巧妙利用"寻访记录单",让学生从历史、结构及功用角度去了解桥梁,做到了研学有目的、有内容、有记录、有感受,避免了"走马观花"式的景点游览。另外,基于研学的成果形式选择,一般建议整合学生学龄段的学科学习内容,结合学校特色或教师专业特长等因素优化设计。该案例中创作活动"桥梁模型制作",选用"普通绘图纸、卡纸、胶水、透明胶、双面胶、小刀、一次性木筷等"作为原材料,符合小学生手工制作能力范围;从内容角度看,学生对于跨钱塘江的几座大桥有一定的认知基础,且与语文阅读《赵州桥》接轨。因此可以说该案例中所设计的创作活动较为经典。

(二)依托历史人文资源的课程实施,以"文献查阅+实地访谈"为主

历史人文资源的应用方式主要是通过遗迹或文学作品追溯文化历史,再现生活风貌。依托这一类资源的综合实践活动需要组织学生有目的地开展文献收集和整理,然后确定主题并制订实地考察的方案,包括设计调查的问卷或访谈的提纲,进而付诸实践,最后以小组主题调研或解说报告成果为主要形式。以文海小学精品课程"钱塘江之旅"中"寻访古今钱塘人"主题活动为例,通过资料查阅学习古时的"钱王射潮"传说和下沙开创者的围垦故事,理解钱塘弄潮儿"奋勇向前"的奋斗精神,再连接到"现代钱塘弄潮儿",通过深入访谈,提升主人翁意识和奋斗精神(见案例4-2)。

【案例4-2】 寻访古今钱塘人(节选)

第四环节:连接现代,走向未来

1.访钱塘弄潮儿:听听创业者们的故事。

(1)下沙网创始人尚贞涛

(2)西子联合董事长王水福

(3)万事利集团总裁李建华

2.制订"现代钱塘弄潮儿"采访方案。

"现代钱塘弄潮儿"采访方案表

采访人物			
采访时间		采访地点	
预采访的问题			
组员分工			
采访心得			

【案例评析】

这类课程在实施时要求教师活动前对资源进行深入梳理,活动中注重对学生文献查找及整理的方法指导,并引导学生找到进一步调查或访谈的切入口,然后围绕该切入口由发散到聚焦完成问卷或访谈提纲的设计。学生实地调查或访谈则是对前面学习成果的验证及拓展延伸,成果展示则以观点报告方式展现了整个活动过程中通过辩证思考形成的结论。本案例节选了其中的第四环节,前三个环节主要通过资料收集、文献查阅等方式来了解"弄潮儿",为第四环节服务;同时,第四环节中"采访问题"的设计又反馈了学生对"弄潮儿"的理解,是对前三个环节所学知识的再运用。另外,案例在实际实施过程中是"鲜活"的,对学生动态生成的引导是对教师指导能力的考验。

(三)依托地方民俗资源的课程实施,以"体验+演绎"为主

地方民俗资源的应用方式主要是通过现场体验方式感受民族风俗。依托这一类资源的综合实践活动需要组织学生亲身体验地方民俗风情,并以文化传承的目的进行宣传,最后以小组舞台演绎或宣传作品创作为主要形

式。这类课程实施中强调"文化体验",只有深刻地体验,才能坚定文化自信,才能真正实现文化传承。可以以非遗文化为例开展现场参与式的体验,如"西湖绸伞"主题可以参观西湖绸伞博物馆并向传承人学习绸伞的制作工艺等。案例4-3源自下沙二小精品课程"北沙百草",以中草药文化为主题,通过中草药的种植,结合生活中的功用实例,加深学生对中草药文化的理解,并在草药名片的制作交流中完成文化宣传。

[案例4-3] 艾草

以"艾草"为主题的综合实践活动在学生通过种植观察艾草、体验用艾草制作清明粿等,产生探究兴趣和参与积极性,并在植物名片制作中进一步加深对艾草的属性和药用价值的认识。

(一)回顾体验,激发兴趣

回顾班级端午节期间开展的"'艾'进社区"活动,得到了周边社区居民的点赞。联系生活及艾草种植体验,说说艾草在生活中有哪些作用? 我们还可以从哪些角度来介绍艾草? 如艾草的传说、生长环境、药用价值、功效等。

生活链接:我国的传统节日端午节时,人们喜欢把艾草插到门上。其一,古人认为艾草可以驱鬼辟邪,其实是艾草作为中草药有抑菌和杀灭病毒的作用;其二,艾草本身有一种特殊的味道,把它插到门上可以驱赶蚊虫。清明节的时候,很多人还会把艾草摘来做成清明粿、艾饺等美食。

(二)制作艾草名片,深化认识

1.赏校园植物名片

我们校园里的植物都有自己的名片。看看名片上一般都有哪些内容?

小结:植物的名称,所属科目,种植时间,生长环境,药用价值,功效,寓意等。

2.仿做艾草植物名片

农耕园里种植的艾草也是学校百草中的一员,让我们也为艾草制作一张名片吧!

知识链接：艾草为菊科蒿属多年生草本或略成半灌木状植物，植株有浓烈的香气，全草入药，有温经、去湿、散寒、止血、消炎、平喘、止咳、安胎、抗过敏等作用，晒干捣碎得艾绒，制作艾条供艾灸用，又可做印泥的原料。

3.汇报交流，拓宽视野

（三）评优秀艾草名片，总结交流

1.评出优秀作品。

2.张贴交流。

【案例评析】

本案例的第一部分为"文化体验"，结合了学生已有的艾草种植体验、"艾"进社区体验及端午插艾草等习俗，体验深度层层推进，为后面的活动设计打好认知基础。第二部分提供的是方法指导，采用模仿学习，为第三部分的"文化演绎"打好了创作基础。

钱塘新区地处钱塘江两岸、东海入口，有着独特的"沿江大道""盐碱地"等自然环境资源。虽然其人文历史不过百年，但围垦时代的奋斗精神深深印刻在钱塘江畔人们的心里，成为杭州印记。将地方资源融入综合实践活动课程，走进学生，是实现文化传承最有效的方式之一，也成为教育者重要使命之一。教师在课程开发时要牢牢把握资源选择凸显"地方特色"、资源利用基于"学情校情"的原则；在实施中灵活运用"研学+创作""文献查阅+实地访谈""体验+演绎"三类建议组合，为实现综合实践活动课程的育人价值而努力。

第二节 "行走钱塘江"
——依托地方地理资源的课程

杭州钱塘新区景苑中学创建于2017年,学校坐落于杭州钱塘新区下沙街道、钱塘江岸边,距离江边仅两三千米。景苑中学以打造一所人人向往的有美感、有人性、有温度、有故事的"四有"美好学校为目标,确定学校的办学理念为"眺望远景、面向未来"。学校结合陶行知教育思想,确立"远景育人、实践成人"的课程理念,重视学生实践能力和创新精神的培养,积极探索校本化综合实践活动课程的改革和实施,充分挖掘地方资源和家庭资源开发课程,形成学校的办学特色。

"行走钱塘江"是学校依托本土资源开发的综合实践活动课程,践行陶行知教育思想,生活即教育、社会即学校、教学做合一,创造条件让学生在实践中学习。课程围绕钱塘江这个主题,从钱塘山海经、钱塘史诗经、钱塘发展志三个模块开展综合实践活动,目的是让学生了解脚下的这片热土,树立热爱家乡、建设家乡的情怀。

一、课程目标

本课程的开发与实施旨在探索钱塘江地理资源,挖掘、整合以钱塘江为题材的综合实践活动的设计与实施策略,增强学生的家国情怀,培养学生问题解决能力、创新能力和逻辑思维能力,促进学生全面而个性地发展。

具体目标:通过亲身参与实践活动,加强对钱塘江地理、人文、风俗、生态与经济发展的了解,提高家乡认同感,培养热爱家乡、为家乡做贡献的价值情感;同时形成保护、宣传、发展钱塘江的主人翁意识,传承和弘扬优秀传统精神,为成为未来接班人打下基础。通过"钱塘小导游""走进企业"等职业体验活动,形成积极的劳动观念和态度；综合运用学科知识分析自然环境和钱江风俗等特点及地域发展中存在的问题,并策划多样的活动宣传家乡,为共建家乡出谋划策,从而提升实践能力和解决问题的能力。在小组合作完成作品设计、考察探究等活动中,形成团队合作意识,培养交往与沟通能力、实践能力和创造力。

二、课程架构和内容

"行走钱塘江"综合实践活动课程从"山水钱塘""人文钱塘""区域发展"三个方向,分别设置了"钱塘山海经""钱塘史诗经""钱塘发展志"三大模块,其中"钱塘发展志"从"生态发展"和"经济发展"两个角度展开,每个模块下设有三个探究方向,共计十二个活动主题,详见图4-1。从学生年段的层次性出发,针对每个阶段学生的发展特点,在主题内容和目标及建构上,随着年纪的增长逐渐加深,前两个模块面向七年级,后一个模块面向八年级。

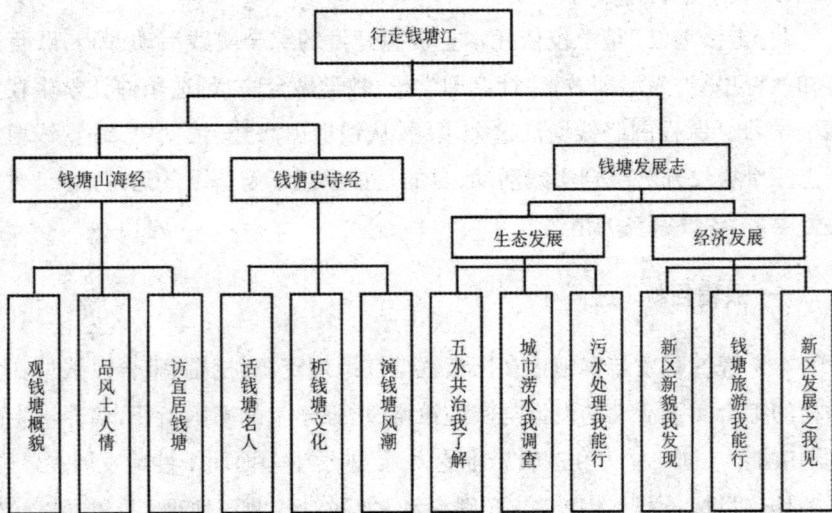

图4-1 "行走钱塘江"课程内容架构

三、主要环节和实施策略

(一)主要环节

钱塘江资源丰富,涵盖自然环境资源、历史人文资源和地方文化资源,因而基于钱塘江资源开发的课程在实施中也采用多种方式结合开展。在前一节中从三类资源的角度说明了依托地方资源的课程开发与实施策略,结合综合实践活动一般的三个阶段,"行走钱塘江"课程实施主要环节有研学走访方案制定环节、方法指导环节和实践成果展示环节。下面以"钱塘旅游我能行"主题为例,详细陈述活动指导的主要环节。

1.研学走访方案制订环节

钱塘自古繁华,钱塘江两岸有很多雄伟的自然风光,如钱塘江潮被誉为"天下第一潮","八月十八潮,壮观天下无",这是苏东坡咏赞钱塘江潮的千古名句,每年的农历八月十八前后,钱塘江口的海塘上游客群集,争睹奇景。钱塘江大桥是中国第一座公铁两用现代化大桥,这座建成于抗日烽火之中的大桥,不仅在中华民族抗击日本侵略者的斗争中书写了可歌可泣的篇章,而且是中国桥梁建筑史上的一座里程碑。钱塘江畔月轮山上的六和塔,是中国古代早期八角楼阁式塔的杰出代表之一,也是西湖景观中最具建筑遗产价值的文化遗存。

走访钱塘江两岸的名胜古迹,不仅可以陶冶情操,更能激发学生热爱家乡的情怀。走访活动需要先制订一个活动方案,以保证活动有条不紊地进行,一般流程有明确任务、交流研习、小组合作、展评改进。方案制订环节需要学生认识到制订方案的重要性和必要性,引导学生思考活动的时间安排、人员分工、活动步骤、活动成果、可能遇到的问题及解决的方法,最后形成一个完整的活动方案。如"钱塘旅游我能行"主题中"我是钱塘小导游"的方案设计,详见案例4-4。

【案例4-4】 "我是钱塘小导游"活动方案设计

活动内容：

引导学生制订"我是钱塘小导游"活动方案并交流修改与评价。

活动过程：

(一)明确任务,制订方案

1.呈现方案要素。

2.学习理解导游工作要求,各小组制订相应的方案。

(二)展示交流,互评互议

1.小组展示,鼓励学生之间相互点评。

2.根据分享的方案,反思本组方案,突出要改进的地方。

3.邀请一组分享打算改进的地方。

(三)二次修改,完善方案

根据老师和其他小组的建议,完善本组活动方案。

小结:学生谈学习收获。

"我是钱塘小导游"方案表

活动名称	我是钱塘小导游				
组长		小组名称		指导教师	
小组成员					
研究内容					
成员分工活动步骤	1. 2. 3.				
成果展示					
预估困难及解决办法					

【案例评析】

钱塘小导游职业体验活动的方案制订这一课，先引导学生思考"我们开展职业体验活动需要考虑哪些因素"，同伴交流讨论；然后师生归纳一个活动方案的基本构成；接下来学生自主制订方案，展示方案，师生提出意见，二次修改方案；最后形成合理的方案，并按方案计划实施。

2.方法指导环节

方法指导环节是为了让学生获得科学的实践方法，提高活动的有效性而进行的针对性指导。一般流程有问题聚焦、寻求对策、模拟演练、总结评价。如在了解"景苑中学标志设计"活动中，如果采访校长，就需要对学生进行采访方法的指导，可以播放采访视频，了解采访的一般步骤，采访前需要做哪些准备（对象、时间、地点、器材、问题设计），采访中的注意事项有哪些（礼仪、记录、分工），采访后还需要做哪些工作，等等。通过师生交流共同制订一个采访计划，表4-1为学生制订的采访计划表。

表4-1 采访计划表

景苑中学 logo		访谈主题	景苑中学logo构图元素、表达的含义	
团队名称		组长及组员分工		
访谈时间		访谈地点	访谈对象	
问题1				
问题2				
问题3				
…				

3.实践成果展示环节

实践成果展示课是引导学生将自己在综合实践活动中的收获，如活动过程及活动成果，通过合适的表现形式展示出来的教学课。一般流程有活动回顾、展示指导、多样展示、评价交流。成果展示课要依据主题类型特点,指导学生采用针对性和多样化的展示形式,如实验展示、观察日记、调查报告、结题报告、作品或模型、小发明小制作等。

如在钱塘小导游职业体验活动中,组织学生展示活动过程,从方案的制订、导游旗的设计制作、导游词的撰写、模拟导游等几个方面进行展示。引导学生倾听哪些优点值得学习,提出自己的建议。

(二)实施策略

1.“范例研习”,为学生自主探究提供样例

学生初次制订活动方案、问卷调查表、采访提纲,有一定的难度,此时教师可提供一份完整的范例,引导学生学习范例的基本要素和基本格式,当学生对范例比较熟悉后,可放手让学生在模仿的基础上完成相关任务。接下来,组织学生交流讨论,发现方案的不足,提出修改意见,进一步修订、完善活动方案,增强可操作性。如在设计制作钱塘旅游 logo 活动中,教师可以先提供一个活动方案的框架(见表4-2),降低难度,师生分析方案的构成要素,然后小组讨论制订方案,交流展示,二次修改,完善方案。

表4-2　钱塘旅游 logo 设计制作方案

主题名称	设计制作钱塘旅游 logo		指导教师	
小组名称			组长	
时间				
活动目标				
成员分工	姓名		分工及责任	
草图设计				
困难预设				
拟解决办法				
预期成果				

2."因需而导",保证学生个性化学习的空间

综合实践活动的特点是让学生动手实践,在实践中体验,在体验中学习,教师全程关注学生的活动过程,发挥启发引导作用。在钱塘旅游logo的设计与制作活动中,从制订活动方案、logo相关知识的调查、logo设计制作到优秀logo评选,都是放手让学生自主活动,只是在学生需要帮助的时候,提供必要的方法指导,做到"因需而导",为学生搭建一个展示自我、发现自我、实现自我的平台,让学生的创造潜能得到最大限度的发展。

3."评价我做主",推动学生在反思中成长

"行走钱塘江"课程内容设计基于学生可持续发展的要求,设计长短期相结合的主题活动,活动内容具有递进性,使活动主题向纵深发展,不断丰富活动内容、拓展活动范围,促进学生综合素质的可持续发展。本课程评价主要包括个人学材记录过程评价和学生共同商定标准的成果评价。

学材记录档案里有着学生丰富的活动过程体验和收获,如在钱塘小导游职业体验活动中,导游旗的设计制作方案表、语文老师指导导游词撰写的照片、模拟小导游的视频影像等;在钱塘旅游logo设计制作活动中,学校logo采访视频、生活logo实地调查照片、学生logo设计制作过程照片,这些照片、视频、手抄报、活动体会等学材,都是综合实践活动最真实的记录,是最实在的评价。

成果评价必然要有一个标准,标准的制定由学生小组讨论商定,这样不仅能激发学生参与活动的积极性,而且促进学生各方面素质的健康发展。比如,在钱塘小导游职业体验活动中,让学生畅谈自己参与活动的体验、经验和教训,自由交换意见,每个小组填写评价标准商定表,最后根据各小组商定表,汇总提炼钱塘小导游职业体验评价方案(见表4-3)。这样,评价的内容、评价的主体、评价的方式都由学生自己完成,充分发挥学生的主体作用。

表4-3 "钱塘小导游"职业体验活动评价表

项目			评分要求	计星
方案制订 （5分）	科学合理		主题名称、团队名称、活动时间、活动步骤	三星
	分工合作		分组分工、预期困难及处理方法	二星
导游旗 制作 （10分）	材料选择		环保、经济、废物利用	二星
	工具使用		选择工具正确，使用方法正确	五星
	创意		有附加功能	三星
模拟导游 （15分）	仪容 仪表	形象气质	礼貌到位，精神饱满，自信阳光	三星
	内容	讲解内容	完整，准确，重点突出	二星
		讲解结构	层次鲜明，详略得当，过渡自然	二星
		文化内涵	文化故事、传说	二星
	技巧	讲解技巧	角度新颖，通俗易懂，生动幽默	二星
		语音语调	音量和语速适中，节奏合理，肢体语言得体	二星
		表达能力	表达自然得当	二星
合计				

第三节 "苏轼与杭州"
——依托人文资源的课程

　　杭州钱塘新区学正中学创建于2014年,是新区着力打造的一所高品质初级中学。学正中学坚持"健康成长、持续发展"的办学理念,以"博学固基、厚德正身"为校训,着力营造"学而求新、正于守道"的校风,努力培养"德达才实、知人善教"的教风和"严谨笃学、学博气华"的学风,积极探索教书育人新途径。学正中学为了满足学生健康成长和个性发展的需要,为进一步推进综合实践活动课程建设,落实《指导纲要》精神,建立多元化、多层次、可选择的课程体系,优化育人模式,全面提高课堂效益和学校的办学水平。

　　"苏轼与杭州"是学校针对七年级学生开发的综合实践活动课程,为对古代文学以及杭州历史文化感兴趣的学生提供了实践的机会和平台,引导学生积累、鉴赏苏轼在杭州5年留下的诗词文,跟着诗词文游历其文化足迹,让学生更为全面、立体、直观地了解苏东坡在杭州5年的历史,帮助学生进一步理解苏轼的精神品格和杭州的人文精神,培养学生热爱祖国和家乡的思想感情。

一、课程目标

　　本课程以精选苏轼作品为主线,体验学习,引导学生对苏轼在杭州5年开展主题化、系列化研究性学习,运用自主、合作、探究的学习方式开展研究,为学生搭建"我是诗词小达人""苏轼诗词我来讲""苏轼研究小论文"多样化的展示平台,让学生在多样化的平台展示中经历真实的学习过程,进而培养学生乐学善学的学习品质。在活动中深化学生的感悟和思考,达到陶冶情操、提高阅读修养、提升鉴赏品位、增加文化积淀的目标,同时培养学生亲近江南文化和杭州文化的思想感情。

二、课程架构和内容

　　课程聚焦苏轼在杭州的这段历史,开发了苏轼的政绩、苏轼与西湖、苏轼与杭州、苏轼的佛缘、苏轼的精神五个主题。引导学生了解苏轼在杭州5年的历史,能帮助学生进一步理解苏轼的精神品格和杭州的人文精神,增强学生的文化自信和国家认同感以及热爱祖国和家乡的思想感情。

　　课程内容架构和课程内容细目如图4-2、表4-4所示。

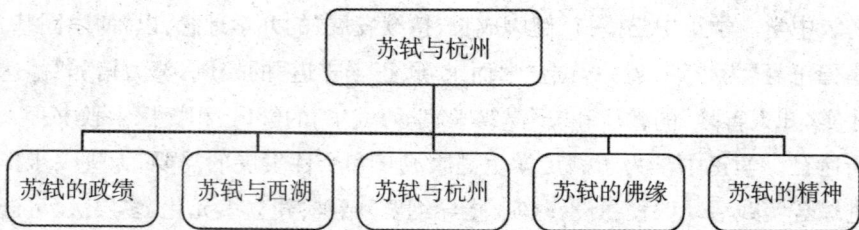

图4-2　课程内容架构

表4-4　课程内容细目

主题	课时建议	教学内容	组织方式
苏轼的政绩	1课时	确定主题　查找资料	自主实践+方法指导
	2课时	合作探究　汇报成果	合作探究课
	1课时	教师引领　深度学习	活动总结课
	1课时	亲历现场　体验感悟	实践课
苏轼与西湖	1课时	收集诗词　大致分类	自主实践+方法指导
	1课时	小组交流 分享最美诗词	合作探究课
	1课时	小老师讲诗词	合作探究课
	1课时	亲历诗中景点 手绘诗人旅途	合作探究课

主题	课时建议	教学内容	组织方式
苏轼与杭州	1课时	确定主题　查找资料	自主实践+方法指导
	1课时	小组合作交流 设计游览方案	合作探究课
	1课时	重走名人足迹 感受灿烂文化	实践课
	1课时	品味六一泉 感受师生情	活动总结课
	1课时	漫步苏堤　欣赏美景	实践课
苏轼的佛缘	1课时	确定主题　查找资料	自主实践+方法指导
	1课时	小组合作交流 设计游览方案	合作探究课
	1课时	行走寻觅　感受魅力	实践课
	1课时	手绘苏东坡杭州魅力地图	自主实践+方法指导
苏轼的精神	1课时	确定主题　查找资料	自主实践+方法指导
	1课时	小组交流　合作探究	合作探究课
	1课时	围绕"乐观旷达"主题 收集能印证的诗词	合作探究课
	1课时	小老师讲诗词	合作探究课
	1课时	教师引领　深度学习	活动总结课

三、主要环节和实施策略

(一)主要环节

本课程是根据苏轼在杭州的作品等历史人文资源而开发的,课程实施主要以精选苏轼的作品为线索,通过文学赏析、文献学习或走访名人古迹、实践成果展示等活动方式来完成实践活动,主要环节有主题整理和行读体悟。

1.主题整理环节

课前准备:课前一周,学生围绕小组讨论确定的主题来阅读书籍、查找资料。

课堂实施:按兴趣组建小组,进行主题式资料汇报、分享,在老师的指导

和组长的组织下进行探究,并初步形成小组学习成果。以小组为单位汇报学习成果,教师点评、点拨。操作流程如下。

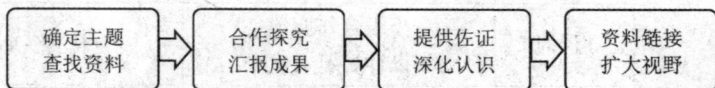

确定主题查找资料 → 合作探究汇报成果 → 提供佐证深化认识 → 资料链接扩大视野

2.行读体悟环节

"行读"的内涵就是"读万卷书,行万里路"。"行"就是引领学生到苏东坡到过的地方去走一走、看一看;"读"就是去欣赏、去发现、去感悟,和学习伙伴交流并抒写行读的感悟。这一环节实施时要注意科学规划"行读"路线,做到提前踩点,还要精心设计"行读"内容,让学生带着问题有目的地去读。操作流程如下。

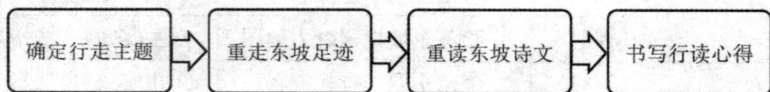

确定行走主题 → 重走东坡足迹 → 重读东坡诗文 → 书写行读心得

在第一章"苏轼的功业:我在钱塘拓湖渌",学生先收集资料,探究苏轼疏浚西湖的原因,行走苏堤,吟诵疏浚西湖的诗词,比起在教室学习,行读更受学生欢迎,全身心感受苏轼对西湖的那份真挚感情,详见案例4-5。

【案例4-5】 苏轼的功业:我在钱塘拓湖渌(摘录)

(一)活动目标

1.探究苏轼要疏浚西湖的原因。

2."欲把西湖比西子,淡妆浓抹总相宜",深切感受苏轼对西湖的那份真挚感情。

3.梳理了苏轼疏浚西湖的步骤,吟诵疏浚西湖的诗词。

(二)小组合作,信息检索

1.小组成员先以"苏轼在杭州的功绩"为主题进行信息检索,由信息教师进行技术指导。语文教师则指导学生以抓关键词的形式进行信息提取和分类。

2.汇报"苏轼在杭州的功绩",形成组内学习成果并进行班级交流。

(三)聚焦"疏浚西湖",还原历史场景

1.诵读《杭州乞度牒开西湖状》节选,探究苏轼要疏浚西湖的原因。

2.梳理疏浚西湖的过程。

3.吟诵疏浚西湖的诗词。

(四)交流讨论,深化认识

1.《宋史·苏轼列传》(节选)中写到了苏轼的哪些功绩?

2.从苏轼的这些功绩当中,你认为苏轼是一个怎样的人?

【案例评析】

以学科融合、协同教学的方式开展综合实践活动课程,优化了课程实施方式;以史为证、以诗为证的方式引导和帮助学生进行研究性学习,启蒙和培养了学生的研究性思维;如何从课堂走向生活、建立学生生活世界与苏轼功绩的联系,是课程实施过程中存在的困惑。

(二)实施策略

1.有备而行、带惑而读,提高活动的实效性

科学规划"行读"路线。为保证行读活动的顺利进行,需要科学合理地规划行读路线,提前走一遍路线,发现问题,提前预案。精心设计"行读"内容。行读中最重要的是行和读,学生带着问题去开展行读活动,才能更好地落实行读目标。在"前生我已到杭州"主题中,行读前先通过互联网搜索苏轼在杭州的诗文作品以及杭州市所有和苏轼相关的景点,并进行归类整理,确定主题,如因苏轼的修建而得名的地方、因苏轼的趣事而得名的地方、因苏轼的文学创作而得名的地方、因纪念苏轼而得名的地方等。有了前期充分的准备,开始设计游览方案,撰写导游词,在小导游的带领下,重走名人路,每到一处由小组负责介绍该景点和苏轼的渊源,班级同学齐诵相关诗文或文章片段。

2.寻访名人古迹,感受名人魅力

开展"苏轼与杭州"实践活动课,引导学生沿着苏东坡的足迹去走一走、

看一看、品一品、悟一悟，用"行读"的方式来实施这门课程。如沿着西湖苏堤走一走，了解苏堤修建的背景、苏堤的功能、后人赞美苏堤的诗词等。"行走苏堤"主题资料搜索成果单见表4-5。

表4-5 "行走苏堤"主题资料搜索成果单

主题：行走苏堤		
地方：西湖苏堤	史实梗概	苏堤是北宋元祐四年(1089)，诗人苏轼任杭州知州时，指挥20多万人，利用疏浚西湖时挖出的淤泥堆积而成
	相关诗词	日暮笙歌收拾去，万株杨柳属流莺；夜来折得江头柳，不是苏堤也皱眉；花似雪，东风夜扫苏堤月。苏堤月，香销南国，几回圆缺
	名人评价	柳暗花明春正好，重湖雾散分林鸟。何处黄鹂破暝烟，一声啼过苏堤晓。——(明)杨周

3.搭建多样展示平台，丰富体验经历

首先，在学生实践过程中注重收集活动中的照片、视频、成果，留下真实的记录，这些过程的形成性评价，既可以促进学习活动的长期开展，也可以从根本上提高学生品苏轼其文和品苏轼其人的学习能力，还可以设计相应的评价表来记录学生活动过程中的表现，如表4-6所示。

表4-6 "苏轼与杭州"专题探究成果展示与交流评价表

组别		第一小组	第二小组	第三小组	第四小组	第五小组	第六小组	评价
研究角度	新颖；较新颖；不新颖							最佳研究奖：（　）组
研究成果	显著；较显著；不显著							
小计								
团队合作	优秀；良好；一般							最佳合作奖：（　）组

组别		第一小组	第二小组	第三小组	第四小组	第五小组	第六小组	评价
成果呈现	多样;较多样;不多样							
	小计							
展示形式	有创意;较有创意;形式普通							最佳展示奖:（　　）组
	小计							

　　其次,通过"苏轼诗词大会""苏轼诗词我来讲""苏轼一生我来评"等多种活动的开展,在实践活动中评价学生的学习能力及学习效果。这些大型活动体验,能让同学们更直接地体会到成就感、更直观地感受到同学的成长和团队智慧。如开展"苏轼诗词大会"活动,激发学生争做"诗词小达人"的热情,达到丰富诗词积累的活动目标;搭建"苏轼诗词我来讲"小先生讲坛,让学生来赏析苏轼诗词,培养学生初步鉴赏古诗词的兴趣和能力。开展"某某同学说苏轼"论坛活动,激发学生研究、品评历史文化名人的兴趣,在"知人论世"上进行启蒙。

第四节 "北沙百草"

——依托地方文化传承资源的课程

杭州市下沙第二小学，雅名"北沙书院"，一直秉承"厚朴、远志、清明、含笑"校训，围绕这一学校人才培养的目标，通过创设"厚朴"课程、追求"远志"人生、打造"清明"课堂、实施"含笑"课业，构建具有浓郁书院特色的学校教学体系。坚持国家课程、校本课程、地方课程有机整合、开发、使用，积极探索基础课程与拓展课程领域的开发，形成本校特质的特色课程。

精品课程"北沙百草"作为学校课程架构的重要组成部分，选择校园中的常见中草药作为研究对象，按季节特点，分为春生、夏长、秋收、冬藏四篇，每个季节认识两种中草药，精心开发优秀传统文化系列课程，让学生在体验、探究、制作的过程中，了解中国传统文化和传统民间工艺，感受传统文化带来的文化归属感和文化自豪感，增进对传统文化知识、传统民间工艺的探究意识和认同感。

一、课程目标

本课程通过引领学生认识常见中草药，激发研究中草药的兴趣与动机，对感兴趣的中草药展开观察与研究；体验常见中草药的种植、采集、炮制、储藏的基本方法，进行实践尝试，体验成功的快乐、体验学以致用的快乐，培养学生收集处理信息能力、观察能力、探究能力及劳动技能；养成对周围事物的好奇心、求知欲和乐于尝试、主动探索、团结合作的精神，在研究过程中能专心致志、耐心细致、有始有终的良好品质，同时在课程实践学习的潜移默化中使中医药文化得到传承。

二、课程架构和内容

"北沙百草"依据植物生长规律，共分春生、夏长、秋收、冬藏四个篇章，每个篇章分认知篇和实践篇。认知篇当当"药博士"，主要是认识当季的两种中草药，了解常见中草药的外形特征、生长特点、药用价值、故事、小妙方等相关知识，并以中草药名片、中草药贴画等方式进行成果展示。实践篇当当"小药农"，主要是体验中草药的种植、采摘、炮制、储藏，学习其方法。该课程共有4个大主题，24个课时，课程架构和课程内容细目如图4-3、表4-7所示。

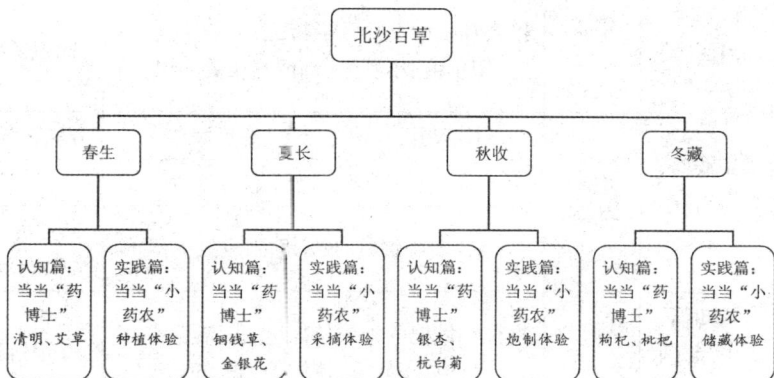

图4-3　课程架构

表4-7　课程内容细目

章	模块项目	课	学习内容	教学组织形式
春生	认知篇（当当"药博士"）	清明	清明和艾草的外形特征、生长特点、药用价值、故事、小妙方等相关知识	知识链接
		艾草		
	实践篇（当当"小药农"）	种植体验	团队组建、任务分工、选择课题	方法指导课
			介绍种植方法，制订种植计划	方法汇报课
			实施种植，展示种植成果	自主实践+成果展示课

钱塘新模式：综合实践活动课程建设的区域探索

章	模块项目	课	学习内容	教学组织形式
夏长	认知篇（当当"药博士"）	铜钱草	铜钱草和金银花的外形特征、生长特点、小妙方、诗词、药用价值等相关知识	知识链接
		金银花		
	实践篇（当当"小药农"）	采摘体验	团队组建、任务分工、选择课题	方法指导课
			介绍采摘方法，制订采摘计划	方法汇报课
			实施采摘，展示采摘成果	自主实践+成果展示课
秋收	认知篇（当当"药博士"）	银杏	银杏和杭白菊的外形特征、生长特点、药用价值、小妙方、诗词等相关知识	知识链接
		杭白菊		
	实践篇（当当"小药农"）	炮制体验	团队组建、任务分工、选择课题	方法指导课
			介绍炮制方法，制订炮制计划	方法汇报课
			实施炮制，展示炮制成果	自主实践+成果展示课
冬藏	认知篇（当当"药博士"）	枸杞	枸杞和枇杷的外形特征、生长特点、药用价值、小妙方、诗词等相关知识	知识链接
		枇杷		
	实践篇（当当"小药农"）	储藏体验	团队组建、任务分工、选择课题	方法指导课
			介绍储藏方法，制订储藏计划	方法汇报课
			实施储藏，展示储藏成果	自主实践+成果展示课

三、主要环节和实施策略

（一）主要环节

本课程是基于我国中草药文化资源而开发的，在实施中侧重学生的实践体验，如种植、采摘、炮制、储藏等体验，在体验的同时通过多样的作品设计展示来创意物化收获，主要环节有体验方案制订和设计制作。

1.体验方案制订环节

"纸上得来终觉浅,绝知此事要躬行",综合实践活动强调学生亲身经历各项活动,在"动手做"中体验、体悟、体认。如"走近艾草"主题,学生查找资料了解艾草的相关知识,初步认识艾草的药用价值,艾草的形态结构,艾草的种植方法。接着学生走进校园里的百草园,整理土壤,种植艾草,艾草生长期的浇水、施肥、除草,学生都亲力亲为,看着艾草一点点长大,感受生命的神奇,详见案例4-6。艾草的药用体验,把自己种植的艾草拿回家泡脚、洗澡,具有缓解疲劳、去湿、散寒、止血、消炎等功效,将艾草晒干捣碎加工成艾绒、艾柱可用于艾灸,送给敬老院的老人,体验劳动的价值,在体验中感受中草药文化的魅力。

【案例4-6】 "种植艾草"

活动目标:

1.通过观察实物,认识艾草的外形、香味。

2.了解艾草的生长环境,探究它的药用价值。

3.种植艾草,体验艾草的生长过程。

艾草种植方案

组长＿＿＿＿＿＿＿＿＿＿　　　　组员＿＿＿＿＿＿＿＿＿＿

草药名称	艾草
种植方法	
组员分工	
种植流程	
其他注意事项	

【案例评析】

在"种植艾草"活动中,先观察实物,认识艾草的外形、香味,了解艾草的生长环境，探究它的药用价值。在我国的传统节日端午节时，人们喜欢把艾草插到门上，认为艾草可以驱鬼辟邪。艾草本身有一种特殊的味道，把它插到门上可以驱除蚊虫。清明节的时候，很多人会把艾草摘来做成清明粿、艾饺等美食。然后带领学生思考如何种植艾草，需要考虑哪些因素，一起完成艾草种植方案。

2.设计制作环节

设计制作指学生运用各种工具、工艺进行设计，并动手操作，将自己的创意、方案付诸现实，转化为物品或作品的过程。一般的流程包含确定作品、设计草图、设计制作、形成作品、评价反思。教师引导学生分组分工，根据设计要求指导学生方案设计，在制作过程中要注意工具的选择及使用方法的示范讲解，如何安全地使用工具，在作品形成后，在展示中完善方案，优化作品。如在"本草乐，香包趣"活动中，小组合作制作香包，详见案例4-7；在"认识艾草"活动中，设计制作艾草名片等。

【案例4-7】 "本草乐，香包趣"

活动目标：

了解香包蕴含的寓意、用途、制作等文化，认识组成香包药材的相关知识，观察辨别药材；通过小组合作制作香包，学会小组分工合作。

活动过程：

1.初识香包

(1)香包是由什么做成的？

(2)它的作用是什么？防止毒虫侵扰，保护健康。

(3)它有什么寓意？祛邪祈福，托物言志，用不同图案表示不同意思。

(4)它还代表礼仪。《礼记》载，未成年男女，晨昏叩拜父母，必须佩戴香包，有礼仪作用。

2.香包的中药材

(1)紫苏：散寒发汗(叶紫色)。

(2)藿香:芳香化湿(茎略呈方柱形,叶有绒毛,气味特异)。

(3)艾叶:去湿散寒(皱缩、破碎,有短柄,质柔软,叶清香)。

(4)薄荷:清心明目(叶片长圆状披针形,淡绿色,有微柔毛)。

(5)冰片:清热解毒(白色半透明的片状松脆结晶)。

3.制作香包

(1)戴手套取药。

(2)用电子秤称规定分量的药材(记得戴上手套)。

(3)将药材放进香包内,并系好香包挂绳。

(4)准备介绍香包。思考:可以从哪些方面来介绍?

【案例评析】

通过师生交流、观看视频,让学生了解香包蕴含的寓意、用途、制作等文化,激发学生对香包的兴趣,然后学习香包内中草药的组成,各味草药的功能及用途。制作香包时,每一味中草药的含量要精确,培养学生严谨的学习态度,小组合作制作香包,引导每位组员都有事情做,根据特长,合理分工。在学习香包内的中草药时,让学生通过"连连看"巩固知识,收到很好的效果。

(二)实施策略

1.合理规划课内和课外学习,拓展学生学习时空

课内学习是由教师组织引导的,在课堂教学中,有目的、有计划地开展常见中草药的知识了解,中草药的种植、采摘、炮制、储藏的方法以及中草药相关主题分享、成果展示交流等活动,主要有植物知识学习、体验方法指导、成果分享等多种课内学习环节。如表4-8所示,即"我的采摘方案"的制订。课外实践是指学生或独立、或小组开展的观察活动、资料收集、种植体验、采摘体验等活动,目的在于进一步引导学生思考和践行在课程活动中的收获与体验,让学生与同伴实现健康的共同发展。

表4-8　我的采摘方案

采摘时间、地点	
计划采摘的中草药部位	
组员分工	
可能遇到的问题和初步打算	
采摘心得	

2.整合地方文化资源，拓宽学生实践基地

北沙书院是一个十足的"百草园"，园内拥有中草药百余种，且目前有"嘟噜噜"农耕园，拥有广阔的实践基地。基于以上校园资源进行分析和评估，获取"北沙百草"课程设置的相关信息，构建具有校园特色的课程框架结构。浙江的"浙八味"驰名中外，而北沙又地处东部药港特色小镇，拥有丰富的社会资源，可充分利用，为学生提供丰富多彩的实践机会，与医药特色小镇进行联系和合作，为学生提供专业保障。

3.多样评价手段，促进学生批判性思维发展

课程活动手册，作为学习过程载体呈现，可以帮助评价者量化评价，在促进学生全面发展的同时促进课程的不断深化。例如，在本课程的实践部分利用课程活动手册中的表格，如"我的采摘方案"（见表4-8），这些表格能够记录学生参加项目主题整个问题的解决过程，还能记录学生的学习成果以及学习过程中产生的观点和见解等。

多元主体评价表格，作为自我评价的依据。评价可以让学生对自己的学习情况和成果有个总体的判断，明确优势和不足，才能从内心出发，改进自己的学习方式，更加有效地投入下一步的学习中。例如，利用"'北沙百草'课程评价表"（见表4-9）这类多元主体评价表格来评价学生的学习过程以及学习成果，学生在比较自我评价和外部评价的差别时，能够主动与同伴、家长和教师进行沟通。让学生真正理解、吸收评价结果中对自身发展全

面并且有利的信息,最终内化为学习的动力。

表4-9 "北沙百草"课程评价表

评价项目	评价内容	自我评价	同伴评价	家长评价	备注
情感态度	积极参与活动的全过程				
	对校园常见中草药有好奇心和探索的欲望				
合作交流	在组内承担了一定角色,并为团队合作做出了贡献				
	大胆质疑,并表达出自己的观点和建议				
学习技能	能对校园百草中的一种或多种提出研究的问题				
	能与组员充分协商,制订采摘研究方案等				
	在组内讨论中,找到解决实践活动中出现的问题的方法				
	能用多种方法收集相关信息,并进行一定的加工处理				
成果展示	有中草药名片、中草药贴画、种植日记、诗词朗诵、研究报告、汇报和答辩等多元化成果展示				
	成果展示观点准确、新颖并且鲜明				

　　创新性实践评价在实践中根据学生活动动态生成。通过评价鼓励学生创新性实践,教师在实践指导过程中多关注学生的学习动态生成,以学生学习兴趣为基础,以生为本进行教学设计开展活动,让学生能够更好地提升对学习成果和过程的迁移能力,做到真正内化知识,落实综合素养。例如,在储藏实践中,学生在利用密封法、冷藏法和对抗法来进行中草药存储的过程中,能够结合科学课堂中所学的"引起食物变质的微生物生长的主要因素"来创新储藏方式。有些同学采用了石灰缸存储的方式,以控制微生物生长的水分条件来保障药材的新鲜。该方法新颖有效,也体现了学生综合运用知识的能力,值得肯定。

第五章

基于校内资源运用的课程开发与实施

第一节 定位、开发与实施

《指导纲要》指出，要从学生的真实生活和发展需要出发，从生活情境中发现问题，转化为活动主题，通过探究、服务、制作、体验等方式，培养学生综合素质。其中所提到的"真实生活"和"生活情境"包括了学生身处的具有本地、本校特色的生活经历。

校内资源包括校内的各种场所和设施、环境与教育教学相关的各种活动。从资源类别来看，校内资源主要分为校内环境资源、校内场馆资源、专用教室资源三大类。钱塘新区作为美好教育的一个先行区，区内学校配备了先进、富有个性的校内资源。师生可以充分利用这些平台进行考察探究、设计制作，开发具有校本特色的综合实践活动课程资源。校内资源的日益丰富，成了钱塘新区综合实践活动课程开展的一个"宝藏"。

基于校内资源进行相应的建设和开发相关课程并实施综合实践活动，成了钱塘新区教育正在探索的重大课题。在钱塘新区区域化综合实践活动中，注重开发学校资源有着重要的现实意义。

一、价值定位

苏联著名教育家苏霍姆林斯基说："孩子在他周围——学校走廊的墙壁上、教室里、活动室里——经常看到的一切，对于他精神面貌的形成具有重大意义。"校园是学生学习、生活和成长的重要场所，汇集了诸多外显性综合实践活动资源，包括学校的自然环境、文化布置等，这些资源对于师生来说触手可及，是引导学生开展综合实践活动的重要资源。这类教育资源是显性存在的，有着明显的校本特色。钱塘新区区域内学校具有独特的构成：既有城市小学的校园环境和硬件设备,又有城乡接合部的校园环境;既有高知子女为主的学校,又有务工人员子女为主的校区。各个校园都有校本资源,种类繁多。探究出钱塘新区基于校内资源运用的课程开发与实施模式,有助于给类似条件的区域提供经验,同时对钱塘新区内综合实践活动的继续开展具有重大意义。

一是有利于提高捕捉课程资源的能力。课程资源是指课程要素来源以及实施课程的必要而直接的条件。综合实践活动的参与者需要有敏锐地发现、捕捉课程要素的能力,此能力只有在一次又一次的锤炼中形成和提高。校内课程资源,除了教科书以外,还有教师、学生。师生本身不同的经历、生活经验、学习方式、教学策略都是非常宝贵、非常直接的课程资源,校内各种专用教室和各种活动也是重要的课程资源。钱塘新区每一所学校都会将自己学校特色在建设和完善中融入校园环境、场馆、专用教室等硬件设施。以下沙二小为例,校园内有杜仲、枸杞、厚朴、清明等百余种江浙徽赣的乡土珍木奇花、药树野果,是很好的课程资源。无论是下沙二小的教师群体还是学生群体,日常接触常见的就是校园内的药材植物,心理、行为上都具备了很强的适应性和熟悉感。下沙二小充分利用校园和农耕园的资源,开发了"北沙百草"精品课程。开发者和参与者均能迅速利用熟悉的校园环境捕捉到中草药课程资源。学生利用在校园内对药材的直接经验,密切联系自身生活和社会经历,在一个较为自由、开放且实践性极强的药材资源的环境中进行学习和实践。它超越了以往一般意义上的知识性课堂,拓展到校园内甚至更大的空间,给下沙二小的学生以更加直观的感受和体验。

二是有利于就近实施课程。综合实践经常需要出去活动,费时、费力、费资金,还有一定的安全隐患。在校园内进行综合实践活动,利用了合理资源,节约了各方面资源。因为利用了校园内各种资源,不需要重建和全部创造,在资金、时间、空间上都具有很强的经济性,可以就地取材,就地实践,甚至反哺学校,再生资源。比如,区内金沙湖实验学校的"玩转场馆,品味童年"课程,基于"不能因为读书,而使孩子失去快乐的童年;不能因为考试,而使孩子失去学习的兴趣;不能因为升学,而使孩子失去生活的能力"的办学理念和"民族情怀、国际视野、金沙湖特质"的培养目标,学校借助区域内上市公司的力量开启校企合作模式，系统开发课程要求，精心设计环境，开展系列活动，逐步形成了学校六大特色场馆体验课程，学生在校园内随时可以去参观和实践。通过不同场馆的体验课程，注重生活中的技能学习，学会生活自理，形成积极的生活态度。同时激发了学生技术学习兴趣，形成初步的职业意识，感受职业的艰辛。以上种种校园资源极大地方便了师生，与之相对应的出行、参观、实践费用都能在校园内解决，伴生的安全问题也得到了解决，课程的可实施性也就更强。

三是有利于凸显活动的校本特色。对学校文化资源进行开发并转化为综合实践活动，能使师生在教学活动实施过程中进一步领悟和理解学校内涵的重要性与必要性，并自觉地参与到今后学校内涵的建设中去，从而为学校的深层次发展增强了积极的力量。依托学校文化资源进行的学校课程开发注重理念创新，鼓励首创，注重发挥学校、教师的积极性和创造性，结合学校的历史、文化、特色、优势等元素，因校制宜，注重个性发展、特色发展、多元发展，培育出学校特色课程、个性课程、优势课程，在创新中寻找学校的特色发展。比如，精品课程"走进海达"分成"节气海达""诗意海达""环保海达""创意海达"，深刻地浸润了文思小学海达书院的内涵和思想；江湾小学的"成长：基于'童年味道'的对话式活动课程"，结合学校"童年味道"理念，通过同客观世界的对话、同伙伴的对话、同自己的对话过程关注自身的成长体验，最终实现个体道德的内化。

二、课程开发

钱塘新区校内资源有自己的独特性，为学生综合实践活动课程的开展提供了丰富的资源。基于校内资源与学生的距离比较近，在开发的过程中应重视结合场景和利用好学科的融合。综合实践活动课程的实施需要强化其课程内容的校本建构，根据校园资源的类型、使用途径制定开发原则。

(一)资源开发尊重学生特点

教育需要尊重学生的特点、能力才能发挥最大价值，综合实践活动课程也是。学生的综合实践活动能力由于年龄、特长等因素，具有不同层面和不同倾向的特点，校内资源对学生的影响也不同。

以景苑小学的"童韵染艺"课程为例。这是一门依托景苑染艺体验馆、染艺生活馆、染艺展馆、染石小道、染艺墙等校内资源，指向学生动手能力和创造力发展的艺术实践类拓展课程，是为一至六年级的学生开发的选修课程，每两个年级为一个学段，逐步形成以扎染、蜡染为载体的染艺特色。基于儿童心理，根据国家美术课程标准和综合实践活动课程标准，将课程分为三个学段，每学段围绕"色彩实验室""技艺大比拼""生活百宝箱"三大主题模块展开。每个学段每个模块再展开一个主题，共九个主题。不同学段的模块侧重点各不相同，第一学段（一至二年级）侧重感知色彩，第二学段（三至四年级）侧重造型技法，第三学段（五至六年级）侧重生活应用。第一学段主题：七彩巧染、国画蜡染、剪贴生活染。第二学段主题：色彩心情染、童画故事染、服饰生活染。第三学段主题：套色创意染、西子诗韵染、节日生活染。基于学生的能力和特质进行教学，最后的评价也是运用多种形式进行，真正地体现了"以生为本"的教育理念。

（二）资源利用注重"盘活"

学校里有各种校内资源可利用，诸如丝竹馆、陶艺馆甚至科技博物馆、实践基地等特色校内资源，但是往往只做参观和重要活动时使用，个别单位甚至出现了"闲置"的现象，造成了资源的极大浪费。需要学校通过灵活利用，"盘活"这些资源，采取相关得力措施，努力挖掘学校现有的教学设施中有价值的课程资源潜力，达到物尽所用。

以学正小学区精品课程"湿地鸟语"为例。该课程依托"学正生态科技馆"中的"湿地馆"设置。该馆是学正"生态科技馆"中生态系统最复杂、标本最多的一个场馆，功能指向为综合性场馆，但在使用上常出现以下问题：使用单一，活动频率不高，馆内教学以科学课使用为主，部分拓展课程偶尔开展活动，该场馆没有真正利用起来；学生只有参观而没有实践探究，对馆内的设施与生态文化内涵理解和探究不深入，在"社会责任""科学精神"和"实践创新"等核心素养上急需提高；教师带领学生进去参观后，很少有第二次再去研究的；学生习得知识和课外拓展的反馈没有与湿地系统项目形成互动，没有形成有效的反馈回路，学生能力增量不明显。学正小学通过"湿地鸟语"课程，学生先观察后探究，即先在生态馆湿地系统中进行初步观察和学习,让学生在观察活动中初步了解相关知识和学习探究方法,最大限度地激发学生的学习需求和求知欲。同时依托"学正生态馆"湿地系统中具有的知识点,进行系统的技能树训练,整理思维成思维导图等呈现形式,将抽象性思维表现为可见的具象性思维。以科学学科知识、技能为主,融合解说介绍、调查报告、美术绘画、数据测量等各科相关知识,培养学生综合能力和实践能力。最后以"学正生态馆"湿地系统为载体,通过其中一个系统中的学习为"点";湿地系统中学习到的知识与技能、实践能力、情感态度与价值观等和课堂学习运用形成一条"线";通过辐射,影响学生所处家庭和周围,形成"湿地系统生态教育"的"面";通过辐射不同家庭,对周边社会形成影响,构成与"学正生态馆"湿地系统相关知识与技能、情感态度与价值观有明显关联的"体"。

(三)资源运用强调互通

钱塘新区各校校内资源各有特色,在开发基于校内特色资源综合实践活动课程的过程中,有较先进、丰富经验的学校,将校内资源开放,给区内开展近似类型的学校共享经验和场地,平移操作模式,达到资源互通的目的。以"学正生态馆"课程群为例,该校基于校内场馆开展馆内学习,取得了基于生态馆的一系列成果,并在省市区各级层面进行展示和汇报,分享了课程开展的经验,在周末向社会和其他学校开放该场馆,将场馆资源与其他学校进行了共享,实现了课程群资源的互通。

三、课程实施

基于综合实践活动的操作流程,结合校内资源的具体使用,钱塘新区采用了"校内实践+合作探究+创造开发"的活动模式,让学生在玩中学、学中思、思后表达和创造,结合校内资源进行二次开发。根据这样的模式,区内学校依托不同的校内资源,开发了多种综合实践课程模式。

(一)基于校园环境资源的课程,以"观察+创作"为主要方式

结合综合实践活动的特点与要求,重点突出活动目标的综合化、学生学习方式的探究性、活动方式的开放性以及学生的主动参与。校园环境各有特色,并渗透了学校育人理念。校园中的景物、场地、文化资源都是学生进

行探究的好场所。依托校园资源进行综合实践活动,学生在教师的组织下,通过观察和调查,更深切地了解学校,并进行深入思考,甚至能创作更多物化和文化资源来反馈校园。

【案例5-1】 "北沙寓言"之龙缸卧马寓言编写

第一阶段:观察马型,调查马事。学生仔细参观校园内石雕马,对龙缸和石雕卧马的历史进行初步了解后,去美术教室看马图,观察中国画马大师笔下马的造型和气质。比如,徐悲鸿的《八骏图》、韩幹的《牧马图》、赵孟頫的《饮马图》等,并结合下沙本地使用马等牲畜的历史,大致了解马的重要性。

第二阶段:讨论马品,抒发喜爱。通过对马的前期活动调查,学生在活动中对马的感受有了更深入的了解和感受。在石雕马的旁边,学生通过合作讨论总结出故事和寓言中马的形象与品质后,把自己调查和收集到的关于马的寓言或者成语进行讲述,并通过小组合作,完成一首关于马的诗的朗诵,或用歌唱表达自己对马的喜爱。除此之外,学生在"向马学习"环节,联系历史和现实人物,了解具有马一样品质的爱国诗人及社会人士,体会其精神。

第三阶段:编写寓言,赞扬精神。根据活动中体会到的马的精神,以龙缸和卧马的故事编写一个寓言故事,赞扬校园内卧马的品质。学生发挥自己的才智,结合本节课的学习内容,有选择性地为卧马编写了一个有趣而又富有哲理的寓言。这一过程是潜移默化的,最终,校园内卧马默默无闻的精神走进了学生的内心。

【案例评析】

本案例中,下沙二小采用了"了解形象+寓言探究+物化形象"的模式开展校园寓言创作课程,通过细致地观察感受了马的形象,通过寓言的探究深化了爱马的感情,通过创作抒发了对马一样的人的赞美,在活动中加深学生联系实际的理解力,在实操中锻炼学生综合能力,提升学生哲学素养。这种模式对于学生来说,由表及里,逐步深入,既关注到了校内情境资源的外在

特点，又在学习中逐步理解了内涵，并和寓言中的故事、含义结合起来，最后提炼寓意，再次创编，让学生的思维形成有序提升。

（二）基于校园场馆资源的课程，以"主题探究+项目化学习"为主要方式

校园基于某些主题搭建了具有特色的场馆。依托这类主题场馆资源的综合实践活动需要对这些主题下的各种子项目进行探究，然后确定子主题并制订探究的方案，通过项目化学习提升学生综合能力，最后通过各种类型的评价及成果进行总结。

【案例5-2】 "湿地鸟语"之猫头鹰主题项目化学习

第一阶段：参观生态馆鸟类标本。学生参观后交流讨论学习收获和想法，引导学生思考如何做一个能够传达更多信息的模型，激发学生对功能鸟类模型制作的兴趣，了解鸟类基本的身体结构。接着通过调查活动，学生以小组形式进行调查汇报发现。

第二阶段：交流探讨功能结构。交流并探讨鸟类标本缺乏的功能，同时确定目标制作会飞、会叫、会科普的鸟儿模型——以猫头鹰为例，组织学生思考交流各项功能如何达成，并畅想更多功能的鸟儿模型。引发学生思考生物模型搭建的步骤和方法，以搭建猫头鹰模型为例，展开模型搭建的注意事项，让学生清晰项目制作的任务和要求，提升用探究和合作来解决生态问题的素养。

第三阶段：工程制作不断改进。首先选材制作，小组根据需求选择材料和工具，提供各类可能需要的材料，用工程学结合生物学进行探究。接着作品改进，测试并对制作的产品进行修正，观看测试并询问测试情况，从项目的功能实现角度和生物美学角度进行修正。再通过头脑风暴：小组合作，设计方案，交流研讨；同屏呈现方案，运用科学、技术、工程、美术、数学进行生物模型设计的融合。最后校内巡展，将制作的模型进行校内展览，提高学生的成就感，通过展览介绍更加体会到自己制作的意义。

【案例评析】

本案例清晰地展示了学生基于猫头鹰模型制作的主题，在校内生态科技馆内开展综合实践活动，从观察到发现，经过思考和探讨、合作，不断改进完成项目的过程，紧密地结合生态馆中的鸟类素材，最后又用制作的鸟类作品反馈生态馆。本次活动凸显了项目化学习在校内场馆学习中的优势，锻炼了学生探究、合作、思考的能力，又具有较强的灵活性和可操作性，使校内场馆的使用更灵活。

(三)基于专用教室资源的课程，以"室内学习+多渠道实践"为主要方式

资源教室内综合实践活动方式主要是以室内学习加各种相关渠道的拓展学习为主。依托这类资源的综合实践活动需要组织学生利用"室内学习+多渠道实践"的模式，以点带面，拓展知识面，提升相关综合素养，最后以作品展示为主要形式。

【案例5-3】 "陶陶乐 乐淘淘"之走进瓷器之都(节选)

第二环节：实地参观，观摩学习，制作体验，深入感受陶艺文化之美。在学校陶艺馆学习之后，走进景德镇陶艺展览馆，见识陈列馆内各朝代的陶瓷残片。面对用陶瓷碎片拼出的巨型的陶艺作品，视觉的震撼触发了学生对陶艺文化的思考，激发了传承与保护制陶技艺的愿望。接着踏入制作体验馆，观摩了手艺人的陶艺创作过程，在室内两侧的展架上陈列了各种器型的陶器作品，同学们在欣赏过程中发现了陶器器型丰富且纹样多变。

第三环节：小组合作，分组体验，集合校内学习知识实践。大家根据自己的爱好结合教师建议进行了分组体验学习。第一组体验陶艺拉坯。在手艺人的指导下体验陶泥拉坯成型，在掌握泥与水、水与力的控制中，感悟手艺人技艺的高超。第二组纹样绘制。同学们以干的小茶盏施釉泥坯为载体，结合课堂所学的纹样知识和自己喜好雕刻或绘画出各种文字及装饰图案，接着在手艺人的协助下把绘画完成的小茶盏放入窑里烧制，每名同学都得到了一件属于自己半创作的陶艺作品，体验了创作和收获的喜悦。

这种课程学习方式首先在校园馆内学习，积累一定的相关知识和技能后，再结合各种相关渠道进行实践，把知识和技能夯实，在实践中运用，并走出去，拓展眼界。

三种基于不同类型的校内资源的综合实践模式，催生了更多"小中见大""无中生有"的综合实践课程，凸显了各所学校的校园特色和办学理念，取得了丰富多彩的成果。这需要教师对校内资源的熟悉和深入的了解，并进行有高度的建构，对课程内容的精准把握，通过在最熟悉的校园内进行综合实践活动，以合作探究、调查研究、展示汇报等方式，既提升学生综合实践能力，更将每个学校的理念浸润到该校每个学生的心中。

第二节 "寓言北沙：小学哲学启蒙"
——让校园环境资源"动"起来

"寓言北沙"是杭州市下沙第二小学的省级精品课程。下沙二小校园环境有着丰富的教育资源。校园占地27亩，校园建设主打徽风浙韵风格，宋元窗瓦、明清门楼、民初木门，各个历史时期钱塘流域的物件形成了下沙二小校园特色景致。校园南隅12亩"嘟噜噜"农耕园，既有给学生的观察区域，还有班级种植区块，以班级为单位进行规划耕作、活动、管理、采收。此外，还有一个中型的养殖场，是动物观察基地。

杭州市下沙第二小学依据学校办学特色"小学寓言哲学智慧教育"，从学生生活出发，以"创意"设计、"创意"实践、"创编"实践、"创行"实践等特色活动为主要形式，开发出一门适合于小学一至六年级学生的拓展性课程"寓言北沙：小学哲学启蒙"。该课程从校园环境视觉型资源、体验型资源、情感型资源三个方面出发进行开发利用，根据资源类型探究出了不同的学习模式，让师生在熟悉的校园内因地制宜，培养寓言意识和哲学思想。

一、课程目标

通过哲学启蒙教育载体的实施，从作为思维训练的哲学启蒙、作为智慧探求的哲学启蒙以及作为文化陶冶的哲学启蒙出发，让学生辩证地看待这个世界，朴素地判断并接纳真善美；让学生热爱生活，拥有良好的人际关系；让学生对学习和生活充满好奇，拥有一颗探究的心，进而发展学生的逻辑推理、批判性思维及创造性思维的能力，从而对学生进行哲学启蒙教育。

通过研究，形成学生哲学启蒙教育的创意、创编、创行的"三创"载体体系，即探索出基于学生生活故事的，全方位开启学生智慧源泉的"创意"载体,多方面编织学生美丽故事的"创编"载体,多渠道展现学生聪明才智的"创行"载体。

二、课程架构和内容

对学生进行哲学启蒙教育,重于学生的实践活动。寓言哲学启蒙教育,就是从儿童生活出发,共3个探究方向,9个活动主题。从校园无字书、北沙故事屋、儿童生活故事等多方面开启儿童智慧源泉的"创意"载体,以寓言小报制作、寓言绘本制作、寓言七巧板拼图等多种实践方式编织儿童美丽故事的"创编"载体,立足"大桌子"故事会、编演各种类型寓言剧、做校园寓言导游等多个平台践行儿童聪明才智的"创行"载体,让学生在"创意""创编""创行"的实践活动中,获得思维的训练、进行智慧的探求、达成文化的陶冶(见表5-1)。

表5-1 下沙第二小学"寓言北沙"哲学启蒙教育课程体系列表

单元主题	课程内容	成果体现	活动形式
开智创意	校园无字书	照片记录	考察探究
	北沙故事屋	阅读手册登记	资料阅读
	儿童生活故事	寓言故事会、影像	经验分享
制作创编	寓言小报	寓言续写作品集	故事续写
	寓言绘本	寓言绘画作品绘本	绘画创作
	写寓言故事	北沙寓言故事集	故事创作
	寓言七巧板	成果展示	实践创作
实践创行	"大桌子"故事会	剧本集、演出影像集	表演实践
	编演寓言剧	剧本呈现	编写表演
	乐当小导游	现场、活动、评估	综合实践

杜威提出了"教育即生活""教育即生长""学校即社会"和"从做中学"等观念。学生总是充满好奇,提出许多具有哲学意味的问题,并刨根问底。寓

言独具诗意的审美功能与审美价值,是一种能使人们获得快乐和启迪、获取教益和训诫的有趣有味、有情有理的多元化的文学体裁。本课程以下沙二小独有的、丰富的寓言哲学启蒙教育资源和真实的校园生活情境为基础,通过探索全方位开启学生智慧源泉的"创意"载体、多方面编织学生美丽故事的"创编"载体、多渠道展现学生聪明才智的"创行"载体的"三创"载体的探索实施,从而形成了一套特色的学生哲学启蒙教育模式,对学生进行哲学思维训练、哲学智慧探求、哲学文化陶冶,以发展学生的逻辑推理、批判性思维及创造性思维的能力。

三、主要环节和实施策略

课程中的学生哲学启蒙教育主要依托两个方面的载体:一是"寓言",是学生哲学启蒙教育的内容载体;二是"创意、创编、创行"的"三创",是学生哲学启蒙教育的行动载体。

(一)主要环节

学生根据校园资源创设情境,在活动中学习知识、合作探究、思考辩论、展现思维,汲取丰富的哲学意蕴、深远的含义和开发更多可供想象的空间。其中主要有资源挖掘、寓言创编和思辨实践两个环节。

1.资源挖掘、寓言创编环节

师生根据校园环境中的资源,挖掘素材,同时选择教材中经典的寓言故事与之联系起来,如师生在古色古香的"北沙书苑"大门口,挖掘出《掩耳盗铃》《程门立雪》等课本剧资源。接着教师指导学生阅读大量中外寓言故事,如《伊索寓言》《中国古代寓言》《中外寓言名著故事精品》等,由联系到的寓言开始研究校内环境资源和寓言之间的联系,拓展学生的视野,扩大他们的阅读量。同时根据任务,邀请相关教师或者助手参与,准备好课前需要的器材,具体到每一个主题,流程如图5-1所示。

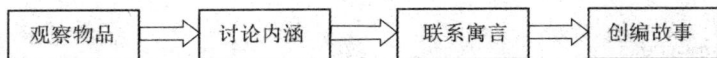

观察物品 → 讨论内涵 → 联系寓言 → 创编故事

图5-1 资源挖掘、寓言创编环节流程

2.思辨实践环节

思辨实践指学生根据研究的情况进行反馈,可谈在寓言学习中的理解和心得,更鼓励提出问题、提出讨论甚至实践和实验。其流程如图5-2所示。

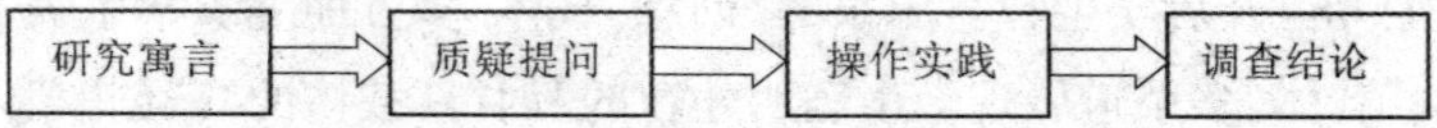

研究寓言 → 质疑提问 → 操作实践 → 调查结论

图5-2 思辨实践环节流程

以一则寓言科学实验课《乌鸦喝水》为例。

【案例5-4】 北沙故事屋之《乌鸦喝水》寓言科学实验课

实验步骤:

用验证法来读寓言。实验开始了。第一小组用的瓶子是普通的水杯,小石子是直径2~3厘米的鹅卵石。因为石子和石子之间的缝隙比较大,之前的水都填充了这个空间,所以乌鸦是喝不到水的。

第二小组第一次实验,用普通的可乐瓶,第二小组进行了第二次实验,装1/4瓶的水量,水量减少了,当放入第137颗小石子的时候,石子已经露出水面,再加石子,水不会上升,乌鸦还是喝不到水。

第三小组用的也是普通的可乐瓶,用直径为0.5~1厘米的小石子。在放完了两杯小石子之后,水面抬高到了瓶口,大约距离瓶口4厘米,根据乌鸦嘴的长度,此时乌鸦可以喝到水了。

三个小组的实验表明,不同大小的石子,对于水面抬升的效果不同;相同大小的石子,原不同高度水面,水面抬升的情况也不同。三组实验,五次结果,不仅研究了乌鸦能否喝到水的问题,还意外地发现了不同颗粒大小的物体,因为排列缝隙紧密程度的不同,水位抬高的情况也不一样。乌鸦能不能喝到水已经不重要了,重要的是,我们知道了石子和水之间的关系。

【案例评析】

该案例中基于校园内常见的乌鸦,联系到寓言故事《乌鸦喝水》,由此质疑并进行实验,最后进行综合实践活动,在老师的指导下进行论证和思辨,提高了学生对寓言故事的思考能力。

"寓言北沙"课程跨学科、多维度、多途径地融合寓言学习、实践、创作、表达,综合性地锻炼了学生对寓言的理解、运用和创作的能力,提升了下沙二小学生的综合素养。

(二)实施策略

1.寻找校园环境视觉型资源

视觉型资源以使用者的视觉感观为主,强调整体意象,是构成校园特色环境的主要物质基础。学生对直观的环境和景象能迅速产生审美与设疑,培养学生寻找生活的美,对身边事物所代表的品质能更容易挖掘到。

在下沙二小的校园里,一年四季,白玉兰、茶梅、蜡梅、杜鹃、一丈红、绣球花、玫瑰、迎春花等几百种花竞相开放。以紫薇为例,学生知道了紫薇的知识,对紫薇产生了浓厚的兴趣,接着就是吟花诗、唱花歌、听美丽传说、悟花语、"我与紫薇花说悄悄话"等一系列活动,他们对于校园中的紫薇和其他的花建立起了心灵上的熟悉感。从各种花中,学生能迅速找到不同花所代表的含义。

另外,下沙二小校园内有很多建筑,给学生以直观的感受。下沙二小开展了"寓言小导游"的活动,让学生在做"北沙小导游"的同时,在建筑的不同造型中寻找蕴含的哲学特点,进行综合能力的实践,了解建筑,深入文化,锻炼能力。

2.利用校园环境体验型资源

体验型资源是基于视觉基础之上,通过物质构成形成空间或提供服务,强调物质的功能性以及使用者的参与性,从而更深刻地产生感受,并对过程进行哲理性的思考。如"嘟噜噜"农耕园,学生在体验劳动的快乐的同时,会接触到很多农耕园里特有的现象。学生在农耕园里翻地、播种、采摘,过播种节、收获节,赏花诵诗,春天可以在校园里赏花,夏天可以在幸福港湾乘凉,秋天农耕园里的果实都成熟了,冬天下雪时学生可以在书院里堆雪人、打雪仗。其中会有很多和寓言故事相关的活动,并见到很多可以进入寓言

的事物,促进学生产生联想和思考。

3.挖掘校园环境情感型资源

情感型资源是基于物质环境通过视觉和体验产生的精神层次的共鸣,强调物质要素隐含的文化意义,两者相互依存、渗透又各有侧重。下沙二小校园环境国学风格明显,用四种中草药巧妙融合了国学理念,在校园氛围的熏陶下有深刻的情感共鸣。

在评价时,下沙二小利用建立的学生寓言档案,看见学生综合活动的痕迹。"小学寓言哲学启蒙"课程注重学生的形成性评价,一则因为学生的创编故事、创演寓言剧中有许多是课堂外的活动,存在很强的自主性,教师只提供方向性的指导和建议,很难进行直接、具体的调控;二则寓言哲学启蒙意识的形成是一种精神活动,更无法通过分数等指标进行量化。只有用适当的载体把它体现出来,才能在客观上留下真实的记录,以"档案袋""视频影像""寓言故事集"的形式记录学生参与实践活动的时间与态度、完成自己所承担的任务情况、自己创作的寓言故事剧本、活动中的感想体会以及学习方法的掌握情况和研究能力的发展情况等。还可以通过演出展示,享受创作的乐趣。每个主题的活动结束,班级都会举行一次该主题的寓言哲学启蒙教育成果展示,成果展示的形式多种多样,如讲寓言故事、编写寓言故事、描画寓言故事绘本、摄影集、编写寓言故事剧、表演寓言故事剧等。学校还可以根据学生活动的成果情况进行年级层次或者校级层次的统一成果展示活动,如寓言故事剧参加校级表演或送剧进社区等活动。

第三节 "学正生态馆"课程群

——让校园场馆资源"活"起来

学正小学自2016年起,打造了校园生态科技馆——学正生态科技馆。学正生态科技馆是杭州所有中小学中率先打造的一个生态馆,第一、二期工程已经完工,现为钱塘新区第二课堂实践基地。该馆有生物的进化馆、海洋馆、森林生态系统、湿地生态系统、喀斯特溶洞地貌、草原生态系统、荒漠生态系统和农田生态系统等。这些资源极大地促进了学生对于生态和自然的认识。

一、课程目标

学正小学依托生态馆提出该综合实践项目,倡导在自然真实的环境下观察、发现、合作、探究学习,并扩大学习环境,通过开发主题式学习和综合实践的课程,整合学科优势,在玩中学、学中思、思中有发现、发现中有表达和研究,让学生成为一个具有核心素养的人。同时,学校充分发挥课程之间的关联、互动、互助、互比、互补作用,构成一个全面的、完整的、系统的"生态馆"课程群,基于"认知体验—任务挑战—情感内化—人格行为"的路径推进课程的路径创新。

二、课程架构和内容

"学正生态馆"课程群主要是学生自主选择的促进学生个性特长发展的课程,目前组成"学正生态馆"课程群的课程有生态实践、湿地鸟语、海洋之心、地球之肺、绿光森林、溶洞探险、小小解说、沙漠风情、科学变辨辩、生态手工、探寻自然、自然工艺、民俗纹样等(见图5-3、表5-2)。

图 5-3 "学正生态馆"课程群部分架构

表 5-2 "学正生态馆"课程内容

课程类型	探究主题	阶段内容	课程目标
科技探秘	光的秘密	荧光的秘密	1.通过主题式综合实践活动深度理解相关的科学核心概念,并能用相关知识解决问题 2.提升实践能力、动手操作能力、创新能力和合作能力 3.发展提出问题、做出假设、科学论证的探究思维,培养指向问题解决、勇于探究的核心素养
		光的反射	
		视觉错觉	
	电的秘密	静电的奥秘	
		点亮灯泡	
		电路的控制	
	声音的秘密	声音的来源	
		声能的转换	
		声音的控制	
生命探索	地球历史	海洋的历史	1.通过主题式综合实践活动建构起树立生态环保的理念 2.提升实践能力、动手操作能力、创新能力和合作能力 3.发展分析、判断、评价、创造等高阶思维,培养指向问题解决、社会责任的核心素养
		地球的运动	
		探究喀斯特地貌的形成	
	自然声音	动物的叫声	
		动物的行为声音	
		自然界的声音	
	保护自然生命	认识鸟类	
		美丽的树叶	
		湿地鸟类	
		珍稀植物	
	生命的特征	植物生长	
		适应环境的秘密	
		细胞探微	

三、主要环节和实施策略

(一)主要环节

学正生态科技馆中有大量模拟真实的场景,"学正生态馆"课程群也倡导在贴近真实的环境中进行质疑、合作、探究学习,这些课程注重激发学生对馆内资源的好奇及探索,在项目化学习中锻炼综合实践活动能力,同时提升学生生态素养。其中,主要有"入馆体验,确定任务"环节和"合作探究,研究实践"环节。

1."入馆体验,确定任务"环节

虽然馆内资源丰富,但是项目化学习首先需要确定任务。以"湿地鸟语"为例:"湿地鸟语"是一门针对小学中高段年级,以小组合作为单位、自主学习为主体、实践探究为主导的学习方式,包括调查探究、野外实践、设计制作、汇报交流、小组讨论、小小导游等教学活动,从而提高学生的综合素养,提升学生综合学力的一门实践活动类拓展性课程。

在活动之前,由于小学生生态学习的经验和能力有限,必须要给学生结合馆内考察时进行一定的指导。学正小学制作了活动指导手册,通过四步进行活动指导(见图5-4)。

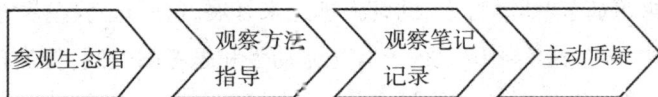

参观生态馆 → 观察方法指导 → 观察笔记记录 → 主动质疑

图5-4　活动指导流程

在这样循序渐进地被指导和学习后,学生会逐步掌握生态馆内项目观察和探讨的方法与步骤,并掌握一定的探讨能力和创造能力。

2."合作探究,研究实践"环节

在就近观察和提出问题后,通过项目探究课,进行兴趣导引,让学生思维碰撞。小学生生态素养是一个逐步提升的过程,但是不同的学习方法与教学方法会导致学生水平和能力不一样。综合实践活动中,项目式学习是目前解决疑难点、促使学生主动探究和合作、提升综合素养最有效的方法之一。学生依托生态馆相关资源，开展了项目式学习，逐步提升了生态素养的"水平线"。该课型在实施过程中按照项目实施四步教学的模式进行，实施路径如图5-5所示。

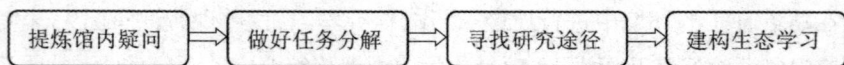

```
提炼馆内疑问 → 做好任务分解 → 寻找研究途径 → 建构生态学习
```

图5-5　实施路径

项目由问题驱动，问题根据学生生态素养的需求而设计，力求实效、切合生态馆所学知识与技能，并能进行综合性运用和实践。项目式活动需要小组进行合作完成。在开展项目活动时，小组根据活动需要，进行任务分解，并由组员根据自己所擅长的知识与技能进行认领，以求更高质高效地完成任务。根据各小组选择任务的不同，指导教师对各小组进行综合实践的策略指导，并提供相关资料，以促使各小组个性化完成项目。各小组听取教师指导后，对整个学习活动再次建构，在实践和探究中准备修正学习方案，并在活动后对整个活动进行整合和总结，从而建构起此类综合实践活动的模式。

（二）实施策略

本课题基于"活动育人"的育人理念来开展，这一理念坚持"学生立场"，坚持"做中学"，在实施中让孩子有充分动手和思考的空间，促进孩子对生态知识、技能和价值观的表达与内化，这个过程使影响素养发展的核心要素"观、做、思、创、研"得到体现和落实，变被动为主动，变低趣为有趣。主要策略是三步落实，多维度探究。

（1）"四中"策略指导学生活动。"四中"指玩中学、学中思、思中有发现、发现中表达。学生在生态馆内观察后产生的问题是生态主题的来源，也是学生生态学习活动开展的前提。根据对入馆学生的调查，找到值得研究的"点"，以学生16个重要兴趣点为出发点，以学生学习需求为落脚点，开展了对应的综合实践活动系列项目，设置对应活动主题。让学生轻松参观，认真思考，发现后有疑问和收获，并勇于表达自己的观点和疑惑。

（2）多学科、跨学科提供支持。从学科本身的角度来看，每个学科在生态馆具体的实施和使用上都具有特殊之处，但生态主题式综合实践活动涉及面广、参与度大、融合性深，从学生的认知发展角度来看，所有学科的实施也有可寻的共通之处。通过实践提升综合素养、提高探究能力、加强实践创新，培养学生综合实践意识和良好的生态习惯。经过讨论和思考，又引入两个学科参与本综合实践活动，当活动需要该学科融入时，该学科老师承担本次活动的设计和实施，对该课程提供必要的支持。

（3）多角度、多维度、多方式进行评价。课程评价是给予师生的直接反馈，学正小学提供了多种评价形式，关注学生生态素养的全面发展。

为了考查学生生态学习的成效，提高学生对生态学习的积极性以及观察学生活动的参与度，学正小学根据生态馆内知识点及生态学习要掌握的素养设计了"正"馆达人评价活动（见图5-6）。

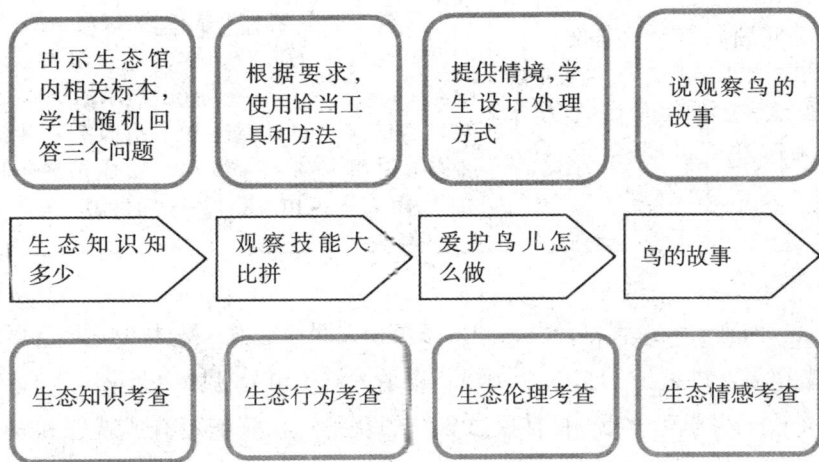

图5-6　"正"馆达人之"湿地鸟语"课程考核流程

根据学生在生态学习过程中的特长和能力进行评价，并在校园内设置生态相关职务，让他们"居其位，谋其政"。

同时，学正小学还颁发"学正自然人"勋章。"学正自然人"综合"正"馆达

人及活动中表现核算积分，在期末进行颁发。积分分为五大块，当学生年度积分总分超过80分，其中每块积分至少积满10分，授予"学正自然人"勋章；当学生积分达到100分，可以奖励其"学正生态种子"（见表5-3）。

表5-3 "学正自然人"认证积分表

学正自然人积分卡				
姓名： 班级： 学号： 总分：				
人文素养	探究素养	实践素养	合作素养	综合展示
阅读生态类推荐+3/次	参加生态主题校级活动+2/次；区级+4/次；市级+6/次；省级+8/次	参加生态类社会实践+5/次	小组合作完成探究报告、自然笔记、调查报告+5/次	上交作品+2/次
针对生态馆探究问题+2/次；能够很好地讲述书本内容+2/次	完善探究报告、自然笔记、调查报告并达到优秀水平+5/次	参加"生态馆"课程学习并获优秀学员+5/次；被评为优秀生态馆讲解员+5/次	校级一等奖、二等奖、三等奖分别加分+5,+4,+3,区级+8,+6,+4,市级+10,+8,+6,省级+12,+10,+8	作品被收列在班级展示的+2,生态馆展示墙展示的+5；作品被收列在生态馆成果展示册的+10

　　参加基于该课程群开发出的生态馆相关课程学习人数达400多人，培养生态馆专业讲解员30多人。2019年申请为杭州市爱鸟协会会员学校，带领更多孩子去学习实践，并且通过成绩的获得让孩子们更有成就感和获得感。包括有组织地带领学生参加各类户外观鸟活动5次，社团学生小队野外平均观鸟次数6次，平均每个小组撰写优良调查报告2份，平均每人上交优秀鸟类自然笔记2份等，其中参加第九届杭州市观鸟比赛荣获市三等奖、参加杭州市第二届鸟类自然笔记大赛获市一等奖和三等奖、调查报告获区二等奖。

　　学正小学在"学正生态教育"视野之下，探索依托生态馆开展综合实践活动的模式和策略。依托生态馆开展综合实践,通过聚焦不同的主题,采用"体验—解释—体验""任务—思考—讲解""观察—描述—提出问题—寻找证据—答案揭晓"等多种灵活的活动形式和学习方式,始终坚持玩中学、学中思、思中有发现。通过课程的开发,参与课题的教师的课程开发能力显著提升,其中"湿地鸟语"课程被立项为区精品课程,基于生态馆项目化学习而进行的生态STEAM活动在"钱塘新区2019学术节之STEAM教育推进展示会"中亮相,取得良好的反响。依托生态馆综合实践模式开展的小课题"'奇异香草园':小学综合活动载体的创设实践"获2019年钱塘新区立项。

第四节 "陶陶乐 乐淘淘"

——让学校功能教室资源"广"起来

功能教室是学校资源的重要组成部分,承载着特定的教育功能。钱塘新区学校基于各校特色功能教室,开发出相应课程,开展了丰富多彩的区域性课程,并取得了丰硕的成果。

杭州市文海实验学校(以下简称"文海")自创办以来,便把"教育是一种影响"化为教育实践,提出"以文化人"的教育理念。文海以丰富的功能教室资源影响每一位文海少年,使其"文明文雅、学识博厚、多才多艺、身心两健、才华横溢与充满智慧,充分和谐发展",并主动拥抱文明、享受文化,生成新的文化积累、文化精神,推动人类自身不断前行的育人理念。文海有书法教室、走廊、DI馆、东坡厅、陶艺馆等众多功能教室。

杭州市精品课程"陶陶乐 乐淘淘"是文海着力组织构建的一门综合实践课程。学生每学期开展陶艺主题综合实践活动,进行浸润式的学习。

一、课程目标

文海着力发展学生的两大核心能力——艺术审美力、创意思维力,结合学校践行基础课程的整合和拓展课程的开发,构建具有生活价值的"文"课程的教学理念。

激发学生的创作热情,通过校园网站、微信平台等多媒体将微课与学习视频进行上传,打破陶艺学习的地域及时间限制。在研学过程中,锻炼学生运用陶艺创作的能力。

二、课程架构和内容

该课程主要依托本校的陶艺馆为学习、活动场地,同时在课程中加入了杭州本土特色的南宋官窑博物馆文物资源,并积极邀请博物馆拥有专业技法的教师及专业的陶瓷专家,在课程中加入了更为丰富多样的资源。同时,学校请专业教师带队,结合小队活动、第二课堂活动,带领学生走进博物馆,观察陶艺并学习。除一般学习和实践活动外,还开展了研学活动,将景德镇作为学校的暑假夏令营基地之一,让学生在研学中探究、思考、实践和展示(见表5-4)。

表5-4 "陶陶乐 乐淘淘"课程内容

单元主题	课程内容	活动形式
造型与表现	形的组合	设计指导
	鸟和家禽	观察比较
	树上树下	观察研究
	家居设计	设计表现
设计与应用	印印纹	合作讨论
	虫鱼虾	小组合作
	送礼物	合作表演
	小动物	造型设计
欣赏与评述	南宋官窑陶瓷讲座	讲座欣赏
	古代陶瓷艺术欣赏	欣赏讨论
	家中陶瓷物品展示	点评欣赏
	生活用品	生活链接
综合与探索	景德镇陶瓷研究	实践运用
	我的汇报展示	实践展示
	文海一景	合作展示
	组合器具	生活实践

三、主要环节和实施策略

（一）主要环节

为了将该课程落到实处，学校对校园陶瓷馆进行了充分布置，营造浓郁的创作氛围。教师还自编了陶艺课校本教材，把陶瓷泥土制作、陶器绘画两门课程引入课堂，学校将陶艺课列入小学高年级课程表，做到每个星期有两节课，同时课后开设兴趣班，指导对这门课程感兴趣的同学进一步学习陶艺知识，中低段的同学结合美术课与拓展课进行陶艺课程学习，保证每年完成不少于6课时的学习。学校每学期聘请陶瓷艺人进校园，为学生讲解陶艺知识，弘扬瓷文化，传承匠心精神。教师通过引导学生积极参加各类陶艺比赛，以赛助升，并将优秀学生作品陈列在校园场馆中进行展示，全方位开启学生创作智慧源泉。

课程以"校本学习+综合实践+研学拓展"的模式进行，提升孩子的鉴赏能力、社会活动能力、艺术创作能力、创意运用水平。其中主要有室内学习和研学拓展两个环节。

案例5-5以"室内学习"环节为例。

【案例5-5】 走进南宋陶艺

首先，学生回顾在南宋官窑博物馆中学习的陶艺技法，并且每个小组经过讨论交流画出了自己想要做的仿南宋官窑陶艺作品设计图。其次，经过揉、压、搓、包、捏等亲手实践，针对实际情况，方案根据南宋陶艺技法再次进行讨论和修改。接下来请三个小组代表上台展示他们小组的设计图，并做简单说明。然后学生再次动手制作，老师巡视指导20分钟。当大部分团队完成后，请完成最好最快的三个小组上台展示他们的作品，并询问小组在制作的过程中遇到了什么问题，又是怎样解决的，是否使用了南宋官窑博物馆中的一些知识解决陶艺制作中的问题。最后展示仿南宋官窑作品，并进入评奖环节，同学们依次上台将贴画粘贴在最喜欢的作品前面。课后分析原因，找到优缺点，并再次修改。

教师结合学校陶艺教室开设校本场馆课,学生利用拓展课时间学习陶瓷文化,选修该课的学生能够用手触摸到泥土,在专家讲解中感受陶瓷的魅力,同学们在一件件小小的陶艺作品上倾注自己的情感,从小树立认真细致的创作意识,通过实地考察,培养欣赏美的眼光。

(二)实施策略

(1)依托功能教室,"淘"出实践基地。在文海的陶艺教室,摆放了很多地方资源的陶艺作品和工具,学生在资源教室就可以接触地方特色陶艺资源。学生在功能教室内,能基于该类功能教室深入地学习。学校将该功能教室设定为基地,让学生进行大量的综合实践活动。

(2)创编校本学材,"淘"出教学资源。教师按照小学生年龄认知特点,结合陶艺资源教室内现有资源,遵循由简入繁、循序渐进的原则,创编了陶艺校本学材,该学材分为《走近陶艺》《走进陶艺》《走浸陶艺》,共计三本,内容为学生熟悉、易于上手且深受学生喜爱的动物、植物、生活物品、建筑等。为方便学生学习,本套学材还附带一套微课视频光盘,将作品制作步骤完整呈现,学生通过登录学校学习网站,能自行下载观看学习。

(3)革新教学模式,"淘"出创作思路。传统课堂仅限在校内专业教室,"陶陶乐 乐淘淘"课程采取"引进来、走出去"的教学模式,将校外丰富的地方资源引进学校课堂。南宋官窑博物馆是文海共建单位,其拥有专业的技法教师及专业的陶瓷专家,可以为文海提供丰富多样的资源,学校邀请专家进校园讲座、指导,深入了解陶艺文化内涵。同时学生结合小队活动、春秋游走进博物馆近距离观察陶艺并学习,景德镇为文海的暑假夏令营基地之一,可学习更高难度、更专业的陶艺知识,诸如拉坯、青花、釉上彩、釉中彩、釉下彩、素坯、瓷的烧制、瓷板画等。通过走出去,拓宽学生的创作思路。杭州市还有丰富的陶艺活动,如中小学陶艺大赛、教师作品展、学生作品展等,积极引导学生参与活动和比赛,以比赛促成长(见图5-7、图5-8)。

图5-7　景德镇拓展学习　　　　　　　　图5-8　陶艺勾花

（4）巧用趣味评价，肯定"陶"成果。主要有三种评价形式：文艺小陶工——称号评价技能等级。学校对参与该课程的学生进行课程评价，根据表现给予不同星级的技能等级称号。赏陶艺术展——活动展示学生成果。通过学校组织的六一展示、校内外的陶艺大赛组织学生参与陶艺创作。学生将自己亲手制作的作品展示于校园内，并请同学们欣赏，极大地满足了学生的成就感。陶美生活圈——作品点染生活意趣。学生将做好的作品带回家，并发朋友圈等进行展示，不仅体验了创作的乐趣，也美化了生活，让生活更有趣味及美感，也能作为礼物赠予自己的亲人和朋友，增进情感的同时，用作品点染了生活的意趣。

第六章

基于办学特色的课程开发与实施

第一节　定位、开发与实施

　　一所学校的办学特色是指能够体现学校办学理念的、凸显办学风格的、有别于其他学校的文化、活动、制度、价值追求等方面的特色。办学特色是相对于国家对学校工作基本的和统一的要求而言的，是学校在工作达到规范性标准的基础上，充分发挥学校的创造性，形成学校的办学特色，体现了学校工作在达到规范性标准过程中的独创性。

　　从性质来看，办学特色表现为一定范围内的独特性、正确的导向性和相对的稳定性，在同类学校或一定范围内具有较强的示范性；从形式来看，办学特色突出表现在形成了较为完整和科学的办学思想、较为完善的内部制度及有效的运行机制；从类别来看，办学特色可表现为整体性的办学特色和具体的办学特色，内生性的办学特色和借鉴性的办学特色，显性的办学特色和隐形的办学特色等。

　　综合实践活动课程是学校文化的有机组成部分，能够集中体现学校办学特色。因此，综合实践活动课程在内容选择上应立足于学校特色，并使其成为特色学校建设的重要环节。

一、价值定位

　　基于办学特色开发综合实践活动课程，有助于解决目前综合实践活动课程开设中存在的一些问题，具有独特的实施价值。

　　一是有利于架构系统化的综合实践活动课程内容。综合实践活动课程作为一门开设了十几年的课程，之所以不受学校重视，未能体现课程的原有价值，一个重要原因是在课程开发的过程中，普遍存在着课程内容零散缺少系统、课程内容泛化缺少特色、一些学校为完成任务"盲目开发""随意开发"综合实践活动导致出现课程资源浪费的现象。围绕办学特色开发综合实践活动,使课程开发有了方向,在挖掘办学内涵、体现办学特色的同时,形成系统化、特色化的综合实践活动课程内容,从而实现一次活动或整体活动的最终价值归属。如钱塘新区江湾小学的办学理念是"半天学校、童年味道",围绕这一理念,学校架构"童年味道课程",分为三大体系:种子课程、营养课程、生长课程,其中的"生长课程"即为提高学生的综合实践和创新能力开设的一系列综合实践活动,包括春秋游课程、走进企业职业体验课程等。围绕学校办学理念,综合实践活动成为学校系列课程的重要组成部分,具有了系统化和特色化的特点。

二是有助于形成多样化的综合实践活动课程形式。办学特色作为学校上位的办学价值追求,需要全体师生思想上的主动认同和行为上的自觉行动。这就需要借助活动和课程的载体,在活动课程化、课程活动化的过程中形成师生喜闻乐见的课程形式。基于办学特色开发综合实践活动,将学校上位的价值追求,以综合实践活动的形式,鼓励学生亲身经历实践过程,建立与校园生活的联系,体现个人与集体、个人与学校的内在联系;同时开发体现办学特色、具有教育意义的活动主题,以研究性学习的方式,主动获取对学校办学特色的认识,积极实践学校办学特色的行动。如钱塘新区下沙中学的办学理念是"励行求真、至善至美",围绕"至善"文化,学校每年开展"家乡的土特产展销会"特色化综合实践活动,培养学生的感恩之心,体验家乡的年俗文化,启发学生的"至善"美德。

三是有利于挖掘校本化的校园文化环境资源。在对环境资源的利用中,校园环境成为开展综合实践活动的首要重要资源。一所学校的校园环境,往往是学校办学特色、办学文化的体现,学校的文化标识、动植物资源、特色场馆等都是办学特色的物化呈现,依托这些校园环境资源开展综合实践活动,既有助于体现办学特色,也有利于校园环境资源的充分利用。如下沙二小以四味中药植物"厚朴、远志、清明、含笑"的名字作为校训,寓意学校是保护健康、保障安详、保养智慧、保育情意、保存童趣、提升技能、保有好奇、保建文化的地方。学校校园里,满目翠绿,种植了五六十种珍稀植物、三四百种药材,其中就有校训中的四种草药:厚朴、远志、清明、含笑。学校利用其独特的校园文化环境,围绕校训开设了"北沙百草"综合实践活动课程,充分挖掘了校本化、特色化的校园文化环境。

二、课程开发

基于办学特色开发综合实践活动课程,在课程开发的过程中要把握课程资源动态开放、突出考察探究和社会服务以及关注价值体认和责任担当等几个关键点,通过挖掘办学理念的内涵、凸显办学特色的精核以及体现发展目标的追求,来形成课程资源、开展实践活动、开发特色课程。

(一)挖掘办学理念的内涵

每所学校都有其独特的办学理念,是校长基于"办怎样的学校"和"怎样办好学校"的深层次思考的结晶。从某种意义上说,就是学校生存理由、生存动力、生存期望的有机构成,是引领学校发展的灵魂。而如何让办学理念深入人心,成为全校师生的价值认同和共同追求,通过综合实践活动课程的开设能够为其找到一条通道。以钱塘新区学正小学为例,该校的办学理念是"博学正身、蒙以养正",因此,该校自主开发"蒙正国学"综合实践活动课程,将学校的各种资源进行整合,围绕"修身、明志、博学、怡情"内容架构,形成"蒙正课程、蒙正讲坛、蒙正社团、蒙正舞台"四种有效载体,引导学生利用资源提出问题,开展实践探究,在各种综合实践活动开展的过程中,将学校的办学理念落地生根,培养博学正身的学正学子。

(二)凸显办学特色的精核

一所学校的办学特色一旦形成,便具有了持续的影响力,影响着全校师生的思维方式和行动方式。而办学特色的形成既是一种主动的发展选择,也是一种基于现实的反映,与校情、区情有着密切的关系。以钱塘新区文海实验学校为例,该校作为区域内服务于高教园区和高新技术区的品牌学校,其家长群体70%来自高校教师和企业白领,高教园区的区域背景和高素质的家长群体使该校在科技创新方面有着独特的优势。基于这样的发展背景,文海围绕"科技创新"这一办学特色,开设"ADD玩创"综合实践活动课,一系列的科技创新类综合实践活动得到了师生和家长的大力支持,也进一步凸显了学校的办学特色。科技创新体验类综合实践活动在该校呈现出蓬勃生机。

(三)体现发展目标的追求

办学理念是学校发展的宏观追求,而办学目标则是学校在不同发展阶段的目标定位。综合实践活动课程的开展,需要与学校不同阶段的发展目标相吻合,才具有更持续的生命力。以钱塘新区文海实验学校为例,该校自2007年开始深化课堂教学改革,在经历了少讲多学、先学后教、学为中心的改革探索后,2016年学校提出了"为有生活价值的学习而教"的课改理念,成为学校近阶段的发展目标。在这一办学目标下,学校由课堂教学改革向课程改革深化,进行拓展性课程的开发以及综合实践活动课程的推进,围绕"为有生活价值的学习而教"这一课改理念,形成了具有学校特色的系列课程。而"谈古论今"综合实践课程,通过引导学生关注社会、关注时政,从学生生活的世界发现问题、提出问题,通过自主探究、合作探究解决问题,既突出了社会调查类综合实践活动的特色,又体现了学校"为有生活价值的学习而教"的发展目标,形成了特色实践课程(见表6-1)。

表6-1　基于办学特色的综合实践活动课程列表

学校	课程名称	办学理念\办学特色\发展目标
杭州市文海实验学校	"ADD玩创"	科技创新办学特色
杭州市文海实验学校	"谈古论今"	"为有生活价值的学习而教"的发展目标
杭州市文海实验学校	"陶陶乐　乐淘淘"	美术办学特色
学正小学	"蒙正国学"	"博学正身、蒙以养正"办学理念
学正小学	"正气剑歌"	"博学正身、蒙以养正"办学理念
下沙二小	"北沙二十四锦"	"厚朴、远志、清明、含笑"校训
景苑小学	"'创美'课程"	"向美而行"校训
江湾小学	"春秋游课程"	"半天学校、童年味道"办学理念
下沙中学	"家乡的土等产展销会"	"励行求真、至善至美"校训

三、课程实施

结合钱塘新区学校的实践探索,基于办学特色的综合实践活动课程在具体实施中,可通过系列设计特色活动、注重参与实践探究以及动态开发课程资源等方式,挖掘办学理念的内涵、凸显办学特色的精核以及体现发展目标的追求。

(一)系列设计特色活动,挖掘办学理念的内涵

基于办学特色的综合实践活动课程,在具体实施中需要探索课程实施的有效载体,围绕学校的办学理念、办学特色设计系列化的活动,是综合实践活动校本化实施的有效路径。在指导学生开展活动的过程中,要注意三个方面的结合:课内时间与课外时间的有机结合,校内资源与校外资源的有机结合,活动主题与办学理念的有机结合。如学正小学的"蒙正国学"综合实践活动课程,通过长短课的时间设置,将校内晨读、国学课和社团课有机结合,充分有效地利用课内外时间;开设的"冬至汤圆情""春节年味展"等活动,既具有鲜明的活动主题,又与学校"蒙以养正"的国学传统办学特色紧密相连;在实施时,充分利用了校内的蒙正国学馆、弘弈围棋室、墨居书画苑、名馨茶艺轩、撷英积微居、怡陶工作坊等特色场馆资源,同时又引导学生围绕探究主题走向博物馆、图书馆等社会场所,实现校内资源与校外资源的有机结合。

【案例6-1】 "蒙正国学"课程中"春节年味展"活动设计

一、探年味

1.春节的来历。学生上网查阅资料,了解春节的由来与传说;走向图书馆,收集关于春节的资料。

2.春节传统饮食。参与家庭准备春节的活动:蒸馍、做豆腐、炸油包、包饺子等,了解人们喜爱的春节食品,感受浓浓的年味。

3.了解春节习俗。通过现场调查、采访,向家人询问春节习俗,并了解最

受人们欢迎的春节装饰品,参与贴对联、制作窗花、写"福"字,培养动手能力。

二、展年味

1.利用春季开学第一周,开展"春节年味展"活动,设置图说历史组、饮食品尝组、习俗体验组、实物展览组四大展区。

2.每班选出优秀小组参与学校"春节年味展"展示活动,撰写解说词。

3.其他学生现场参与体验活动,并用点赞卡现场投票。

【案例评析】

该案例主题"春节年味展"利用了春节这一传统节日,是学校"礼仪之道、自然之美、传统之趣"三大专题课程的主题活动,活动主题与学校"蒙以养正"办学理念紧密贴合,活动设计中利用了寒假这一假期实践的充足时间,实现了课内时间和课外时间的有机结合,具有较强的可借鉴和可操作性。

(二)注重参与实践探究,凸显办学特色的精核

学校在办学特色的打造中,体育、艺术、科技类办学特色是大多数学校关注的重点。这一类办学特色的综合实践活动需要在教师的指导下,组织学生通过研究性学习 围绕学校办学特色、办学理念所形成的办学内涵,选择和确定研究主题,在探究和思考的过程中主动获取知识,分析解决问题,形成理性思维。学生活动的方式注重实践探究,注重培养学生发现问题、提出假设、分析问题、形成成果的能力。因此,教师在指导过程中,需要依托校园活动创设情境,指导学生动手制作建立模型,在过程中聚焦问题,寻找对策,在不断实践中完善优化,最终形成物化成果。如"陶陶乐 乐淘淘"课程体现的是学校美术特色,需要学生通过实践探究,最终呈现陶泥作品;"ADD玩创"课程体现的是学校科技特色,在学校科技周活动中开展校园吉尼斯项目活动,学生通过实践探究,根据任务完成模型的建造。

【案例6-2】 "ADD玩创"课程中"赶羊入圈"活动设计

一、创设情境，明确任务。教师首先展示了学校科技周中获得"ADD"校园吉尼斯项目：乒乓球搭高塔、团队扑克牌高塔。渗透"ADD玩创"项目理念：在玩中创作，在创作中玩。然后呈现即兴挑战任务"赶羊入圈"（把20个乒乓球放入方框的最中间处），让学生阅读任务单明确挑战任务、场地、材料、工具、时间和程序以及评分和说明，阅读完毕后交流获得的信息及完成任务需要注意的规则事项。

二、限定条件，设计方案；动手制作，建立模型。第一次限时挑战，学生以小组为单位，根据提供的工具、材料，限定的条件组内讨论，然后根据小组学生讨论的方案，动手制作，建立模型，小组学生用建立的模型合作搬运乒乓球到方框中间，测试工程技术的可行性。

三、问题聚焦，寻找对策。通过研讨会方式聚焦研讨关键问题（方框的长度问题和搬运问题），运用测量、比较等方法分析研究提供的材料、性能等寻找对策。

四、测试优化，评价反思。第二次限时挑战，小组学生在第一次挑战的基础上再修改优化方案，动手制作，完成任务。然后小组展示介绍自己的装置，并评估反思自己的装置。

五、问题解决，方法指导。根据小组展示装置制作情况，教师总结提炼指导方法。

【案例评析】

科技节、艺术节、运动会等活动已经成为校园的传统活动，几乎每个学校都在组织开展。如何利用这一活动平台，结合学校办学特色，开展综合实践活动？本案例具有较好的示范性，利用学校科技节设计一系列注重探究实践的科技特色活动，将课程体系很好地融入学校活动中，同时又体现了学校着力打造的科技特色。

(三)动态开发课程资源,体现发展目标的追求

基于办学特色的课程资源开发,具有鲜明的校情、生情等特点,将学生学习成长的学校环境作为学习资源,在不断拓展的时空中,开展跨学科、综合性的探究,课程资源跟随学校办学理念的不断丰富而动态开发。学生在参与活动的过程中,注重国家认同、文化自信、爱校爱家的价值体认和关心他人、服务学校、热心公益的责任担当,应将其作为课程开发的核心目标,在课程实施中始终处于引领地位。以"谈古论今"课程为例,该校的"为有生活价值的学习而教"的发展目标是其重要的课程思想,该课程"生活价值"的体现包括对国家和社会发展的关注,需要随着国家和社会的发展不断更新课程资源。如2018年,学校在纪念改革开放40周年的背景下开展的主题探究活动;2019年,学校又在中华人民共和国成立70周年背景下开展主题探究活动,呈现出课程资源的与时俱进。

【案例6-3】 "谈古论今"课程中"改革开放40年变迁"活动设计

一、活动启动:感受历程,激发兴趣

教师在第一周的启动课上,展示一组反映改革开放40年变迁的图片,问学生,看到这组图片,你有什么感受?引领学生初步感受中国的改革开放取得的巨大成就,中国社会发生的翻天覆地的变化,激发学生的探究兴趣。

二、合作探究:自选成组,任务驱动

利用两周时间,通过教师分组指导,开展合作探究活动。指导学生思考中国改革开放的成功体现在哪些方面,引导学生从政治、经济、文化、教育、科技、民生(衣食住行用乐)等方面思考改革变迁。在学生感兴趣的基础上,自发组建探究小组,同时向学生明确活动任务:(1)为自己的研究项目确定一个主题;(2)团队合作完成项目研究计划书;(3)按计划开展探究活动;(4)撰写研究成果书,研究成果要图文并茂,可以是海报、PPT、KT板、剧本表演、音频视频等形式,汇报中要有总结反思,可以是对中国改革开放的感受,也

可以是针对活动的感受。

三、成果展示：多样呈现，多元评价

活动最后一周，以成果展示汇报的方式进行多样呈现，开展多元评价。向学生明确展示汇报的三个环节：成果展示、质疑答辩、即时评价。展示规则：(1)汇报时间为8分钟；(2)汇报形式为人人参与，鼓励多种形式呈现成果；(3)汇报内容为我们的研究成果和反思与收获。答辩规则：由在座的同学针对展示小组汇报情况，就感兴趣的问题自由提问；展示小组进行问题解答；老师提问或点评。评价规则：每位同学在"展示交流评价表"上进行评分，评分要求客观公正；提出有质量问题的小组，计入该组最优科研奖评分中；根据评分情况，评出最优科研奖、最佳合作奖、最美视觉奖。

【案例评析】

该案例中的课程资源具有较强的时效性，提供了如何结合学校特色动态开发课程资源的典型，特别是通过社会实践的过程，旨在培养价值体认和责任担当，充分体现了综合实践活动的育人价值，在实践中能收到较好的德育效果，具有一定的借鉴意义。

综上，基于办学特色的综合实践活动课程的开发与实施，需要教师对学校办学理念、办学定位及发展目标有着清晰的认识，同时能够在学校上位理念与下位实践中找到行之有效的桥梁，对学校的课程架构、实施机构、实施人员等都提出了较高的要求，需要开展相应的指导教师培训、纳入日常的教育教学研究、形成有力的支持和保障体系。

第二节 "蒙正国学"

——丰富办学理念的内涵

在建设综合实践课程体系中,"蒙正国学"结合本校实际,强调实践性、综合性,为形成办学特色,丰富校园文化,构建具有学校特色的校本课程体系,做出了有效的探索。在学校课程规划中起到的作用:一是主要传承中国传统文化的精髓,如经典文学、民乐、书法、国画等;二是成为基础课程的一部分,如建设国学社团群、开展国学类活动课程等;三是以丰富学生的学识,拓展学生的视野,陶冶学生的情操,促进学生全面、和谐、可持续发展为目的。因此,"蒙正国学"综合实践课程是和本校的办学理念相结合的一种探索,两者相辅相成,共同发展。

学正小学坚持以"学"为要、以"正"为本、"博学正身、蒙以养正"的办学理念,使学正真正成为学生精神文明的家园、培养人才的学园、发展个性的乐园、陶冶情操的花园,是杭州市家长满意学校、杭州市教科研先进学校、杭州市德育工作先进集体等。"蒙正国学"课程是学正小学综合实践课程体系中,教师自主开发的一门适合于小学一至六年级学生的国学文化传承的课程,其综合实践的内在组成,对丰富和充实学校课程体系具有重要的现实意义。

一、课程目标

"蒙正国学"综合实践活动课程围绕"博学正身、蒙以养正"的办学理念和特色,提出了"正行、尚礼、乐学、善艺"的教育观。从中国传统的"六艺"中汲取经验,并以此作为学生发展目标构建课程。以培养学生喜爱国学的情感,乐于亲近国学,感受传统文化的博大精深,培养良好的道德品质,储蓄丰

富的语言知识，提高艺术修养与品位为目标。具体目标如下：通过全面开展国学教育，让学生了解中华文明，传承优秀文化，弘扬民族精神，塑造良好的思想品德、健全人格修养。培养学生热爱中华传统文化的感情，正心笃志，明辨是非，树立人生理想和远大志向；通过开展各种形式的活动，让优秀传统文化走进校园、走进课堂、走进学生的生活，形成人人爱国学、人人学国学的良好氛围，帮助学生养成良好的生活习惯，形成敦厚善良的心性，建立教育新模式、探索育人新途径；通过诵读、理解和感悟等方式，让学生认识国学经典的价值，激发学生诵读国学经典、阅读国学经典作品的兴趣，促进学生对语文的学习兴趣；通过开设篆刻、国画、书法、民乐、武术、吟诵、茶艺、陶瓷等具有传统文化色彩的国学社团课程，开展各种有创新的国学活动，搭建各类展示舞台，让学生感受中华优秀传统文化的丰富多彩，提升审美能力，开阔欣赏视野，提高艺术修养，培养人文情趣。

二、课程架构

"蒙正国学"课程从"修身、明志、博学、怡情"四个角度去构建自己的课程体系，并以此来开展儿童国学启蒙教育系列内容的构建研究，通过"四大课程体系"，即四种有效载体，以文养心、以德养行、以史养志、以艺养性、以养根基之正，培养"博学正身"的学子。

"蒙正国学"由社团课程和活动课程两部分组成，主要由学生自主选择的促进个性特长发展的综合实践课程和15个微课程项目组成。每册教材围绕一部经典来展开，形成一个有机的系统；根据经典原文内容，均设置了多个模块，如诗词采撷、典故链接、实践拓展等，几大模块彼此关联、彼此印证，融会贯通，形成了一个有机的课文主体。活动课程主要是学校精心设计组织的实践类课程，以活动的形式呈现，紧紧围绕"博学正身"的理念开展活动，如"博学"课程包含三大主题活动：礼仪之道、自然之美、传统之趣，在活动中感受丰富多彩的艺术表现形式，知道中华民族的重要传统等。

"蒙正国学"课程架构如图6-1所示。

```
                              蒙正国学
        ┌──────────────┬──────────────┬──────────────┐
    "修身"课程      "明志"课程      "博学"课程      "怡情"课程
        │              │              │              │
    诗词采撷        大师讲坛        礼仪之道        诵读擂台
        │              │              │              │
    典故链接        小先生讲坛      自然之美        民乐欣赏
        │              │              │              │
    实践拓展        网络微讲坛      传统之趣        经典同行
```

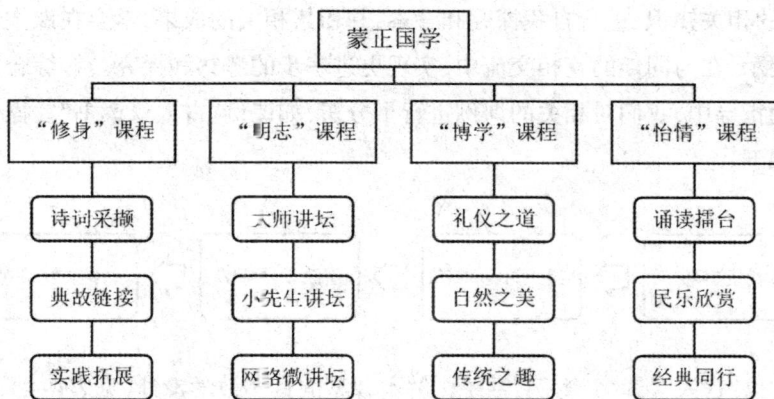

图 6-1 "蒙正国学"课程架构

三、主要环节和实施策略

综合实践课程开发和实施不是无根之木、无源之水,我们探索的立足点是本校的办学特色:以国学经典为内容,通过诵读、理解和感悟等方式,让学生认识国学经典的价值,提升兴趣,增进素养,从而达到弘扬传统文化、健全人格、开发潜能、奠定文化底蕴的目的。因此,"蒙正国学"课程的开发实施从以下三个方面进行具体探索:①基于儿童视角的学国学;②基于国学传统文化的传承;③基于资源整合的综合实践。

(一)主要环节

"蒙正国学"综合实践课程,注重学生在课程实施中考察探究能力的培养,尤其是在课堂指导上,旨在通过课例有意识地引导学生去考察与国学相关的知识,在生活中去探究"蒙学"的相关资料。如"古人谈读书"的课例中"我说你接",学生在课外利用网络等方式,搜索、出示与读书有关的前半句格言,准备好之后,在课堂上由学生接后半句。"三人行,必有我师""学而时习之,不亦说乎""读书百遍,其义自见""读万卷书,行万里路"。最后,教师总结:这些名言都和读书有关,我国古代许多文人对读书表达了自己的理解和看法,今天我们就来寻找古人读书的妙法——古为今用。

可见,这样的设计充分调动了学生在课外通过自己的方式,对"蒙学养正"的相关知识，进行自我探究和考察，并积累相关的成果，学会在课堂上加以展示，在与同伴的互相交流中，实现更进一步的考察和探究。在综合实践活动指导中，我们对相关的课例进行了分析，如课例"古人谈读书"。操作流程如下。

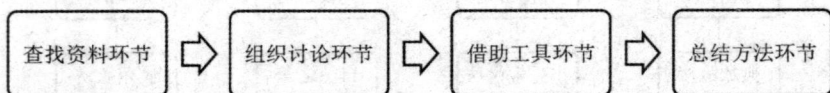

```
查找资料环节 ⇨ 组织讨论环节 ⇨ 借助工具环节 ⇨ 总结方法环节
```

以"古人谈读书"为例，系统讲解本课型的具体教学设计（见表6-2）。

表6-2 "古人读书"教学设计

环节	教师活动	学生活动	设计意图
导入	教师总结：这些名言都和读书有关，我国古代许多文人对读书表达了看法，今天我们就来寻找古人读书的妙法	"我说你接"。多媒体出示与读有关的前半句格言，学生接后半句	古为今用，激趣，引导学生进入学习的情境和氛围
环节一：查找资料	指导学生查找资料的策略和方法，关注查找到的资料的内容以及与课堂内容的关联度等，为学生找到的资料内容把关以及进行初步的筛选	1.学会使用工具书，如《现代汉语词典》等专业工具书等 2.学会资料检索的方法和技巧，学会使用互联网	学会现代社会查找资料的方式和方法
环节二：组织讨论	关注"知"的读音 小古文中有些字词和现代文中意思不一样，这就是古今异义	敏而好学，不耻下问关注"好"的读音。通过借助文中注释，理解"好"是喜好的意思，读准多音字	小结方法，借助注释，读准字音
环节三：借助工具书	要点：联系上下文猜一猜，借助工具书理解"余""尝""谓"。（板书）古今异义字"急"。再次理解古今异义	1.读两则小古文，圈画文中关键词句，概括读书方法、读书态度，完成图表 2.汇报总结。修改图表，代表发言	总结：对读懂两则小古文的方法进行提炼和概括

続表

环节	教师活动	学生活动	设计意图
环节四：总结方法	教师总结学习方法：借助注释是理解文言文的好方法 要点："耻"是"以……为耻"的意思。上一环节己经突破"知""识"的读音和意义，因此，学生理解起来没问题	同桌合作，理解意思 读第一、二则小古文，同桌互说小古文大致的意思。再请四个同学说一说	文章内容整合，读书方法探讨，形成学生独特的学习方法

【评析】

这样的设计充分调动了学生的学习兴趣，在课外通过自己的方式，对"蒙正国学"的相关知识进行自我探究和考察，并积累相关的成果，学会在课堂上加以展示，在与同伴的互相交流中实现更进一步的考察和探究。这是一种综合实践课的课型转变，也就是将我们平时的常规课堂进行一定的转化，用综合实践课程的思维去重新构建我们的课堂，将常规的课例转变为能够用综合实践的策略和教学方式，对应式地实现学生综合实践能力的提升。

（二）实施策略

在"蒙正国学"课程的实施中，特色化地采用了设计应用多维度、形成性、多主体、平台化的指导方式与手段，具有导向性与激励性的作用，经典诵读教育活动学生评价机制。国学经典诵读教育活动评价工作应与日常教学和评价工作有机结合，各年级教学（特别是语文学科）应适当增加和渗透国学经典学习的内容。

我们开展了具体有效的综合实践课程实施，在实践过程中，我们发现，其综合实践课程的目标、意义都得以彰显，具体的实施策略如下。

1."经典诵读"润身心，"蒙正讲坛"长智慧

开展读"成语故事、寓言故事"等读书分享活动，举行"诵读擂台""我与经典同行"等竞赛活动，充分开发了家长、教师、学生的国学资源，收到了很好的效果。"蒙正国学"开展经典诵读，背诵唐诗宋词和经典选文，初步理解作品大意，体会其意境，获得情感体验，感受语言的优美，提高文化积淀，健

全人格修养。仿照中央电视台《百家讲坛》的形式,聘请专家或挖掘教师、家长、学生资源,定期举行"大师讲坛""小先生讲坛"等,讲授国学知识,分享智慧人生。以传统节日或历史故事等为主题,借助这个平台向学生传递相关的国学知识,丰富学生的精神文化生活,开阔学生的知识视野,提升学生的道德修养。如三月结合传统节日春节,举行与春节文化有关的"百家讲坛"活动。

2."国学采访"增实践,"多元平台"促成长

国学实践活动分为多个方面,一是学生层面的采访实践,开展"晨读、午诵、暮省"的采访活动。晨读,用国学开启一天生活,通过互相采访,获得诵读国学的经验和感受;午诵,借经典提高文化修养,也是学生之间的国学分享、采访时间;暮省,反思中升华美好心灵,一天的国学实践,除了借助同伴采访获得感悟之外,也培养了自我的国学反思力。借助这些综合实践活动,学生能够在"学国学、促实践"中加深对"蒙正国学"的理解。结合日常的教育活动,把"蒙正国学"的社会实践要求与综合实践活动有机整合,以主题板块的形式,按照四大领域重点构建"礼仪之道、自然之美、传统之趣"三大专题课程,开展丰富多彩的主题活动,如"传统之趣"中结合传统节日开展"月是故乡明"吟诵活动、"冬至汤圆情"、"春节年味展"等,在活动中知道中华民族重要的传统节日和习俗礼仪。

3."修身、明志、博学、怡情"国学四大章,激励成长

围绕"礼、心、习、乐"四要素,设立"修身章""明志章""博学章""怡情章"四大章,以争章的形式激励学生参与国学活动,还应注意教师、学生、家长等多元主体的参与。其中,教师在评价学生情况时应采取谨慎态度,在充分了解学生背诵情况的基础上,因人而异、实事求是、情真意切地做出评价。拓展评价主体的根本目的是促进学生的发展,在客观评价的同时尊重学生的主观感受。

4.依托多元国学场馆,建立"科举榜"激励体系

"蒙正国学"课程以"科举榜"为主要创新策略,设立了"举人榜""贡士榜""进士榜"三级评价激励体系。在实施策略上,如结合六一、元旦会演活动,举行民乐演奏会,激发学生的自豪感,进而以获得积分的形式,提升"科

举榜"的名次;同时开展"诗词吟诵""历史故事分享会"等活动,搭建展示的平台,学生参加的每一项校内外活动都可以累积"科举榜"积分,为自己的进阶走好每一步。学正小学也在充分利用蒙正国学馆、弘弈围棋室、墨居书画苑、名馨茶艺轩、撷英积微居、怡陶工作坊等实践场地开展蒙正学礼、棋艺社团、书法社团、茶艺社团、诗词社团、陶艺社团等课程。课程实施过程中采用过程性评价,也引进了"科举榜"的进阶策略,并为学生建立个人档案袋,积累每一阶段的作品,以积分形式促进其在榜单中的成长。

第三节 "ADD玩创"

——凸显"创新"办学特色的精核

　　"ADD玩创"综合实践课程开发在文海实验学校"科技创新办学特色"探索与实践中，着眼学生综合素质培养，突出学生能力培养，开展丰富的独具创新特色的展示活动、实施多样的独具文化特色的学校课程。这一课程在学校规划中起到的作用：一是教会学生思考，开启学生运用知识解决实践问题的能力，尤其是学生的想象力和创造力的培养；二是巩固创新在学校办学特色上的重要地位；三是体现创新在综合实践课程中的作用，在课程教学中，教师从当地实际出发进行教学目标的设计、教学活动的组织、课程资源的选择、现代教育技术的开发与运用等。

　　"ADD玩创"课程的学习是基于学校办学特色的创新和拓展，要把积极的态度和价值观渗透到整个教学过程中，把学生的创新精神、实践及合作能力的培养贯穿于教学始终。文海建校10年来始终秉承"以文化人"的办学理念，确立了"身心两健、文明文雅、学识博厚、多才多艺、和谐发展"的育人目标。"ADD玩创"作为文海综合实践的重点建设课程，创造了众多优异的成绩，是文海综合实践课程建设的优秀代表。

一、课程目标

　　"ADD玩创"综合实践活动课程密切联系学生的学习与生活，推进学生对自然、社会和自我之内在联系的整体认识与体验，发展学生的创新能力、实践能力以及良好的个性品质。充分体现文海办学特色，充分利用家庭、学校、劳动技术教育中心、社区等各种资源，把课本中的理论、项目教学内容与学生的实际生活结合起来,把科技和艺术结合起来,团队互助与个人展示相结合,充分发挥课程的综合教育功能,培养学生分析、解决实际技术问题的能力。具体目标如下:培养学生节约材料、爱护工具、重视质量等习惯,逐步形成安全意识、环境意识和合作意识;通过本课程的开发与实践,学生关注自然、体验生活、走向社会,努力培养学生积极参与社会实践、勇于承担社会责任和义务的态度,培养合作精神和自我发展意识;重视培养学生的创造力和创新意识,注重课程内容的综合性,倡导将各个领域的知识通过综合的课程结合起来;让学生在一个综合的环境中学习,在一个项目当中应用多个学科;面对和解决问题,使学生在实际体验和实践问题解决的过程中形成初步的科技、艺术能力与意识;培养学生综合实践创新能力,同时强调基础性、通用性和循序渐进性。

课程在充分尊重学生的个性和创造性的基础上,设置基础性、拓展性内容,使课程具有弹性和可选择性:①以基本知识、基本技能为基点,促进综合实践中学生的理解与应用;②以学为中心,通过跨学科的学习培养学生综合实践能力;③以创新为主线,培养学生综合实践能力的综合提升。

二、课程架构

文海"ADD玩创"课程根据少年儿童的年龄特征和认知水平以及循序渐进的学习原则,把全部课程整合为三个年龄段,两大类型:第一类是基础体验型课程;第二类是拓展提高型课程。基础体验型课程就是"零起点"的课程,不需要任何学习基础,学生只要有兴趣就可以自由选择,在基础体验型课程中以DI单项技能主题课程学习为主;拓展提高型课程指需有一定学习基础的课程,在拓展提高型课程中以DI即兴和团队综合的项目制课程为主(见表6-3)。

表6-3 文海三至六年级"ADD玩创"课程内容特色化设置

课程类型		初级(三、四年级)	高级(五、六年级)
基础体验型	戏剧和表演	故事表演	自创微剧本及表演
	艺术和设计	环保创意手工舞台道具	舞美、服饰设计
	科学和技术	模型制作创新技能训练	机器人及电脑编程
拓展提高型	即兴挑战	表演、任务、综合类	
	团队挑战	技术类、科技类、艺术类、即时类…	

　　基础体验型课程的内容结构包括戏剧和表演、艺术和设计、科学和技术三大模块。基础体验型课程部分，三至五年级的内容以手工科技、艺术为线索，每学期的内容主要围绕一种材料、一个挑战任务进行三大模块内容的设计，每一块内容设计除了符合时代需要、重视与学生生活紧密联系的基本知识和基本技能外，特别加强创新思维培养的内容。拓展提高型课程内容主要是解决国际青少年DI创新思维项目的挑战问题，设置DI即兴和团队挑战课程内容，着重于培养学生良好的科技、艺术素养以及提高解决实际问题的创新实践和团队合作能力(见图6-2)。

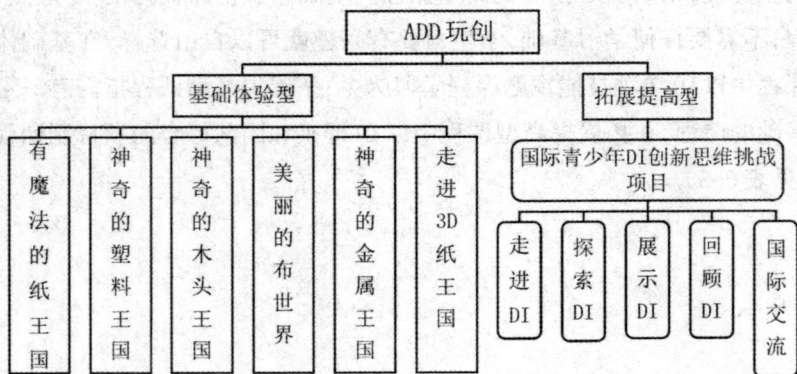

图6-2 "ADD玩创"课程架构

三、主要环节和实施策略

"ADD玩创"课程以构建起一个以创新教育为引导,以科技、艺术教育为主干,以实际项目为载体,以探究学习方法为基点的学科新体系。课程内容以手工科技、艺术向现代科技、艺术发展为线索,让学生在这些领域掌握符合时代需要、与学生生活紧密联系的基本知识和基本技能,重视对科技、艺术的深刻理解和熏陶感悟,加强创新思维培养的内容。

(一)主要环节

1.基础体验课环节

"ADD玩创"课程是为了让学生获得科学的实践方法,提高活动的有效性而进行的针对性指导。这样的方法探究指导活动,让孩子们在玩中实现了创造的目的,这种课型有助于学生学以致用,并积极探索新知。基础体验指导课的基本教学环节流程如下。

创设情境 明确任务 ⇒ 限定条件 设计方案 动手制作 建立模型 ⇒ 问题聚焦 寻找对策 ⇒ 测试优化 评价反思 ⇒ 问题解决 方法指导

【案例6-4】 "ADD玩创"课程"挑战大力绳"活动方案设计

活动内容:

引导学生制订"做一条又长又结实的带钩子的大力绳"活动方案并交流修改与评价。

活动目标:

1.通过项目的介绍,了解本项目的特点及要求。

2.通过合作学习,共同设计制作挑战大力绳方案,培养学生合作能力。

活动过程:

创设情境,明确任务

本课学生挑战任务的本质是"做一条又长又结实的带钩子的大力绳",

挑战性任务的设置要适度，可以把任务的难度保留在学生的最近发展区内。

独立思考，设计方案

在解决问题前，学生可以先设计出自己想象中大概的模型，此模型可能会比较粗糙，但是解决方案中关键点的那些要素都能够很好地体现。

任务驱动，尝试挑战

当接受任务后，我们要让学生认识到，尝试失败并不可怕。在这一个环节中，我们有必要引导学生养成不要等到想法变得完美了再行动的意识，要边思考边实践，要敢于尝试挑战。

反思研讨，优化方案

根据本课任务要求，需要团队必须在6分钟内完成任务，这时就需要我们教师引导他们相互分享成功的经验，分析失败的原因。在交流中聚焦解决问题的关键就在"钩子与报纸怎么连接""如何让报纸变得结实"这两个核心问题上，这样一来，修正、优化自己的方案就容易多了。

解决问题，再次挑战

我们要尽量多给学生提供创造时间和机会，在挑战过程中还要不断地鼓励和支持他们，给予他们充分的信任，使学生在不断实际体验和实践问题解决的过程中，培养自身综合实践创新能力。

成果分享，尝试解释

给学生搭建多元展示平台，让每个团队有充分的时间进行成果分享，寻找并试着解释成果背后的原理，从而促进学生全面发展。

【案例评析】

以上案例以学科融合、协同教学的方式开展综合实践活动课程，优化了课程实施方式。学生在基础型课程的每节课的一个个任务驱动下，调动自己学习的积极性，积极动脑思考、设计、创造。在边想象、边玩耍、边改造、边创作中提高了自己的综合能力。这样的考察探究活动设计，让学生在玩中实现了创造的目的，这种课型有助于学生学以致用，并积极探索新知。

2.拓展提高课环节

以任务活动为驱动方式,逐步构建一般教学模式。"ADD玩创"课程主要以主题模块或主题项目为主,根据学生的基础分阶段进行考察探究型学习。课堂教学实施过程中,通过动手实验,让学生在玩中学习,领会知识理论,逐步构建了拓展型课程中基础性知识学习的一般教学模式,通过这种模式,学生团队在一个个主题任务的驱动下,玩中创、创中玩,培养了学生解决实际问题的创新实践能力和团队合作能力。拓展课基本活动环节流程如下。

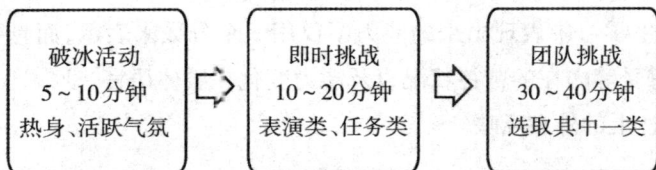

破冰活动 5～10分钟 热身、活跃气氛	⇨	即时挑战 10～20分钟 表演类、任务类	⇨	团队挑战 30～40分钟 选取其中一类

(二)实施策略

1.关注高阶能力的真实情境的创设

"ADD玩创"课程中的每一个项目学习都是基于真实的问题情境,让学生进行创作、验证、完善,并制造出某种东西的活动。评价关注的是学生"能做什么",将学生学习后的可能反应或表现作为考查的重心,主要采用项目式学习的方式,这是一种基于真实问题的探究性学习,项目活动的设计通常需要围绕某个问题的解决而展开。项目化学习的评价实际上考查的是学生的问题解决能力,将学生对实际问题的解决过程作为考查对象,聚焦于应用、综合等高水平目标,试图把握学生在真实情境下动态获取、运用知识并解决问题的过程。

2.关注社会能力发展的团队合作

"ADD玩创"课程主要以学生为中心,强调同伴合作、小组学习,要求学生以小组为单位完成一个项目,在这个过程中,学生要独立完成不同的工作,同时也必须相互合作。所以,评价要将学生的工作习惯和社会技能,如合作能力、分享和商讨等考虑在其中。在评价中还特别要重视个性及团队

意识的形成，通过每节课的团队评价表和个人评价表，鼓励团队的每个成员认知个体的能力、兴趣所在，从而促进学生不断反思、不断完善修正自己的学习行为和团队意识，使评价真正起到激励学生学习兴趣、促进学生个性发展的作用。

3. 关注学习过程与学习结果的跟踪式评价

"ADD玩创"课程评价不仅应该记录学生完成了什么项目，有怎样的项目成果，而且要记录学生是如何完成一项任务的。所以，评价中不仅要关注制作的作品、完成的成果等学习结果，还要关注这些学习结果得以产生的过程，包括如何选定项目、制订计划、活动探究、作品制作、成果交流和活动评价等。学生学习中表现出来的能力不仅用一个分数来表示，而且要看学生的想法、感受等内在的精神状况以及能力变化在肢体语言、动作、图画、书面或口头表达上的外在反映。

第四节 "谈古论今"

——体现"为有生活价值的学习而教"的办学追求

"谈古论今"是一门针对八年级学生开设的综合实践活动课程,面向现实世界这一真实生活情境,针对对历史和时政感兴趣的学生,以时政话题引入,引导学生在关注社会现实生活的同时,探究人类社会的历史发展,思考历史现象与现实生活的联系,能够借助历史的眼光认识今天的社会,从而强化爱国主义情感,实现价值认同。

文海的课题"从学科到生活世界:为有生活价值的学习而教"教学改革成果获得教育部基础教育教学成果二等奖。有生活价值的学习是指让学生从关于世界的知识到走进世界的知识的学习,培养学生运用所学知识分析和解决生活世界的实际问题的能力。学校依据"有生活价值的学习理论",构建具有生活价值的"文"课程。"谈古论今"综合实践活动课程即是学校"文"课程的重要组成部分,课程实施的理念体现社会学科的生活价值,引导学生关注时政、关注社会、关注历史,探索从社会学科到生活世界的实现路径。

一、课程目标

"谈古论今"课程在目标设定时,紧紧围绕学生发展中需要具备的"能够适应终身发展和社会发展需要的必备品格和关键能力"这一核心指向,从核心知识、重要能力和基本态度三个方面进行设定。其中,"核心知识"目标,指向社会学科中的热点问题、重要事件、重要人物等知识获取,侧重在自主获取知识过程中具备的时空观念和唯物史观;"重要能力"目标,包含学生在习得方法的过程中形成的史料实证和历史解释的能力;"基本态度"目标,强调学生在合作探究过程中需要的社会性、计划性、坚持性、合作性等学习品质，在情感态度达成的过程中最终形成的家国情怀和政治认同。

二、课程架构

"谈古论今"课程开设的目的不是单纯地获取知识，而是注重学生获取知识的能力和方法，关注学生持续的兴趣和学习力。其中，"谈"和"论"体现了课程教学实施的方式是通过研究性学习，能独立思考、独立判断，形成客观评论观点报告；"古"和"今"体现了课程教学的内容是既关注历史又关注现实。课程名称中的"论今"为时政热点的专题，"谈古"则围绕这一时政专题分析历史上相关的人或事（见表6-4）。

表6-4　文海"谈古论今"课程内容特色化设置

专题名称	探究内容			
	时政热点	历史联系	合作探究	成果展示
改革专题	全面深化改革	历史上的改革	围绕每一专题选择感兴趣的主题，以合作探究的方式开展研究性学习	展示汇报研究性学习成果
发展专题之"一带一路"	"一带一路"建设	历史上的"一带一路"		
领土问题	南海风云	历史上的领土问题		
科技文化专题	中国的科技发展和文化影响	历史上不同时期的科技文化发展		
民族关系	加强民族团结	历史上的民族关系		
疫情专题	新冠肺炎疫情的爆发	历史上的疫情		

三、主要环节和实施策略

（一）主要环节

在"谈古论今"综合实践课程中，为更好地激发学生的主动性和自主性，我们经过实践探索形成同一主题下的方法示范课、合作探究课、成果展示课三种课型，并不断摸索实践学生学习的方式，逐渐形成"方法习得—合作探究—展示演练"的学习方式。每个学习主题下的方法示范课，学生的学习方式以选题方法习得为主,围绕教师选择的时政热点展开学习,确定合作探究的主题;合作探究课以学生对相关材料的收集、阅读、研究、整理及研究小组间的合作交流为主;成果展示课中展示本组的探究成果,并进行小组间的答辩交流,将学生通过研究性学习获得的成果进行交流汇报。"谈古论今"三种课型的内在联系如图6-3所示。

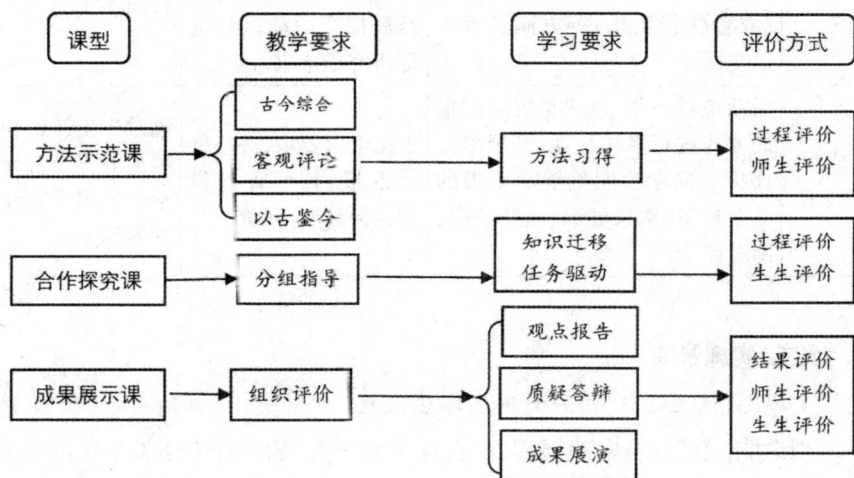

图6-3 "谈古论今"三种课型的内在联系

以"谈古论今之40年改革变迁"为例,活动设计如表6-5所示。

表6-5 "谈古论今之40年改革变迁"活动设计

环节	教师活动	学生活动	设计意图
方法示范	教师在第一周的启动课上,展示一组反映改革开放40年变迁的图片,问学生,看到这组图片,你有什么感受?进而引发学生思考,如果在校内举办一场中国的改革开放成就展,你有什么好的建议	按兴趣组建小组,设计展示方案	激发学生探究兴趣,启发学生思考方法

环节	教师活动	学生活动	设计意图
合作探究	利用两周时间,通过教师分组指导,开展合作探究活动。指导学生思考中国改革开放的成功体现在哪些方面,引导学生从政治、经济、文化、教育、科技、民生(衣食住行用乐)等方面思考改革变迁	学生完成以下任务:(1)为自己的研究项目确定一个主题;(2)团队合作完成项目研究计划书;(3)按计划开展探究活动;(4)撰写研究成果书	通过观点的碰撞和交流,开展研究,完成任务,进行同伴互助
成果展示	活动最后一周,以成果展示汇报的方式进行多样呈现,开展多元评价。向学生明确展示汇报的三个环节:成果展示、质疑答辩、即时评价	根据汇报要求,进行展示汇报;按照评价量表,进行综合评价	通过生生评价和师生评价,引导学生明确研究性学习的方法

(二)实施策略

1.以"自选主题任务"设计激发学生兴趣

"谈古论今"综合实践课程以"自选主题任务"的设计来激发学生的学习兴趣,每一次的探究任务都围绕一个主题设计,在同一个探究主题下,学生可根据兴趣自主选择研究的任务以及组建合作探究的团队。通过创设时政情境、引导联系思考和进行质疑答辩,帮助学生完成自主任务的选择,激发学生的研究兴趣。

(1)在时政情境中,激发学生探究兴趣。"谈古论今"综合实践课程的探究主题都是有持续时政热点的主题,如改革、发展、领土、科技等与国家发展密切相关的方面,在每一个探究主题的导入中,以时政热点情境导入,能够很好地激发学生的探究兴趣。

(2)在联系思考中,自主形成探究问题。在激发兴趣的同时,还需要引导学生具有问题意识,能够发现问题、提出问题。因此在任务设计时,需要有意识地联系历史形成问题。如在外交专题探究中,引导学生思考:针对感兴趣的问题,我们可以多个角度去思考,你能否围绕不同的方面提出问题?同时利用思维发散图,引导学生从外交问题、外交成就、外交举措、外交人物等多个方面提出问题,能够从历史背景、原因分析、解决建议及自身思考等方面去尝试收集资料解决问题(见图6-4)。

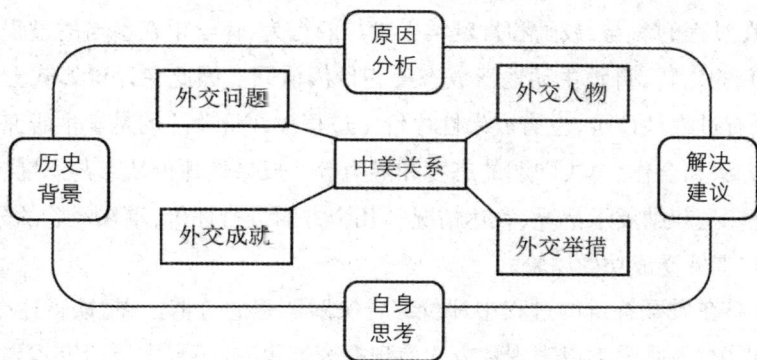

图6-4 "中美关系"发散思维导图示例

(3)在质疑答辩中,不断完善研究方案。学生正式开始主题探究任务前,需要团队合作围绕研究主题、内容提纲、时间安排、可能碰到的问题及对策等方面完成研究方案。在质疑答辩会中,由方案制订小组汇报,其他小组成员进行质疑,指导教师通过三个问题引导质疑答辩会的开展:①找亮点,说说汇报小组哪些做法值得借鉴;②提问题,说说汇报小组哪些方面存在问题;③说建议,针对汇报小组存在的问题提些建议。方案制订小组针对质疑问题进行答辩,在双方不断的观点碰撞中,发现研究方案中存在的问题,进而对研究方案修改完善。

2.以"多元综合评价"体现综合实践活动价值

综合实践课程关注的重点是方法掌握、能力提升和情感体验的过程,因此在评价形式上应多样化,切忌单一评价、片面评价和主观评价。在评价内容、评价形式和评价结果上都应体现多元综合评价。

(1)鼓励多种形式体现探究成果。探究成果的呈现鼓励学生选择自己喜欢的方式,能够发挥学生的个性特征,激发学生成果探究的积极性。在成果展示课中,有的学生在PPT中插入自己编制的小程序或动画视频,用来说明某一数据变化或发展成果;有的学生用海报的方式,将小组成员的探究成果分类呈现，再综合得出观点；有的学生创作表演剧，将探究的某一问题或成果表演出来；等等。

（2）运用综合评价量表评价活动的过程和成果。作为综合实践课程，评价重在过程的参与，鼓励和肯定学生参与的行为，让学生在参与的过程中体验探究的乐趣，自觉主动地形成态度和价值认同。因此在评价形式上多样化，既有过程性评价，也有成果性评价。过程性评价关注的是学生研究过程中的方法和合作、解决问题的态度和能力等。成果性评价从参与态度、收集整理情况、归纳展示情况、表达情况等几个方面进行评价，重在经验的分享，让参与者感受成功的体验。

（3）在质疑答辩的过程中评价综合实践课程的价值。在"谈古论今"成果呈现中，鼓励学生以表现性方式展现探究成果，并不局限于研究报告的撰写，而是通过口头报告或现场展示的方式让学生将成果"说"出来、"演"出来，小组在展示汇报的过程中，还需要对其他同学的质疑进行答辩，很好地锻炼了学生语言表达能力、逻辑思维能力、观点分析能力等。而教师在质疑答辩过程中的适时引导，能起到价值引领作用。

第七章

基于学科资源拓展的课程开发与实施

第一节　定位、开发与实施

　　基于学科资源拓展的综合实践活动课程是从单学科问题出发转化为符合综合实践活动探究主题，并综合运用多门学科知识和学科观念完成主题探究活动解决综合实践问题的课程，是学科课程和综合实践活动课程的深度整合。它使学科核心素养在综合实践活动课程中得到延伸、综合、重组与提升，从而促进学生的批判性思维、创造性思维不断提升。

　　该类综合实践活动课程需要强调以下两点：一是课堂场地的转变。学科综合实践活动的开展由教室延伸到教室外，包括校园、公共图书馆、博物馆、展览馆、科技馆、有关政府部门、野外、工厂、商场、少年宫、社区等场所。二是区别于学科课程。学科综合实践活动是以《基础教育课程改革纲要(试行)》规定的综合实践为理论依据，强调学生在现实生活中动手、动脑、实践，在"体验""考察""探究""制作"中，学生学习科学方法，增强探究、创新意识，发展综合运用知识的能力。以内容丰富、形式多样，与社会环境、时代发展联系密切的课程优势，为学生课堂学习提供了丰富的感性认识素材，为学生提升学科素养和关键能力奠定了基础，为他们巩固、深化、灵活运用知识创设了学习新阵地。

一、价值定位

　　基于学科资源开发的综合实践活动课程，是当前学校综合实践活动课程的重要组成部分，有其独特的现实意义。

　　其一，弥补学科课程的局限性。学科课程重在知识的传授，但知识的综合运用是有局限性的。国家课程中的各学科内容相对独立，综合性不强，且以间接的经验知识学习为主,学生在学习过程中是被动的,体验是不深刻的。而综合实践活动的实践体验时间更宽裕,形式更多样,行动更自由,学生不受时空限制,课后和节假日等都是活动的大好时机。学生在活动中运用课堂所学的知识,拓展了知识迁移运用的范畴,提升了能力,提高了学习兴趣。开展学科的综合实践活动课程是学科课程的补充与创新。以美术学科课程为例,其包含了美术创作、美术欣赏、美术评论、美术史等内容在内的专业学科结构,在新课程理念中将学习领域扩展为"造型·表现""设计·应用""欣赏·评述"和"综合·探索"四个方面,则是对传统美术狭隘的课程专业观念的新突破,新课程强调综合性和包容性。基于美术学科的综合实践活动课程正是基础教育课程改革突破的关键点,其跨学科性、社会参与性和生活性充分发挥优势,弥补了学科课程的缺陷。

其二,促进学科素养的落地。在学科综合实践活动课程中,教师要重视激活学生已有的知识技能与生活经验储备,引导他们在实践过程中综合运用各学科知识解决问题,促进综合素养的形成。综合实践活动课程从主题选择、分解子课题、方案制订、实践活动、成果汇报等环节都是学生主动参与获得知识的过程,强调学生乐于探究、勤于动手和勇于实践,注重学生在实践性活动过程中的感受和体验,有利于培养学生的核心素养。以语文综合实践活动课程为例,它是以语文学科知识为切入点,在整合多学科知识的基础上,在对生活实际问题的探究过程中完成学习成长的活动课程,具有延展性、综合性的特点。强调学生的动手能力和亲身体验,需要学生走出课堂,走进社会。同时又不同于学科内容有教材,其内容领域更为宽泛,学生学习的内容基于身边生活、社会中存在的问题或是某种现象,学习内容从书本拓展到自然、社会、自我。如在文海"小记者大视界"课程中,起点是语文学科的新闻写作学习,转化为符合综合实践活动的问题情境——如何做小记者,并开展了相应的多样职业体验的实践活动,在这个过程中,学生的综合素质得到锻炼。同时,作为语文学科核心素养的语言的建构、文化的理解、思维的发展和审美的鉴赏也在课程的实践过程中得到深化。

其三,优化学科学习方式。基于学科资源的综合实践活动课程需要结合学生已有的知识储备水平,对教学理念进行转变,促进学科课程与综合实

践活动课程的融合，形成新的学习方式，使学生能够主动地对学科知识进行学习，在活动过程中，加强对知识的探索，从而促进学生综合素养提升。同时也对教师提出了更高要求，需要教师转变观念、提升课程意识水平，还需具备一些关键能力，如跨学科知识整合能力、指导学生规划、设计、实施的能力等，促进教师在课程的开发与实施中跨学科融合。

文海综合实践活动课程相关的科研成果处于区域之首，在新区近3年基于学科资源的综合实践活动精品课程30余项的总成绩中，小学部就占了8例，其课程团队发展经验也多次在交流活动中推广。可以说学科综合实践活动课程是学校综合实践活动课程发展的基础，学科综合实践活动课程开发水平的高低直接影响学校综合实践活动课程的发展，也体现了学科融合的魅力，更是学习方式优化的成果。如表7-1所示，是经统计整理的近年来新区学校自主开发的基于学科资源综合实践活动精品课程列表。

表7-1　基于学科资源开发的综合实践活动精品课程列表

学科资源	精品课程	融合点
语文	"小记者大视界""小词大雅""世说新语""创意童话""蒙正国学""诗意学林：童诗创意表达"	拓展文学资源、拓宽语用环境、提升语言运用能力和培养人文精神
数学	"味道数学""穿越时空的数学旅行""小学低段数学实验""故事·数字化""初中数学建模"	建立数学与生活的联系，提升学生抽象概括能力和解决问题能力
英语	"英语大剧场""舌尖漫步""少儿创意秀C－BARS"	丰富学生的体验，拓宽语用环境，培养学生语言表达能力和自信心
科学	"实验启智""科学变辨辩""昆虫的故事""启源实验坊""玩创地图""创玩生活""玩创动力"	用科学知识解释生活现象或解决生活中的问题
社会、道法	"谈古论今""仁义礼信智：幸福德育"	运用多视角思考，辩证发展的眼光看问题
综合	"幼儿体育游戏""节日故事绘""智创App""荒野求生大挑战""沿着'一带一路'看建筑"	生活是创作来源，培养学生的生活观察力和鉴赏力

二、课程开发

学科资源是综合实践活动课程开发的主要来源之一。鼓励教师在教育教学实践活动中基于学科开展综合实践活动课程资源开发的尝试,在资源开发过程中应结合中小学教育的各个学科来进行,综合考虑学生特点、学校特色等因素,以各种不同的方式丰富课程资源。

(一)与校园文化结合

校园文化是指在学校自身资源和空间范围内及学校办学实践中所形成的具有独特性与互融性、相对稳定性与动态发展性的学校师生所形成的精神理念和价值观念,它体现在学校环境和所组织的活动中。校园文化包括校园课程文化和校园教育文化等多个方面,校园文化融合在学校的大教育环境中,发挥着潜移默化的作用。

将校园文化和学科综合实践活动联系起来,有利于最大化地发挥学科的育人功能,进而将校园文化建设渗透到学生生活中去。可以从环境文化入手,如让学生参与设计校园景致、植被科普、文明宣传、墙壁涂鸦等,下沙二小的"北沙百草"就是科学学科中认识植物与校园环境结合的课程案例;也可以从精神文化入手,如学校办学理念、一训三风的解读等,学正小学的课程"蒙正国学"就体现了儿童国学启蒙与学校办学理念的结合;还可以开展基于校园实物的研究学习活动,如景苑中学的精品课程"实验启智"设计一个围绕学校水池开展的测量面积、水质测量等多样实践活动。学生可以在对校园物质景观进行反复解读与体味中,形成相应的文化价值观念,扩展自身的生活视野。

(二)与其他学科融合

学科领域的知识可能在综合实践活动中拓展、重组与生成;综合实践活动中所发现的问题在各学科体系的教学中得以梳理、整合与提炼,所形成的基本技能可能在各学科体系的教学中得以舒展、强化和迁移。因此,综合实践活动和学科教学的融合设计,能整合生成新的资源。

学科延伸式:在学科知识内容学习中,将原有知识向外拓展,并引向学生的生活领域,增强实践内容的宽度和深度。课程"雅行德育"基于思想品德学习,学习"孝敬父母"的内容时,引导学生开展"关于孝文化的研究",从孝文化的内容体系建构到孝心的实现途径的探究,再到生活中的立身行道,学生在一系列的实践探究中,提升了"善事父母、尊老爱幼、热爱祖国"等情感。

学科知识运用式:在学习相关的学科知识时,注重把学习的知识运用到解决实际问题中。如科学综合实践活动课程是以科学学科知识为切入点,在整合多学科知识的基础上,在对生活实际问题的探究过程中,通过学生主动感知、体验,达到智慧统合、生命跃升。以景苑小学精品课程"玩创动力"为例,从科学学科"动力学"出发开展源于学生生活的主题项目工程设计式的探究学习。文海小学课程"玩创地图"也是将生活引入课堂,学生在"认识家庭、认识学校、认识社区、认识家乡"的主题实践中,亲历实际场景中的实际困难,活动参与的积极性得到激发,会自发地运用课堂所学语文、数学、绘画、英语等知识解决。

(三)与地方文化资源整合

拓展地方资源、节日民俗文化的内涵,开发综合实践活动课程资源,培养学生热爱祖国、热爱家乡、关爱他人的人文素质,是教育者面对的一个重要课题。因此,学科综合实践活动课程与地方文化资源的整合也是一种新颖的尝试。"钱塘山海经"即是基于社会地理知识的学习,将学生的视野引向与自己生活密切相关的乡土地理、旅游等领域,使开发的课程内容与原来的社会、地理学科知识中建立一种实质性的联系。这样不仅丰富了学校的课程资源,也提高了学生学习兴趣,丰富了课程的文化内涵。"节日故事绘"课程就是从美术技能出发,与传统节日相融合,创作具有节日气息的绘画作品,在作品创作过程中学习、传承民族传统文化,让学生爱上民族传统文化,进而产生民族的自信与自觉情感。

三、课程实施

学科综合实践活动课程的实施需考虑综合实践活动课程的定位,凸显课程跨学科性、综合性、生活性、实践性等特点。结合新区学校的多个相关探索实例,阐述实施过程注意要点如下。

(一)捕捉校园"微镜头",巧设真情境

校园是学生的主要生活场所,丰富多彩的校园活动、熟悉的日常生活场景及学校文化发展历程等一个个校园生活"微镜头",都蕴含着丰富的课程资源。结合校园生活"微镜头"资源的学科综合实践活动课程,在实施中要灵活利用"微镜头",将其转化为符合综合实践活动的"实践情境"线索,这样的情境具有真实性和亲切性,更便于激活学生的生活体验,引导学生热爱生活、关心他人并获得真实的成长,真正发挥校园文化和学科的育人功能。如学林小学精品课程"诗意学林"即是从语文学科诗词写作出发,与学校生活融合丰富学生创作源泉,以校园大型活动为契机促进学生作品交流分享,并提升组织策划能力的语文综合实践活动课程。再如景苑中学精品课程"实验启智"中的"地图中的科学"设计了"制作景苑中学地图"的主题活动,把教材中地图知识点迁移运用到解决现实问题的情境中,同时让学生参与体验,体会探究的乐趣,培养学生的思维能力及合作学习、自主探究的习惯和能力,详见案例7-1。

【案例7-1】 地图中的科学

"地图中的科学"主题探究是基于学生对学校环境的熟悉而设计的,在亲临校园实景中的理解教材中的地图知识点,在亲历校园环境中绘制"景苑中学地图",在作品展示交流中提升学科素养的综合实践活动。

活动流程的设计如下。

第一阶段:观察身边的地图

让学生在课前观察身边的地图,发现地图的要素,并做好记录,填好下表。

我的观察记录单

记录人姓名			
地点			
地图名称			
地图特点			
地图所包含的元素			
关于地图要素的猜想			

地图知识链接：方向、比例尺、图例与注记。

第二阶段：绘制校园地图

自主结合5~6人为一个研究小组，先制订绘制方案，后实地勘测、动手绘制校园地图。设计步骤如下。

(1)确定各个地点的方位、方向，并记录下来；

(2)量各个地理事物间的实地距离；

(3)将所要反映的地理事物设计出图例来；

(4)选择和设定合适的比例尺；

(5)绘制草图，然后进行细加工。

第三阶段：交流分享

小组合作展示交流，分享各组各具特色的"校园地图"作品。

【案例评析】

本案例中抓住"校园"这一微镜头，巧妙设计了"制作学校地图"的探究任务，学生在真实校园情境中尝试解决学校地图绘制的真问题，学生积极性得到激发，主动参与合作探究，收获真发展。

(二)抓住学科"关联点"，巧设适切项目

综合实践活动课程相较学科课程，更多的是通过直接经验的学习，注重亲身实践，结合真实生活环境去学习解决实际问题的能力。与其他学科融合的综合实践活动课程，在实施中，多以问题解决为线索的项目化学习方式

为主,而在项目设计时需兼顾全体学生,考虑学生的知识基础,梯度设计实践难度,让每位学生都得到适切而个性的发展。比如,"探月"主题实践,可融入多学科知识开展项目学习,从物理角度开展卫星运行轨迹研究;从化学角度分析月球独特的环境与丰富的资源,说明人类探月活动的实质内涵;从历史与社会角度回顾人类航天历史的进程、中国航天工程三个里程碑发展史;从政治、经济、科技、军事角度分析中国"嫦娥一号"成功发射的重大意义和价值;从数学角度解析卫星变轨的数学原理;等等。在多学科同主题探究下,开展文学创作、艺术作品宣传、举行学生探月知识大比武的竞赛等符合学生发展需求的活动。以"玩创动力"课程为例,指向提升学生实践动手能力、综合问题解决能力以及创新意识,以工程设计模式"需求→设计→制作→调试"为主线展开项目,共设计了源于学生生活、难度适宜的三个主题系列项目。以第三个"热与风"为列,形成难度梯度递增的小主题,通过项目实践活动理解生活中热与风的应用(见表7-2)。

表7-2 "热与风"项目课时设计

项目主题	课时主题	课时目的	课时安排
热与风	风扇与风车	认识生活中的风,风可以吹动一些物体。像风扇一样的结构,转动时可以产生风,反过来,风吹动时会转动。激发学生制作一个旋转风车的兴趣	1
	做一个风车	用卡纸和塑料壳做一个风车。风车需要风才能转动,如果没有风呢	1
	火焰的力量	火焰周围会产生风,塑料袋、纸片在上方会有向上飘的趋势。利用火焰,可以驱动扇叶转动	1
	做一个走马灯	蜡烛可以为扇叶提供旋转的动力,制作一个会旋转的走马灯。聚焦制作走马灯时的科学问题	1
	扇叶与旋转	研究扇叶的开口角度、扇叶数量、扇叶位置对走马灯旋转的影响	1
	转起来,走马灯	改进自己制作的走马灯。美化走马灯的外围图案。悬挂于教室钢索上作为展示	2
	风的创想	创想人类如何使用风力,利用文字进行科技文章的创作或利用绘画进行科技幻想的创作。进行展示并讨论交流	1

（三）挖掘地方文化"特色"，巧设实践载体

中华优秀传统文化是中华民族的文化根脉，是中国人思想和精神的内核。地方文化同样蕴含着丰富的教育资源，对青少年的中华传统美德教育意义重大。开发地方文化资源的内涵，挖掘地方特色，并将其融入综合实践活动课程，丰富综合实践活动主题。整合地方文化的学科综合实践活动课程，在实施中多以走访或参与式加深文化体验、组织设计制作或演绎表达等创意展示活动的方式开展，因而实践载体的创新设计显得尤为重要，新颖的实践载体能更好地激发学生的创意，推动地方文化在传承中创新，促进学生在实践中成长。如美术学科的动漫手绘、建筑绘画、黏土作品、纸绳艺术等。以听涛小学精品课程"轻土上的传统节日"为例，源于美术学科的黏土手工，结合传统节日的知识、渊源、节俗、精神内涵等的学习，以节日内涵为创作主题，创作具有情境性的超轻黏土作品，在锻炼学生动手操作能力的同时提升民族自豪感。如我国传统节日重阳节，详见案例7-2。

【案例7-2】 重阳节

"重阳节"主题探究是从读民谣、品古诗词、听传说等活动中体验节日文化，结合学生日常生活习俗觉察与发现加深对节日的理解，然后在小组合作中完成作品的设计、制作与分享。

活动流程的设计如下。

第一环节：感受重阳节

1.民谣猜节日。

菊花黄，黄种强；

菊花香，黄种康；

九月九，饮菊酒，

人共菊花醉重阳。

2.以小组为单位，比拼关于重阳节的诗词。

3.观看视频，了解重阳节的民间传说。

第二环节:提炼重阳节元素

1.小组讨论,谈生活中的重阳节活动。

2.小组分享、补充。归纳总结重阳节的元素。

习俗链接:插茱萸、登高、饮菊花酒、吃重阳糕等。

第三环节:重阳节黏土作品设计与制作

以小组为单位,制订作品设计方案,完成作品。

(1)小组交流,并通过上网查阅资料,确定作品脚本(如选择古代还是现代);

(2)手绘作品设计方案;

(3)分工制作黏土作品(元素用黏土实现的技能提升学习);

(4)作品组合改进;

(5)作品分享准备。

第四环节:交流分享

小组合作展示交流,分享各组各具特色的"重阳节"黏土作品。

【案例评析】

本案例是围绕传统节日重阳节特色开展黏土作品创作综合实践活动,学生在"民谣猜节日""重阳节诗词比拼""重阳节的传说"环节中加深了对重阳节文化的理解,增强了对我国传统文化的自豪感;并结合学科特色设计了"提炼重阳节元素"环节,为黏土作品设计打开思路、找到方向;在作品设计环节又充分发挥小组合作的团队精神,小组确定节日黏土作品方案、分工完成黏土作品,并调整最终作品,完成作品的展示。学生在这样的活动方案中,充分体验、积极沟通、学习分工合作,实践操作能力、语言表达能力和合作探究精神得到大大提升,同时增进对传统文化的理解。

从学科资源出发是综合实践活动课程开发最常见的方式,一般还会结合校园文化、融合其他学科、整合地方文化资源来丰富课程资源,通过巧妙设计真实情境、适切项目、新颖实践载体等策略来落实课程实施,实现学科素养在综合实践活动课程中的深化与提升。

第二节 "小记者大视界"

——小学语文学科资源拓展

　　语文学科注重学生在丰富的语言实践中形成个体言语经验，而且学习运用祖国语言文字的资源和实践机会无处不在，应鼓励学生利用信息技术以及身边的各种资源和机会，让学生在活动中学好语文。文海的"小记者大视界"课程选择以语文书本内容为起点，以综合实践活动为媒介，把生活中丰富的语文学习资源与书本相融合，促进学生在"行"中探索，在"活"中锻炼。开展从语文新闻报道写作到结合口语交际、课外活动和生活实际而开展的以"体验小记者"为线索的综合实践活动课程。为学生搭建平台和提供路径，鼓励学生真正参与社会生活，不仅可以活用书本中的知识，也可以培养学生参与社会的责任感和奉献意识。

一、课程目标

　　"小记者大视界"通过小组合作完成采访计划表，分工协作，能在活动过程中大胆表达自己的观点；并尝试与陌生人面对面交往，掌握一般的交往方法；能够掌握社会参与的基本技能，有基本的社会适应能力；体验记者职业，学会新闻的采访、写作及摄影等基本知识，能够通过文字展现自己的观察与思考，并口齿清晰、镇定自若地与他人分享成果；在合作实践中，运用多种方式与他人交流，发展尊重他人、诚实自信、积极进取的良好品质；亲身参与实践活动并积极体验，掌握社会参与的基本技能，有一定的社会适应能力。

二、课程架构

　　"小记者大视界"的课程内容设置为"走进小记者""小记者养成记"和

"我是小记者"三大模块。"走进小记者"模块分为两大主题,分别是我和小记者面对面、小记者知多少;"小记者养成记"模块下设四大主题,即小记者的新闻基础知识、小记者的新闻写作、小记者的新闻采访和小记者的新闻摄影;"我是小记者"模块由两大主题构成,为小记者职业规划和小记者风采展示。模块之间相互联系,在递进的课程设计中帮助学生对小记者这一职业要求形成清晰的认识,并通过实践,体验和感受小记者的职业内容(见图7-1)。

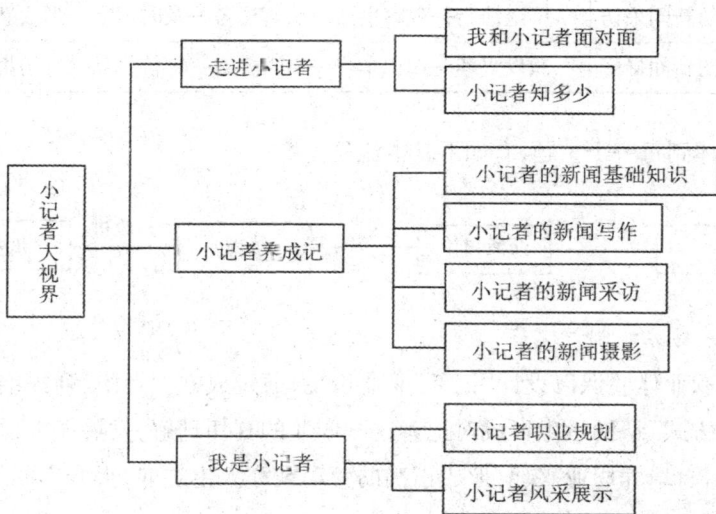

图7-1 "小记者大视界"课程架构

三、主要环节和实施策略

(一)主要环节

"小记者大视界"课程的"走进小记者"和"小记者养成记"模块需注重方法示范,包括小记者的新闻基础知识、写作和采访方法。遵循"先指导再实践"的原则,为"我是小记者"模块提供有法可循的实践路径。其中主要有方法示范和采访方案制订两个环节。

1.方法示范环节

根据每节课的主题,先进行方法示范,再给予学生针对性练习。根据练习中暴露出的问题,引导学生关注并反思。最后再提供一个真实的情境,促进学生将所学内容进行实践应用,以个人或小组展示的形式呈现成果。各主题的活动流程如表7-3所示。

表7-3　各主题的活动流程列

主题	活动流程
小记者的新闻写作	概念阐释—话题指导—范文赏析—思路指导—写作实践
小记者的新闻采访	广泛涉猎—观察生活—认真思考—及时记录—形成新闻
小记者的新闻摄影	激发兴趣—知识学习—摄影实践—评价作品—练习提升

具体到每一个主题,有如下基本流程。

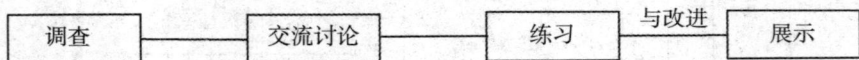

```
┌──────┐   ┌──────────┐   ┌──────┐ 与改进 ┌──────┐
│ 调查 │───│ 交流讨论 │───│ 练习 │───────│ 展示 │
└──────┘   └──────────┘   └──────┘       └──────┘
```

2.采访方案制订环节

该职业体验课以设计"记者"职业情境,通过成立记者团、列提纲、模拟采访等方式,帮助学生形成对记者这一职业的真切理解,发展能力,发现自己的专长,培养职业兴趣,形成正确的劳动观和人生志向,提升生涯规划能力。操作流程如下。

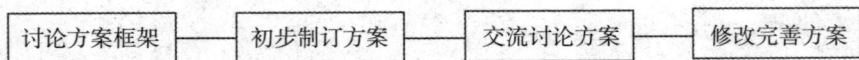

```
┌────────────┐   ┌──────────────┐   ┌──────────────┐   ┌──────────────┐
│ 讨论方案框架 │───│ 初步制订方案 │───│ 交流讨论方案 │───│ 修改完善方案 │
└────────────┘   └──────────────┘   └──────────────┘   └──────────────┘
```

【案例7-3】 "小记者大视界"之"小记者实战——采访世界冠军"

活动目标:

1.在教师的指导下,学生明确"采访"的一般程序。

2.通过观看视频中学生的采访实例,讨论总结采访前、采访时、采访后的基本做法与要求。

3.小组共同拟订采访计划,并进行实地采访。

活动重点:

1.讨论总结采访的一般程序和各个采访阶段的基本做法与要求。

2.分小组进行实践。

活动难点:

实践过程中,能运用采访时所需的技巧与方法。

活动准备:

视频资料、话筒、DV、笔记本。

活动过程:

1.小组研讨,初步制订

小记者分组:根据班级人数成立五个记者团,并分别选出记者团的团长。各记者团成员想出各自记者团的名称及口号。

微课学习:观看视频,思考记者进行一次成功的采访的要素。小组讨论交流,全班分享。初步形成如下表格。

采访目的	
采访时间	
采访对象	
采访提纲	1. 2. 3.
所需器材/工具	
人员分工	
预期困难 及对策	

制订方案:过几天我们学校将迎来一位世界冠军——庄海燕,各小组根据你们的课题拟订一个"采访世界冠军"的采访计划。根据讨论出的表格制

订采访世界冠军的方案。

2.组际交流,学习借鉴

各组交流初步制订出的方案,教师关注学生出现的共性问题,并引导学生思考,如采访所列的问题是否得体、是否具有价值等。与此同时,全班讨论形成判断采访问题的标准清单。

3.二次研讨,初步修改

各小组依据讨论出来的清单核对完善各自的采访问题。将人员分工进行具体化分配,使其具有实操性。针对预期困难及对策列出可行的解决方法。

4.典型指导,正反提示

各组再次分享,教师选取其中的典型方案进行具体指导,各组也针对此方案发表意见。

5.三次研讨,修改完善

各组课后针对目前的方案继续完善,并准备好按计划实施。

【案例评析】

在方案制订过程中,教师要敢于放手。同时,注意观察学生在方案制订过程中存在的共性问题,在组际交流的时候以问题的形式抛出,如采访的时间应该如何确定? 采访提纲应该怎么列? 引导学生思考,鼓励学生讨论出解决方法。

(二)实施策略

1.利用多维空间,巧借活动促进实践

课程的实施从课内延伸到课外、从校内延伸到校外,面向每一个学生的个性发展,面向每一个学生的整个生活世界,随着学生生活、学习的变化而变化。实施多元化的评价标准,使全体学生都得到发展。

同时将学校活动和社会实践体验相结合,进行高效的学习和丰富的实践活动,结合学校各项大型活动的优势,充分体现地域和学校特色,突出课程的兴趣性、层次性。

此外,注重校外实践体验,关注学生在活动中所产生的丰富多彩的学习体验和个性化的创造性表现。充分利用报社小记者基地的优势,集中组织一些学生的实践活动,进行实地采访,在实践中提升小记者的学习和实践能力。

2.利用明星效应,激发学生采访兴趣

依托校园内外大事件,利用学生对于大事件中的人物的好奇心,激发他们积极体验小记者职业的热情,并给予学生关注社会的国际视野和人生启迪。使得课程不只局限于理论教学,让学生从课堂走向社会,提高学生的观察能力、社交能力、语言表达能力、组织协调能力,给学生提供交流和社会实践的广阔空间。帮助学生形成"从来国家大事都不只是大人的事,国家大事离自己并不遥远"的概念。小记者的学习和实践活动是一个明亮的窗口,它可以让孩子更清晰地看到丰富多彩的大千世界。小记者们通过参与健康有益的采访活动,更加真切地了解党和国家对少年儿童的亲切关怀与殷切期望,更真切地感受时代对少年儿童成长的新要求,更真切地体验当新闻记者的"酸甜苦辣"。

3.利用赛事评比,展示学生实践成果

结合校内外的时事,为学生提供小记者实践平台。在小组实践过程中,学生制订主题活动方案、填写活动记录表、记录美好瞬间照片、记载媒体关注情况等策略,评价学习态度、学习水平、表达动机与表达能力。引导学生分享各自的学习收获,通过总结、反思和交流了解自己在实践活动中的表现,并评选出"文海黄金眼"。

第三节 "英语大剧场"

——中学英语学科资源拓展

　　"英语大剧场"是一门以英语学科资源为基础而拓展开发的综合实践活动课。通过创设具有综合性、关联性和实践性的英语综合实践活动，引导学生采用自主、合作的学习方式，参与主题意义的探究活动，并从中学习语言知识，发展语言技能，汲取文化营养，促进多元思维发展。该课程从人与自我、人与社会和人与自然三个维度的英语故事入手，设计了"读故事—品故事—演故事"活动环节，引导学生在戏剧的编排表演活动中综合运用语言知识。利用一系列具有综合性、关联性特点的语言学习与综合实践活动，推动学生对主题的深度学习，体验不同的生活，丰富人生阅历和思维方式。

一、课程目标

　　"英语大剧场"的学习内容基于人与自我、人与社会和人与自然三个维度进行选择，旨在综合实践过程中为学生提供意义语境，并有机渗透情感态度与价值观。在此基础上，在实践中运用语言知识，引领学生语言能力、文化意识、思维品质、学习能力和实践能力的融合发展。通过赏读经典文学作品，促进学生形成跨文化交际意识，提高英语语言的综合运用能力和国际理解能力；能够组建不同部门，培养学生的分工合作与交流能力，提高学生的合作和尊重意识；并在阅读、讲述、表演的过程中潜移默化地影响学生的价值观和人生观，树立勇于拼搏和不畏困难的精神。

二、课程架构

　　"英语大剧场"以"读故事—品故事—演故事"为主线，针对童话类和冒险类两个故事主题,引导学生分别从人与自我、人与社会和人与自然三个维度进行品读赏析。通过戏剧指导课,引导学生制订戏剧表演方案,分工合作完成表演(见图7-2)。

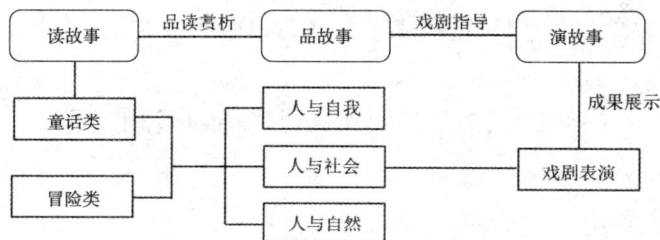

图7-2 "英语大剧场"课程架构

三、主要环节和实施策略

(一)主要环节

"英语大剧场"课程采用"以读促演"的综合实践方式,通过读故事、品故事对故事进行深度理解和全面分析,为最终的演故事提供扎实的基础。其中主要有品读赏析环节、戏剧指导环节和成果展示环节。

1.品读赏析环节

品读赏析环节分为听读体验环节和读写体验环节。听读体验环节是指在每个故事进行教学的第一课时采用的教学模式。一般来说,当学生拿到一本新教材,看到精美的封面和里面的插图就忍不住想一看故事的内容。但是,由于是英文原版故事,受到生词、俚语、文化差异等方面的制约,很难一下子了解故事的大概内容。所以,每个故事的第一课时就是让学生通过教师的简单故事介绍和故事人物的呈现以及整体听故事音频的方式来大概了解故事内容,从整体上来理解故事。

读写体验环节是指学生通过第一课时的学习已经大体上理解了故事的内容,然后按照故事的章节进行阅读和准确理解故事中的词汇、俚语、谚语、文化背景等知识性的内容,通过对这些内容的学习来开阔学生的视野,积累更为丰富的英语知识,再通过回答问题和模仿音频进行朗读来不断巩固与深化故事内容,扎实有效的语言输入为学生后面的顺利输出奠定良好的基础。

2.戏剧指导环节

学生通过学习、品读故事,制订方案,编排剧本,并在合作中完成角色、服装和道具等的设计,最后各组以展演的方式进行成果交流。

【案例7-4】 Hansel and Gretel戏剧指导

活动目的:

1.通过小组合作,呈现最终成果,形成良好的团队合作氛围。

2.通过组间评价,学生明确评价故事表演的要素。

3.通过表演故事,初步体验演员这一职业的要求。

活动流程:

1.小组准备

主持人上场,其余小组进行最后的表演准备。

2.展示交流

各组按次序上台,完成表演。评委根据量表为各组打分。

3.小组自我评价

各小组再次上台陈述整个表演过程(结合图片、视频等),并亮出自评得分。

4.组间相互评议

组织小组间互相交流,引导学生用两分法进行评价并亮出得分。先肯定别人优点,谈谈由此受到什么启发;再指出不足,提出改进意见。

5.评奖激励

结合评委、自评及他评的综合得分,汇总出最终得分并颁奖。

6.总结延伸

教师针对整个准备过程以及表演情况做出总结,并提出下一次表演的改进方向。

【案例评析】

在组间相互评议阶段,要给学生提供相应的讨论语言支架,如"我很欣赏该组表演中的⋯⋯我觉得我们组也可以借鉴此方式。对于⋯⋯如果采用⋯⋯的方式,或许效果会更好"。语言支架不仅能帮助学生学会沟通,也能帮助学生合理地表达想法。

3.成果展示环节

成果展示环节是指学生通过前两次课的学习和语言输入后的语言运用与输出。在本课中,学生对故事可以做形式多样的改编进行输出。比如,可以改编成剧本进行表演;可以编成对话进行表演;也可以单人进行复述或讲述;对于个别不善于表达的同学,也可以进行故事改写或是续写。总之,通过学生进行各种适合自己特点的故事呈现来让学生运用语言,从而达到做中学的目的。

(二)实施策略

1.适切学习难度,提高学生活动参与度

选择上要注意所选择的故事中所使用的语言应难易适中,与所教学生的英语语言知识掌握的程度和理解能力相符,故事的长短、情节的发展也要适合学生的年龄特点。在必要的时候还可以把较难的词汇替换成相对简单的词汇,把难以理解的从句替换成简单句,以便于学生更好地理解和讲述。同时,每则故事的采用应有的放矢,有重点,有针对性。尽量做到故事对学生有较强的吸引力,只要学生喜欢,他们就一定会有兴趣去听、去讲,这样才能更加有效地使故事教学起到事半功倍的效果。

2."海报+视频"总结,见证学生的能力发展

在学习一个故事时,为了学生更好地理解故事,更好地用自己的语言讲出故事,可以给学生布置故事海报的阅读作业,可以在课堂中完成,也可以在课后完成。这样,每学习一个新的故事就会制作一个故事海报,一个学期下来就会有三张海报,这些图文并茂的故事海报一定会给学生留下非常深刻的印象和沉甸甸的收获感,并在这些海报中评选"奥斯卡最佳海报"。

同时，每学期会让学生制作至少一个讲故事的微课。因为本课程的特点，学生必须学会讲一个英文故事，可以是对学过的故事的复述，也可以讲自己感兴趣的其他英语故事，并制作成微课上交给老师作为课程学习的考核项目之一。课程微课可以刻录成光盘或存在U盘中便于老师检查评比，也便于学生保存留档。通过线上线下多个平台宣传、公开投票等环节，评选出"奥斯卡最佳微视频"。

3. 自主生成评价量表，推动学生的实践过程

在中期实践汇报阶段，学生先结合计划反思目前的进度，并相互交流在实践过程中存在的困难。组内和组间充分交流，尝试提出解决策略。同时反思可以做得更好的地方，全班交流讨论，形成评价量表（见表7-4）。

表7-4 文海实验学校"故事汇"课程——学生课堂表现评价量表（学生自评）

课题				
姓名		指导教师		
评价项目	评价内容	自评	小组评	师评
情感态度	能积极参与实践活动，遵守考勤纪律			
	能主动提出活动设想、建议			
	能克服困难，想方设法完成任务			
	鼓励小组为了目标而努力			
合作交流	建设积极的氛围			
	敢于表达、能听取意见，取长补短			
	认真听他人说话，不打断别人			
	确保所有人都有说话的机会			
	听取他人的建议			
	避免出言不逊			
	包容地接受整个小组的决定			
	互相交流经验，能把资源共享			

课题				
姓名		指导教师		
评价项目	评价内容	自评	小组评	师评
实践能力	能在实践过程中发现问题并提出问题			
	能够用变通性、流动性的思维去大胆解决问题			
	对实践过程中发现的问题具有质疑和批判精神			
	知道在本次实践活动中可以运用现代信息技术知识获得、加工各种信息			
	面对不懂的地方,可以快速且积极地学习新技能			
	能够根据预想之外的状况及时调整方案内容			
	有记录实践日志的习惯			
工作成效	有计划、按时、高质量地完成任务			
	用照片和视频资料记录实践过程			
	阶段性成果内容翔实、具有可靠性			

自我小结:

家长评语:

教师评语:

注:评价等级可以用"A、B、C、D"分别表示四个等级。

第四节 "实验启智"
——中学科学学科资源拓展

　　"实验启智"课程就是围绕科学核心素养的要求,将科学课程与生活进行整合,将不同学科领域知识与技能进行融通和连接,形成综合实践课程。设计各种形式的、为学生所喜爱的探究活动,鼓励学生发现问题并解决问题,并致力于通过改变学习空间来改变学生的学习地位,形成学习自主性与自发性。

一、课程目标

　　"实验启智"是为学生提供一个足够自由的学习空间,学生可以不受任何人的强行指令,他们可以自己提出学习任务、考虑学习时间、设计学习过程,可以自由地将自己的发现、想法和结论说出来与同学进行交流和共享;通过合作探究,培养创新意识。充分发挥每一个个体学习的积极性,引导学生主动参与合作探究,彼此之间相互取长补短,使学习形成一种巨大的磁力,吸引学生主动探究问题,发现规律,充分发挥学生的主动性、互补性,培养学生的合作精神、交往能力与创新意识;通过质疑问难,发展创新思维。常有疑点才能常有思考,常有探索才能常有创新。这是发展创造性思维的重要途径。鼓励学生敢于超越课本,敢于超越老师,敢于用批评的眼光去思考并发现问题,亲自参与问题的解决并有所创新。

二、课程架构

　　"实验启智"分别从地图中的科学、趣味大气压、液体与生活、液体中的力学、电与磁的奥秘和家庭作坊六大主题展开,每个主题都是从生活中发现问题,学生自主探究并设计实验尝试解决问题(见图7-3)。

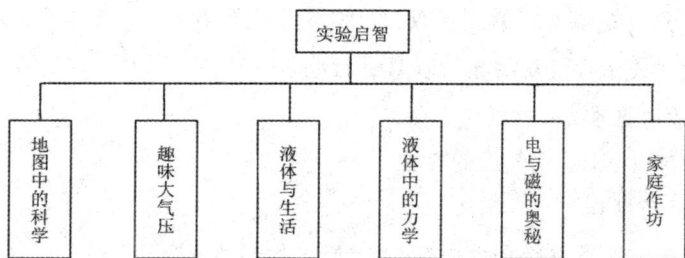

图7-3 "实验启智"课程框架

三、主要环节和实施策略

(一)主要环节

"实验启智"从学生的"科学实验能力"和"科学素养"两个方面入手进行课程建设。在教材的开发中特别重视学习材料的文化特征,尤其是能体现生活中科学的文化内涵、鼓励学生善于发现问题并勇于探究,在实验研究的过程中潜移默化地理解实验背后的科学真相,从而提高学生科学探究能力与科学素养。其中主要有生活探究环节和发明制作环节。

1.生活探究环节

学生对大气压强已经有初步的感知,但不能明确表述大气压强的存在。基于学生的兴趣,教师指导学生开展"吸不上来的饮料"的研究性学习,运用实验的方法提出解释或观念,进行交流以及评价探究成果。在此过程中形成理性思维、批判质疑和勇于探究的精神。操作流程如下。

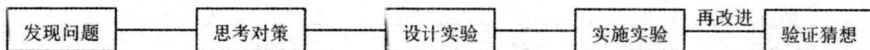

【案例7-5】 吸不上来的饮料

一、活动分析

根据学生的认知规律,学生已经对大气压强有了初步的感知,却不能明确表述大气压强的存在,而且学生对喝饮料是大气压将饮料压到我们嘴里的生活现象更是不太理解。所以,以"吸不上来的饮料"为项目展开研究,有助于学生对关于大气压的生活现象进行分析。

二、活动重难点

逆向感受、证明大气压的存在。

三、活动目标

1.能基于项目进行自主探究,知道吸入饮料的原理。

2.能通过小组合作,产生创新点。

3.能通过展示和思维碰撞生成亮点。

四、活动过程

教学程序	教学过程		设计意图
	教师主导作用	学生主体活动	
任务发布 (课前)	通过"潮·自主"微信号发布任务(视频形式)	观看视频,领取任务	激发兴趣
活动一:(课前)课外小组合作	若学生有求助,给予一定的帮助	根据任务要求讨论、设计方案、实施,完成成果展示PPT	小组合作,自主探究,完成任务,体验像科学家一样探究
活动二:(课中)展示评价	教师适当点评	小组展示,学生评价(质疑)	思维碰撞,激发学生学习的主动性,调动学生积极思维,加深对知识的理解
活动三:(课中)小组研讨	让我们行动起来吧	反思不足,改进方案	思维提升
活动四:(课后)完善、实践	教师提供适当帮助	完善探究,再次实践	再次实践探究
活动五:展示(下一次课)	辅助点评	展示、评价	交流心得

【案例评析】

在本课中如何引导学生提出问题、解决问题是发挥学生主体作用的起点，也是自主学习、合作学习、探究学习的一种行之有效的方法。提问不是教师的专利，只有在提出问题的过程中，思维才能得到发展。我们正是给了善于思考、敢于大胆质疑的学生一个平台。我们将不同类型的学生分为一组，在教师的支持下，小组的讨论将衍变成"变角拓展"，即对某一问题变换角度，以发散思维打开同伴学习思考的新天地；或是"同向深究"，即对某一问题层层推进，从而将同伴思考的触角引导到更为深入的层面。通过这种模式树立主动探索、独立思考的创新意识。

2. 发明制作环节

学生通过小组合作，了解水的净化过程及原理。灵活运用所学知识，设计方案并设计净化装置，提高学生的技术操作水平、知识迁移水平，体验工匠精神等。在交流评价阶段进行反思与改进。操作流程如下。

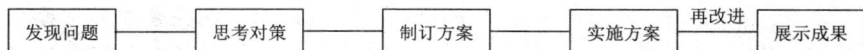

发现问题 → 思考对策 → 制订方案 → 实施方案 → 再改进 → 展示成果

【案例7-6】 微型自来水厂

一、背景分析

自来水天天都用，但是自来水厂是如何工作的？不太清楚。这就是学生的现状。

在我国部分地区，特别是偏远山区，长期饮用小河、小溪之水，深受浊度大、悬浮物多之苦，虽然有些地区已用上自来水，但是多数地区在食用前经简单的处理（或未经处理）还是存在着浊度较高、饮用水指标超标的问题（特别是汛期），家用简易净水器试图降低饮水浊度、悬浮物和水中有害物的含量，从而改善人们的饮水条件。

二、活动重难点

自来水厂的净水原理及过程。

三、活动目标

1.能基于项目进行自主探究,知道水的净化过程及原理。

2.能通过小组合作,制作出净化装置。

3.能通过展示和思维碰撞生成亮点。

四、活动过程

教学程序	教学过程		设计意图
	教师主导作用	学生主体活动	
任务发布 (课前)	通过"潮·自主"微信号发布任务	领取任务	激发兴趣
活动一:(课前)课外小组合作	若学生有求助,给予一定的帮助	根据任务要求讨论、设计方案、实施,完成成果展示PPT	小组合作,自主探究,完成任务,体验像科学家一样探究
活动二: (课中)展示评价	教师适当点评	小组展示,学生评价(质疑)	思维碰撞,激发学生学习的主动性,调动学生积极思维,加深对知识的理解
活动三: (课中)小组研讨	让我们行动起来吧	反思不足,改进方案	思维提升
活动四: (课后)完善、实践	教师提供适当帮助	完善探究,再次实践	再次实践探究
活动五:展示 (下一次课)	辅助点评	展示、评价	交流心得

【案例评析】

对实验来说,任何的改进往往具有积极的意义,甚至产生意想不到的效果。它是学生进行科学探究的重要手段,并和情感态度与价值观的培养紧密结合;同时重视学生学习的主体性和学习过程的开放性。我们只有通过不断学习,扩大知识面,增强创新意识,与时俱进,才能满足新的需求,才能跟上素质教育发展的步伐,才能适应课堂改革的要求。

(二)实施策略

1.以活动促兴趣,引导学生学会发现问题

根据七年级学生的心理特征,活动是激发学生兴趣的源泉。它可以有力地推动学生对学习产生一种积极的求知欲望,进而自主参与到课堂教学活动中来。例如,在"泡泡水的配制与表面张力"一课中,我们运用了多种器材来展示自己的泡泡配制得如何,一下子调动了学生的参与热情,在学生的展示活动过程中,又不断地和别的同学咨询、探讨如何才能更好,就连平时自认为"打酱油"的同学也投入了实践与交流中。

2.以问题促思维,形成解决问题思考路径

引导学生大胆质疑提问,思考问题,解决问题,从而激发学生学习的兴趣与探究的欲望,使之在思考和解决问题的过程中获得知识并提高能力。在小组探究中,学生体会到要解决的问题是开放的、有挑战的,这也给学生营造了思维的空间。

3.以徽章促反馈,鼓舞学生分享探究成果

参与该课程的学生在课程伊始就赋予其一枚徽章——"启智火炬手"。利用徽章引导学生关注在实践过程中需要完成的内容,将实践过程中的点滴收获及时记录,并放入"传奇袋"中(见表7-5)。

此外,对所有"启智火炬手"进行综合考查,结合课内展示和课外实践,包括教师评价、学生自我评价、学生互助评价等痕迹的作品,如实物、照片、记录表等,评选出"智慧领航人",在学校进行成果展示(见表7-6)。

在评选"智慧领航人"的基础上,再根据学生的自主报名和推选,评选出"睿智小讲师"。利用学校的广播台和远景大讲坛,"睿智小讲师"们可以选择课程中所学进行主题演讲,并鼓励学生小组合作,针对该演讲做好后续的评价及宣传工作。

表7-5 "启智火炬手"评分表

组别：	主题：		总分：	
	一级指标	分值		得分
探究性实验	提出问题能力	10		
	猜想和假设能力	10		
	制订计划与设计实验能力	20		
	进行实验与收集数据能力	20		
	分析和论证能力	20		
	评估能力	10		
	交流和合作能力	10		

表7-6 "智慧领航人"评价表

汇报组别：	汇报主题：			
汇报人：	评价者：		评价者组别：	
一级指标	二级指标	分值	得分	
作品的内容 （55分）	观点明确，设计的方案有一定的创造性	15		
	条理清晰	10		
	内容无科学性错误	10		
	内容完整	10		
	突出了所选择的主题	10		
课件制作 （15分）	排版合理	4		
	结构逻辑合理	3		
	界面美观	3		
	能恰当地使用多媒体元素（如图片、音频、视频）	5		
汇报者的表现 （10分）	表情自然	2		
	表达清晰	2		
	回答问题有针对性	4		
	能在规定时间内完成	2		

汇报组别:	汇报主题:			
汇报人:		评价者:		评价者组别:
一级指标	二级指标		分值	得分
小组协作学习 （20分）	小组成员能和谐相处		6	
	回答问题时组员间能发挥合作精神		7	
	该小组成员在研究过程中给予其他小组帮助		7	
听完汇报后我的问题: 评价意见: 优点: 需改进之处:				

　　注:1.本表针对该生所在小组做评价,对该生的评价还需要在小组内进行分配。对于每个小组都有 N 张这种评价表,取所有评价表的均值作为对该小组的评价得分。

　　2.本表分为定量评价和定性评价两部分。

　　3.本定量评价表满分为100分,在加入总分时需进行折合。

　　4.定性评价部分,"听完汇报后我的问题"是评价者在听取他组汇报时所想到的问题,"评价意见"是对被评小组的优点及需要改进之处做评价,以作为该小组改进之用。

第八章

综合实践活动课程建设的教学管理

第一节　区域推进管理

　　钟启泉教授认为，综合实践活动课程是"使学生置身于活生生的现实乃至虚拟的学习环境中，综合地习得现实社会以及未来世界所需要的种种知识、能力、态度的一种课程编制模式"。尽管它不是一门新生学科，但是对于广大教师来说相对陌生，教师需要掌握这门课程的研发与实施技能。区域层面，需要给予教师多形式、多途径的支持、引领，才能保障课程有质量地实施。综合实践活动课程建设的区域推进是一项系统工程，需要有目的、有计划、有组织地管理，以管理来保障课程建设目标到位、督查落实、研究结果最大化。

一、强化目标管理

　　目标管理最初是企业的管理方法，运用目标管理达到企业盈利的最大化，它不仅是一种先进的、科学的管理方法，也是一种激励性绩效评价工具。我们将其应用到区域综合实践活动课程建设的推进中，借助其先进的管理模式，在前期充分调研的基础上确立课程建设目标，最终形成学校课程建设的强大凝聚力，使管理效果最大化。

　　综合实践活动课程区域引领下的推进分两个阶段。

第一阶段：开发一批精品课程，促进学校多元发展

　　第一阶段始于2014年下半年，通过对区域内公办学校的校本课程研发、实施、评价情况的全面调研，形成调研报告《杭州经济技术开发区校本课程建设现状分析与对策建议》，预设每年精品课程培育目标，然后召开学校分管领导会议，征询意见，共同协商最终形成了2015—2017年每年的精品课程培育目标。确立了抓学校精品课程来推动校本课程发展的思路,校本课程中包含综合实践活动课程的开发,通过引导学校规范建设精品课程(校本课程中的精品),促进学校的特色化、多元化发展,促进国家课程的高效实施,助推学生成人、成才。2015年4月出台了《杭州经济技术开发区关于推进学校精品课程建设的若干意见》,具体目标详见链接8-1。文件明确学校精品课程建设的目标,从精品课程建设的目的、每年验收通过的精品个数到课程内容上强调从国家的基础课程、区域特色、学校办学特色等出发,特别是区域资源的利用,满足学生成长的实际需要。

【链接8-1】 杭州经济技术开发区关于推进学校精品课程建设的若干意见(节选)

…………

一、明确目标,增强精品课程建设的针对性

以开发一批学校精品课程为目标,促进学校课程建设的特色化、多元化、精品化。第一批精品课程达到3至5个;第二批精品课程达到8至10个;第三批精品课程达到10至15个。

2015年年初全面启动学校精品课程的开发,2015年9月底培育出首批学校精品课程。到2016年年初评出第二批学校精品课程,选择若干学校为课程研发基地。到2016年年底产生一批在杭州市具有一定影响力的学校精品课程。力争通过努力,让校校都有自己的特色精品课程。

增强精品课程建设的针对性,在精品课程的开发上关注课程内容的聚焦。从国家的基础课程出发、区域特色出发、学校办学特色出发、学段教学衔接出发设计学校精品课程,强调尊重学校、教师、学生的独特性与差异性,强调下沙区域资源的利用,满足学生的实际需求,充分体现学校的办学特色,助推学生成长。

2015年4月开始,区域进入了一年一次学校精品课程的循环培育,借助区外课程专家力量,区域教研、科研部门联合管理、指导,使区域的精品

课程建设进入了快速发展期，2016年实现了市级精品课程的零突破，省市级精品课程逐年增加。精品课程的培育已成为区域的常规项目，其建设也助推了校本课程质量的全面提升，从此，校本课程的建设走向规范、有序、优质。

第二阶段：区域整体推进，实现课程实施质量全面提升

第二阶段始于2018年下半年，集中聚焦于综合实践活动课程的全面建设，2018年上半年对区域综合实践活动课程的设置、研发、管理等做了全面调研，形成调研报告《杭州经济技术开发区义务段综合实践活动课程建设调查报告》。在调研基础上，设计综合实践活动课程建设的发展目标，征询学校意见，通过反复论证、交流、学习、对照《指导纲要》及省教育厅相关通知精神，立足前期区域探索实践经验基础，以进一步加强中小学综合实践活动课程建设，有效提升学生实践能力、创新精神。于2019年1月出台《杭州经济技术开发区关于进一步加强中小学综合实践活动课程建设的实施意见》，详见链接8-2。其目标与2015年发布的《杭州经济技术开发区关于推进学校精品课程建设的若干意见》相比，更加精细、具体，从载体平台、课程样态、师资队伍的建设到评价系统的构建均做出了规定。

【链接8-2】　杭州经济技术开发区关于进一步加强中小学综合实践活动课程建设的实施意见（节选）

………………

一、进一步明确课程建设目标

1. 初步建成富有区域特色的载体平台。2020年年底前，充分利用开发区特有的高教园区、名优企业、国际化社区等有益教育资源，建立15个以上的区域综合实践活动基地，同步建成系统化、序列化、精准化的系列基地课程，为综合实践活动课程开展提供良好的育人载体。

2. 基本建成指向实践育人的课程样态。2020年年底前，聚焦学生核心发展素养，建成20个以上共享共建的区域性综合实践活动课程；每所中小学均形成符合本校实际,满足学生需要的差异化、个性化课程架构;建立健全区校联动工作机制,建成以"指向实践育人、培育创新精神"为指向的区域综合实践活动课程系统。

3.逐步建成结构合理均衡的师资队伍。2020年年底前,组织完成至少一轮综合实践活动课程专任教师系统化研训,为每所学校培养不少于2名综合实践活动课程专任指导教师;每所中小学建立以综合实践活动指导为主的专兼职教师队伍,并在专业背景、年龄教龄、爱好特长等方面全面布局,形成较为合理的专任梯队。

4.加快建成可测可信可习的评价系统。2020年年底前,依托区域教育质量综合评价改革系统,建立包含实践技能、创新能力、服务意识、社会责任等要素在内的学生综合实践能力评价体系,并同步建成网络数据库;形成区域学生综合实践能力年度白皮书,完成两轮次以上的学校综合实践活动课程绩效评价。

走过三年,对照目标,上述四大目标已基本达成,2019年发布文件时,在社发局领导的支持下,随同文件发布了28个综合实践活动课程的实践基地,各校根据所在的地理位置等因素领取了基地课程研发任务,边实践,边开发,形成了相对完善的基地课程;三年的探索,形成了区域综合实践活动课程建设的新模式,有不同路径的课程开发样态,有不同的支持策略,有区域特色鲜明的管理方法;三年的探索,学校对课程的重视程度不断提高,形成相对稳定的综合实践活动课程教师队伍,学正中学、文海实验学校、景苑中学等部分学校有了专职教师。第四条目标的全面达成依然在探索中,建立了区校两级评价体系,网络数据库的建成还需要一定时日。

二、督查过程管理

为了有效督查学校综合实践活动课程建设的过程,我们坚持"两条腿走路":一是跟进式督查,保障区域培育的综合实践活动精品课程培育到位,使其能在学校、区域充分发挥带动、示范、引领作用。二是常态化督查,通过调研、实施方案备案与指定任务驱动,督促学校管理无死角。

（一）跟进式督查，课程培育有抓手

跟进式督查是指在区一年一次循环的精品课程培育中，根据课程开发与实施中的关键环节步步跟进。关键环节具体指方案论证、纲要编制、课程实施、课程验收，学校申报的课程审核后部分纳入拟开发学校精品课程范围，以培育流程推进，每一环节每一课程都有两位省市课程专家跟踪把关。

议方案，课程定位引领。专家先听取方案设计者的介绍，然后对方案中每一个部分进行基本论证，在论证过程中加强与开发者的对话，重点把准课程的核心部分：课程架构中的"定位"，方案论证为课程纲要的编制奠定了基础。

论纲要，把好整体设计关。经过启动机制的运作，每个课程都已编制出一份规范的课程纲要，组织省市课程专家论证课程纲要，论证重点聚焦"课程结构""课程内容"与"实施建议"。因为从编制的课程纲要看，这三个方面问题较多，课程结构图难以表现出来，课程内容堆砌、罗列，没有进行单元化处理，实施建议部分缺乏操作性。

进现场，提高实施质量。通过看现场把握课程实施情况，提出针对性指导建议。每年集中在10月用半个月时间走访了解每一个课程的实施情况。区课题管理者向学校了解每个课程实施的具体时间，与教师、专家做好对接工作，安排听课，保障每一个课程都得到专家指导。

评课程，质量鉴定亦引领。课程经过一年实施，进入验收环节，全面评价课程质量。其操作流程如图8-1所示。

查阅材料 → 看实施 → 听特色介绍 → 答辩 → 写鉴定意见表

图8-1　评价课程操作流程

查阅根据认定标准整理的材料，看实施环节采取两种形式：抽取1/3的课程深入学校现场听课，2/3的课程采取看体现实施特色的两个微视频（课程负责人提前一个月抽取"看实施"方式）。再听课程负责人10分钟介绍课程特色，然后专家提出两个问题，由课程负责人答辩。最后，两位专家商量

后认定等级,撰写鉴定意见。鉴定意见表一式两份,区、校各一份,课程负责人要求根据建议进一步修改,为课程的循环使用打好质量基础。

【案例8-1】 专家鉴定意见为课程循环指明方向

下沙中学"至善弓道"课程被定为"合格"等级,专家肯定了弓道课程对于学生品性养成和学校文化沉淀的重要性,还提出了为凸显学校文化,让学生有充分的选修余地,建议开发出适合学生的课程群:从修身立德角度出发的弓道与立身课程,研究弓道历史的研究性学习课程,弓道动漫课程,古诗词中弓道美文欣赏课程等。

学正小学的"科学变辨养"课程被定为"良好"等级。专家在鉴定意见表上写道:课程开发组能依据学生身心特点、学生生活环境、学科特点架构起专题化的28个科学小实验,有一定的特色、新意。建议进一步落实选课走班的基本思路、操作方法,修改课程纲要中的实施建议,加强操作性。教材需要进一步修改,要突出科学实验的探究性和学生的合作性。

学正小学的"'七色花'数学游戏"课程被定为"待验收"等级,专家给出的建议主要是:课程定位要向数学综合实践活动靠拢,课程纲要中的"课程内容、课程实施建议、课程评价"还需要进一步厘清、调整,特别是课程的内容过于分散、庞杂,注意与课程名称结合起来。教材的呈现方式需要注重操作性,内容设计体现游戏性、逻辑性、科学性。

(二)常态化督查,助力学校课程管理

如何有效提高学校的课程管理,使综合实践活动课程在学校有质量落地实施?我们采用常态化督查的方式,全面把握各校的课程管理与实施状态,同时为学校提供建设性建议,助力学校建立起规范的课程管理,以管理保障课程开设与实施到位。常态化督查以三种方式落实:走访式调研、课程实施方案备案和指定性任务驱动。

　　教研员一学期一次深入学校，通过"一听""二看""三访谈"调研，把握、督促学校做好课程管理。"一听"，听分管领导和综合实践活动课程教研组长介绍学校课程规划、本学期的课程开设情况与实施情况。"二看"，看课，听教师上指导课；看资料，主要指学校的课程实施管理制度，特别是教研制度的建立与运作情况。"三访谈"，是三类访谈对象，即学生、教师与教研组长。学生访谈：了解对课程的满意度，设计访谈问题，本学期上的综合实践活动课程你最喜欢的活动是什么？最喜欢的活动方式是什么？综合实践活动课程中你最大的收获是什么？教师访谈：综合实践活动课程与你任教的其他基础课程的最大区别是什么？在课程实施中难以把握的是什么？教研组长访谈：谈一次自己策划满意的教研活动；一学期安排了几次教研活动，这些活动的目标指向各是什么？从管理的角度，目前迫切需要解决的问题是什么？通过这种细节化的调研，可以了解到一所学校课程实施的真实情况，为区域层面采取针对性措施提供了可靠的原始资料。同时，教研员在走访中把一些在管理上做得好的经验传授给学校，形成以调研为纽带的管理经验互通。

　　一学期一次实施方案的备案，旨在使学校每学期有明确的课程内容，保障课程有目标、有实施内容，改变"吃萝卜剥萝卜"导致的课程实施时内容临时拼凑，或随意更改成执教教师承担的其他基础学科。在开学初，各校把当学期的学校课程实施方案上传给教研员，教研员审核后对存在只有"空壳"现象的实施方案退回，要求学校补充后再上传。"空壳"是指有主题名称，缺主题下的对应内容，或主题与内容之间不匹配的现象。

　　上传五个"一"，具体为一篇论文、一个案例、一个课题、一次教研活动、一份学生活动作品。这些指定性的任务是为了让学校提升课程实施的水平而采取的举措，要求学校层面在课程建设中把教、研、训三者有机结合起来。每年上传一次指定任务，促成学校能胜任综合实践活动课程的教师面不断扩大，不局限于个别教师，引导学校在课程建设中关注教师的专业成长。

三、落实结果管理

　　随着综合实践活动课程建设的持续推进，培育出了一批精品课程，形成了学校特色管理经验，如何使课程、经验产生辐射效应，为区域课程的规范、有序、高质量实施赋能？通过一年一次的"展示与共享"活动及主办或承担综合实践课程相关活动，发挥研究结果的影响与辐射效能。

（一）加强区域内循环，"展示与共享"常态化

"展示与共享"活动从2015年11月开始举办，一年一次，形成区域内的精品课程引领、辐射循环。"展示与共享"作为区学术节的常规项目，内容包括专家专题讲座、精品课程特色介绍、课程资源共享与一场指导活动，通过在场平台和虚拟平台实现精品课程共享。

1.在场平台分步推进

在场平台共享，第一步，集中展示式共享。选择当年度验收通过的优秀和良好等级的课程。第二步，学校共享。学校共享包括校内教师开发的课程推介和校际选择性共享。通过验收后的合格课程一个月内在校内进行课程推介活动，展示与共享形式结合学校实际情况，力求多学科参加活动，形式丰富，内容全面。

校际选择性共享是要求各校自选一门课程进校与建立动态自组织精品课程共享校际联盟结合进行。学校负责课程管理的教师全面了解每一批验收通过课程的情况，结合自己学校的特点，选择合适的课程，建立课程共享联盟，引进课程。通过课程负责人到需要学校上课、讲座、听课指导，或课程引进学校到课程开发学校听取课程介绍。在课程引入活动中区级层面做好两头协调工作，尽可能激发双方的主动意愿，为应用教师提供多方位支持，克服应用过程中的"水土不服"。

2.虚拟平台推进

借助虚拟平台推进共享，保障共享资料下载，区教研员、校课程管理者、课程输出者、课程引进者四方互动，及时答疑解惑，保障课程共享的落实。强调现代技术利用，建立起开放包容、打破学习空间的场域。

一是2015—2018年，利用区教育网的学校精品课程专栏，包括文字课程、微课程、翻转课堂等不同形式，利用网络上传各类课程资源，展开自主性课程学习，以实现课程资源共享（2019年新区成立后，教育网改版，此栏目取消）。二是精品课程QQ平台，每一批课程培育过程中建群，群内人员为各校课程管理者、课程开发负责人、区域课程管理者。当学校确定引进某个课程后，遇到问题可以在群里讨论、解疑。三是联盟式微信群，即教师自发建立的课程共享共同体，便于随机引发互动。

（二）拓宽"发声"渠道，主办（承办）论坛活动

如何推广区域综合实践活动课程建设模式？如何扩大课题研究成果的影响力？如何向外交流？我们通过主办或承办活动的方式拓宽"发声"渠道。2018—2019年连续两年成功主办"国际教育高峰论坛"，2020年承办杭州市教育科学研究院主办的"杭州市课程改革研讨培训活动"，以活动推广区域研究结果，以活动加强与其他区域、国家的交流，扩大影响力，同时在拓宽渠道"发声"中进一步提升课程实施质量。

1.成功举办两届"国际教育高峰论坛"

两次"国际教育高峰论坛"，杭州经济技术开发区社发局局长钱晓华分别做专题报告《杭州经济技术开发区综合实践活动实施经验分享》《钱塘新区综合实践活动课程建设新模式》，杭州文海实验学校的洪峰副校长和学正中学副校长汪晓分别上观摩课"我有一双小巧手：做一个专属logo"和"弦外之音"。通过专题报告和具体的活动指导课向外展示区域综合实践活动课程探索的实践经验。两年的"国际教育高峰论坛"中分别引入芬兰和美国的综合实践活动课程建设样态，杭州师范大学教授、教育部综合实践活动课程纲要课题组组长张华教授先后做专题讲座《教育部综合实践活动课程标准研究》和《中小学综合实践活动课程目标》，这既是国际上学术的交流，也是向国外、国内其他省市推广区域研究成果的有效办法。两次活动参会人数达1100余人，参会对象有行政领导、专家、教师，人民网、《浙江日报》、杭州电视台、《浙江教育报》等省市媒体，网络新媒体客户端等20余家媒体做专题报道。

2.承办"杭州市课程改革研讨培训活动"

2020年11月26日，承办杭州市教育科学研究院组织的"杭州市课程改革研讨培训活动：钱塘新区暨景苑中学综合实践活动课程展示"，向参会的杭州市各区县的综合实践活动课程教研员、教科员及综合实践活动课程的骨干教师展示6年来钱塘新区探索的经历与效果。从四个视角进行展示：区域综合实践活动课程建设的历史回顾与思考、区域探索的具体运作、代表性学校的探索及典型课题研究成果的推介,从区域性课题到学校个体的课题研究,从研究成果到具体指导课,使与会人员全方位看到一个区域在综合实践活动课程建设的6年中累积的经验、成果。

《区域综合实践活动课程建设的回顾与思考》《共建、共享:综合实践活动课程建设的区域探索》两个报告,比较全面地总结了钱塘新区在推进区域范围的综合实践活动课程中的探索。"六步三式:小学生社会实践活动评价路径的文海范式""整合视角下的综合实践活动探索"从学校层面介绍了文海综合实践活动课程的评价创新和学林小学推进综合实践活动课程的实践路径。景苑中学作为综合实践活动课程区域推进中的"排头兵",半天专场,从专题报告到11节指导课,全方位展示了一所学校的探索经验:教育行政部门、教育教学研究部门、学校三方合力驱动,全域全员参与,用课题研究引领实践过程,科学高效地推动工作,这是钱塘新区的经验;强化教师的课程意识以省规划课题"行走钱塘江"的研究推进保证综合实践活动课程发展的科学性;要保证时间和空间,这是学校的经验。

第二节　课程领导力提升管理

领导力是领导学的核心概念之一，是"一种能力和能力体系"，其关注的焦点是"领导者吸引和影响被领导者，从而实现群体或组织目标的能力"。随着课程改革的发展，学校课程领导力被普遍关注、重视。课程领导力具体包括课程思想力、设计力、执行力与评价力，具有可塑性，可习得、可复制。在学校课程领导力提升上，我们通过培训、顶层设计指导、逐轮更新学校课程实施方案来实现。

一、强化课程思想力管理

国家无综合实践活动课程的统一教材，使综合实践活动课程具有极强的生成性特点，导致国家无法对其进行统一而细致的规定，这给了学校极大的自主性，同时也给学校带来了极大的挑战。如果学校缺乏课程思想力，那么综合实践活动课程的常态化实施就有可能形同虚设，或者在实施中松散、无序，课程的实践价值就很难落实。鉴于此，我们通过强化培训，增强校长和教师的综合实践活动课程意识、思想力。

（一）培训指向：凸显角色特点

"一个好校长，就是一所好学校"，这句话大家已是耳熟能详，尤其是在现行的教育体制下，校长的作用尤为重要，校长是课程领导力的核心能力。其领导能力的提升是综合实践活动课程常态化开展的基础，校长的课程领导主要体现在构建课程愿景，构建制度化的课程体系，包括课程的顶层设计思路、师资和课时安排以及课程实施的保障，校长课程领导力的发挥是其对教师赋权从而激发教师课程领导力的前提，通过培训从单纯的行政管理走向专业引领。

学校课程领导力的提升是学校团队合力发挥的过程,管理者、教师、学生、家长等不同群体都有重要的课程领导功能。对教师而言,不仅是课程的执行者,也是课程的实践研究者,在具体课程事务上具有领导力,教师对课程领导的参与主要体现在对活动主题的开发、加工设计以及通过活动反思改善学校课程设计与规划,通过建立、开展校内常态化的教研共同体研讨活动,与区教研员建立帮带机制等方式增强综合实践活动课程意识。

因此,在培训中需要凸显角色特点,校长、分管领导的培训,注重课程价值、定位、规划、管理上的培训;专兼职教师的培训,注重课程的具体实施及在实施中如何开展基于问题的研究,包含课程的开发、实施、评价,如某一个主题下不同环节的指导课该如何上,如何结合活动中存在的问题发现小课题,把小课题研究作为解决问题的手段。

(二)培训特征:四整合

怎样才能提高培训效率,使培训成为受学校欢迎的活动?需要契合学校的需求,包括内容是教师所需,形式为教师认同,尽可能不影响教师其他教学任务,因为综合实践活动课程的教师基本是兼职教师,力求在培训上"精",避免产生工学矛盾。同时培训以质量为先导,做到目标清晰,任务清晰,让参训教师一次培训有一次获得感。通过"四整合",训教师所需,培教师之力。

一是教研与培训整合,充分发挥专家的引领作用。教研活动培训化,区级层面的教研活动体现序列化,从《指导纲要》的解读到考察探究、社会服务、设计制作、职业体验等活动方式的把握。通过以理论为主的专题讲座和结合区域推进内容的专题讲座,使教师熟悉《指导纲要》的精神,了解综合实践活动课程四类活动方式及实施方法。

二是展示与培训整合,凸显精品课程的标杆作用。自2015年以来,一年一次开展综合实践活动精品课程的"展示与共享"活动,把活动培训化,以标杆引领、示范课程建设。要求参加对象主要是综合实践活动课程的教研组长,区级精品课程组和拟开发精品课程组的主要成员及兼职综合实践活动的3~5人参加培训,从而扩大培训面。展示的内容包括一堂课、一个观点报告；共享的内容包括课程资源包、课程纲要和课程实施报告，通过一年一次的循环活动使更多的一线教师熟悉课程，掌握课程的研发与实施。

三是评比与培训整合，实现关键要素的领会。开展对接杭州市综合实践活动课程推出的相关专题评比活动，如活动指导课的评比、成果展示课的评比、学生实践活动案例指导等，这些评比扣住了综合实践活动课程实施中的重点、难点。我们在评比活动设计中扩大参加对象，要求综合实践活动的教研组长参加，其他兼职教师参加1~5人，给学校以选择余地。同时把这些活动的操作序列化，使教师领会课程实施的关键要素，并进一步扩大其示范、辐射效应。

四是校本研修与培训整合，突出校级优质活动的升格。所谓校级优质活动的升格是教研员在指导各校的课程实施中，发现策划较好的校本教研活动时，深度介入指导，与学校合作再度策划活动，扩大到区级层面，使参加活动的教师扩大到区域层面，同时也加强了校级之间的学习与互相促进。如听涛小学在校本研修时，请教研员指导"小小营养师"和"美丽的听涛校园"两节课，发现这两节课基本具备综合实践活动课程的特征，但存在典型问题，教师预设、指导过多，活动指导缺少明显的增量。教研员和学校商量后策划成区级活动，邀请市教研员现场指导，通过活动，教研组长们明晰了环节设计、课堂学习方式，教师支持介入方式等多个角度把握综合实践活动课程的特点。

【案例8-2】 "三整"培训，扩大受益面

2016年下半年我们开发了"综合实践活动课程开发实施16学分培训"项目，这次培训与区精品课程的"展示与共享"活动整合，与课程纲要编制专题讲座整合，与听涛小学的综合实践活动课程校本研究整合，"三整"下的培训，使精品课程的受益面大大提高。第一次培训，为期一天，邀请"钱塘诗韵""陶陶乐　乐淘淘""寓言北沙"三个精品课程的负责人进行课程建设展示，展示分四个板块：第一板块是三堂课，即活动方案指导课、活动指导课和成果展示课；第二板块是介绍课程定位、课程纲要、课程实施中的典型案例；

第三板块是专家点评与讲座；第四板块是现场互动，学员质疑，课程负责人和项目负责人解疑。第一次培训后学员的作业：设计一个课程方案、编制一份课程纲要。第二次培训时先分小组进行课程方案与纲要交流，组长由专家和区内有通过验收精品课程的教师承担，每组安排两个，负责对课程方案与纲要的指导，这样的操作使每一个参训学员的作业都得到了交流、指导，大大提高了培训的质量。通过培训，学员们普遍认为对于课程开发基本清晰了，知道了什么是课程定位，什么是课程结构，主题之间的关系如何处理，知道了综合实践活动课程与其他基础性课程在实施过程中的最大区别在哪里等。

在培训中，我们清醒地认识到教师开发课程需要引领，需要有物化成果供他们学习、模仿，需要有专家帮他们释疑、把脉，才能使广大一线教师较快具备课程开发的技能，摆脱"摸着石头过河"、可能"走歪路"的情况出现。因此，培训与其他必须开展的活动结合起来，不仅提高了活动的受益面，而且也较好地避免了工学矛盾的出现，使教师参加活动的频次得到一定的降低，充分发挥精品课程的示范作用，发挥专家的引领作用，在上述案例中如果只是一次培训活动，那么参加的对象只是选课教师，项目实施中邀请专家讲座引领教师；如果只是精品课程的"展示与共享"活动，那么参加的对象每校只有3～5人，三整合，参加对象人数增加，除了选课教师外，还有课程开发负责人、课程组内成员，以及有课程开发需求的教师3～5人参加，使专家引领的过程也成为培训过程，使循环培育课程的过程成为循环培训课程开发技能的过程。

(三)培训内容：从"纲要"到方法

一门课程的有质量实施，需要教师对课程的指导性文件或标准有正确的解读，才能使具体实施不偏离。综合实践活动课程的《指导纲要》于2017年9月发布，对于执行课程的教师来说需要对课程重新认知、定位。为此，在培训内容的设计上，我们从《指导纲要》的解读入手，通过专题性的课程目标解读，课程标准研制的了解，结合具体课程实施方法、课堂等的讲座，形成从课程目标把握到方法掌握的系列培训内容，这些培训的指向不同，从不同的维度解决课程建设中遇到的众多问题。2015年以来，各种形式、不同内容的培训多达20余次。2018—2019年专家讲座统计见表8-1。

表8-1　2018—2019年专家讲座统计

序号	讲座专题	专家
1	教育部综合实践活动课程标准研究	张　华
2	综合实践活动课程建设中的误区与对策	方凌雁
3	中小学综合实践活动课程目标	张　华
4	指向核心素养发展的综合实践活动课程开发	俞丽萍
5	综合实践活动课程指导纲要解读与建议	姜海庆
6	综合实践活动的理论与实践	杨燕燕

二、提升课程设计力管理

学校的顶层设计是综合实践活动课程常态化实施的前提，也是课程育人功能充分发挥的保障。尽管综合实践活动课程生成性的特点使其无法完全预设，学校只有站在全局与促进学生发展的高度，结合《指导纲要》的精神，合理规划各年级、各学期的综合实践活动主题，合理配置各种资源，才能保障综合实践互动课程的常态化推进。区域层面在管理上通过给模板、提要求、有支持，每一所学校都有基于学校特点的课程规划与实施方案。

（一）提供建议性模板，规划设计有方向

学校是综合实践活动课程规划的主题，只有对课程进行整体设计，才能保障课程的落地。提供模板，明确方案的板块组成，对每个板块提出设计、阐述要求。提供学校课程实施方案模板，具体包括以下五个主要部分。①课程规划的背景：要求从学校的办学理念、办学特色、培养目标及学校可利用的特色资源等实际情况来阐述。②课程规划的内容架构：包括价值定位、设计理念、资源体系与课程内容，课程资源体系要结合地方及校本特色架构，课程内容要有结构图，有某一个主题或单元样例。可以设计各年级的规定性主题活动的架构图，架构要求以结构图或表格方式呈现学校各年级

主题的设计,并能说明不同年级课程的内在肌理。③课程实施:包括不同主题采用的主要指导环节、指导方式、策略等。④课程管理:包括课程的组织管理、评价管理、课程设置及制度保障等。评价中要求体现不同主题的特点,避免出现形式化评价。⑤课程保障:包括课程的组织管理、教研活动、课时安排等,为能保障课程规范有效地实施提供有力支持。

(二)多形式指导,实施方案走向优质

首先,逐个批注把握方向。区域专家逐个审阅各校课程规划,提出批注式修改意见。重点关注与学校的办学目标、理念是否结合起来设计,尤其是课程架构,它包括课程定位、课程设计理念、课程内容。课程内容要有结构图,有某一个主题或单元样例。各年级各学期需要有明确的主题活动,改变各年级主题之间无联系的状态,形成切实可行的课程总体实施方案。其次,聚焦问题集中点评。学校总体实施方案是一个从无到有的过程,需要经历多次不同形式的指导,为了保证课程的严谨性与科学性,邀请省、市、区级的综合实践活动教研员分组集中点评,指导再修改,重点把准课程的核心部分,学校的课程目标是否具有学校个体特点,不同年级的课程内容设计的内在逻辑,帮助梳理学校课程结构,为课程方案的有效实施奠定基础。最后,互助协同修改。以网络协同自发组织的方式开展研讨活动不失为课程方案修订的一条有效途径。教研员把修改后质量上乘的课程规划上传到综合实践教研组长管理群,并指出不同方案值得学习借鉴的地方,在此过程中,各校的教研组长们也可自由交流信息、探讨问题、合作修改。通过上述三步,使学校的课程规划逐步走向优质,同时,学校负责综合实践活动课程的管理人的课程规划与开发力也得到很好的发展。

(三)逐轮更新方案,形成系统化课程

学校不仅需要有综合实践活动课程的总体实施方案,还要有基于学生的年段特征、阶段性发展要求,制订具体的学年(或学期)活动计划与实施方案,要使总体实施方案和学年(或学期)活动计划相互配套、衔接,形成促进学生持续发展的课程实施方案。鉴于此,采取逐轮更新实施方案,保障每一所学校每学期都有具体的、配套的、相衔接的课程实施内容,使课程实施走向规范化、校本化、区域化、系统化。在方案更新中,从管理上来说,做好指

导、协助、沟通工作,需强调两点:一是关注各年级之间主题、目标间是否体现梯度性、衔接性;二是能与区域内的其他学校联通,设置有梯度性的课程,以建立起具有区域特色的系统化课程。

【案例8-3】 系统化课程不断产生

在课题研究初期,文海实验学校在"以文化人"的理念、"为有生活价值的学习而教"的办学目标下开发了系列课程:"梦想剧场""小记者大视界""最强大脑""科创达人""谈古论今"等,经过专业指导下的逐轮更新,中小学之间的衔接性逐步建立,并不断紧密,课程的目标、内容呈现出明显的年级特点,从"三走进"课程逐步修改优化到"走向未来职业"课程,走进企业、走进高校、走进社会,目标定位不断优化,从参观、了解逐步到职业倾向、规划。第一学段的目标是认识职业,对职业产生认同感,第二、三学段的目标是参与不同的职业活动,感受不同职业的特点与辛苦,到了第四学段是产生未来职业倾向,设计一份职业意向书。又如,下沙一小、景苑中学、文海实验学校合作,建立起了系统化的利用钱塘江资源的系列课程,下沙一小的"钱塘风物"课程内容是适合第一学段对下沙地域的传统风俗的考察、探究和实践与钱塘江的故事(传说)。文海小学部的"话说钱塘"课程内容是适合第二学段的钱塘江上的桥的探究、设计与制作。景苑中学的"行走钱塘江"课程内容涵盖寻找钱塘江的诗与史、钱塘新区的经济发展、城市建设及畅想城市经济发展和建设的设计、规划等。

三、支撑课程执行力管理

如何使学校的课程执行力有支撑?把教研共同体作为主要支撑力量,教研共同体也是提升教师专业能力的有效组织。我们通过自上而下和自下而上两种方式组建共同体,旨在破解综合实践活动课程建设中遇到的问题,提高教师的课程研发能力和实施能力,这是符合教师实际需求而产生的组织。

(一)教研共同体的操作特征

教研共同体在操作上体现了以下三个方面特征:一是凸显"做中研"。强调以师为本,边学边做,边做边学,体现开放、共论、互助的特征。传统的教研活动中,常常以专家、教研员的引领为主,教师大多是忠实的倾听者,即使是以教研课作为基点的教研活动,执教教师也只是一个案例的提供者,供专家点评、讲座的一手资源,教师依然只是倾听者,专家与教师之间的互动交流较为少见。而教研共同体,不管是指令性的还是自发性的,交流的频次都大大增加。

二是强调互助与合作。综合实践活动课程对于大部分教师来说是"新"的,浙江省教育厅组织出版的教材如何使用? 如果自主开发课程,该如何开发? 课程的目标如何把握? 不同活动方式的课型如何把握? 等等,这都是教师面临的实实在在的问题。通过建立不同指向的教研共同体,把教师的实际问题作为教研的主题,聚焦于一定任务或主题的协作性教研活动,共同体内的教师在自己思考、实践的基础上,通过同伴互导、协同教学、集思广益,共同成长。

三是聚焦生成与反思。不同类型的教研共同体基于学校教师在课程实施、反思中生成的新问题,在骨干教师、专家的顺应点拨,同伴的思维碰撞,自我的实践反思的基础上创生出更多的解决问题的办法、策略,保障综合实践活动课程的实施符合《指导纲要》的要求,纠正课程实施中的常见问题。

(二)教研共同体的类型

教研共同体依据现实的需要具有多样性,有的是由区教研员负责组建的各校的综合实践活动课程的教研组长,我们称为管理类共同体;有的是因共同开发相同或相关课程而组建的,称为课程研发类共同体;有的是遇到典型问题需要组织教研活动共同解决的,称为典型问题解决类共同体;有的是学校就近为了提高课程实施质量自发组建的自结盟类共同体;有的是为了参加市级评比而临时组织教研共同体。教研员在这些共同体的组建中,或亲自组织引领,或从中协调支持。以线上线下混合方式组织教研活动。

1.管理类共同体

这类共同体由区教研员负责管理,由各学校的综合实践活动课程教研组长组成,指令性比较强,也是保障区域推进综合实践活动课程实施的重要平台。其功能:一是负责区域推进课程建设中各项事务性工作的落实;二是重点工作的落实与指导;三是教研员及时了解、把握各个学校在综合实践活动课程实施中的需求与主要问题的主渠道。

2.课程开发类共同体

这类共同体有教研员组织与协调下组成的,也有自发组成的,分为精品课程开发共同体、相关课程开发共同体及同一课程开发共同体(见图8-2)。精品课程开发共同体是依据区域一年一次的精品课程培育常规,在学校自主申报后,经过专家审核被确认为拟开发精品课程的,各课程开发组成员建立的教研共同体。相关课程开发共同体是根据学校研发课程的相关度而建立的,有依据地域地理资源的钱塘江系列课程开发共同体,有依据区域企业、高校资源建立的实践基地课程开发共同体。同一课程开发共同体是为了开发同一个课程而建立的共同体,有同校和跨校两种。课程开发类共同体的价值是切实减轻教师开发课程的难度,以团队的力量提高课程开发的速度与质量。

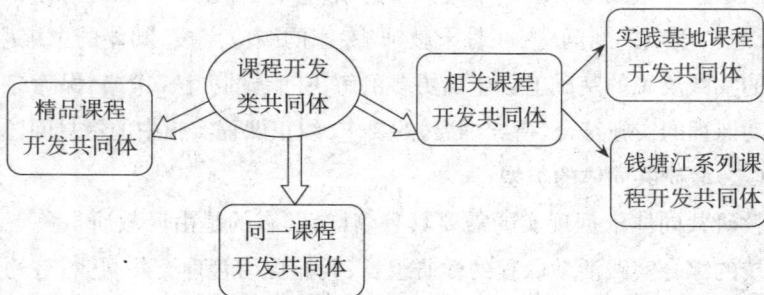

图8-2 课程开发类共同体

3.典型问题解决类共同体

典型问题是指综合实践活动课程实施中教师普遍会遇到的难题,需要通过组织教研活动才能使教师拨开迷雾。问题的来源是教研员在深入学校调研中发现的和教师提供后筛选的。如课程资源开发和经典主题设计、课程目标分类、学生活动有效开展和指导、综合实践活动课堂指导和实施、课程有效评价实施等。这类共同体的教研活动分成三个层级开展：区级层面的教研活动、校本研修活动和结盟学校自组织的活动，如图8-3所示。

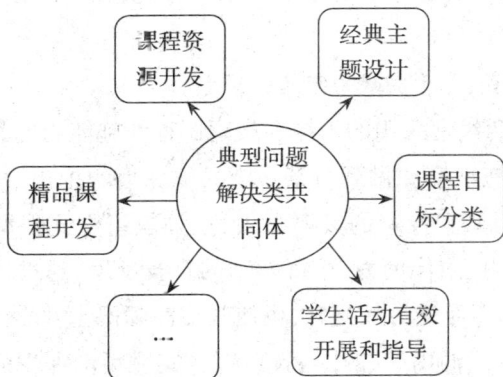

图8-3　综合实践活动课程实施中典型问题梳理

(三)教研共同体的主要运作方式

在综合实践活动课程建设的推进中,我们建立了形式多样的、指向不同的教研共同体,以正式教研和非正式教研的方式推动着综合实践活动课程的规范、有序、高质实施,其运行方式各不相同。

1.批注引领式:用于文本类的修缮

批注引领是某一项任务操作时的重要环节,根据具体任务的不同有相应的其他环节,适用于学校课程规划与实施方案的设计、课程方案的设计、课程纲要的编制、主题活动的设计等,通过专家批注、教研员批注、同伴批注等不同方式达到文本质量的提高。以教师自主编制的课程纲要为例,流程图8-4。

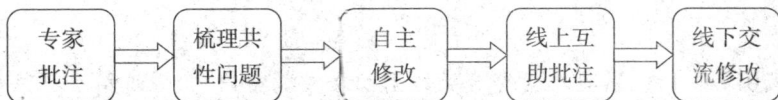

图8-4　课程纲要批注流程

如图8-4所示的流程主要是提高教师自主开发的学校综合实践活动精

品课程规划与实施方案的质量,保障这门课程真实落地。这类共同体由区教研员负责管理,根据区域课程推进的需要开展相关教研活动,采用线上与线下两种方式混合进行。如学校课程规划与实施方案的设计,采取线上逐个批注指导、解疑,线下召开专题的课程规划与实施方案的专家点评和指导活动。

2.共诊助修式:基于实践的智慧

这是区、校两级常采用的为提升教师课程实施能力的教研方式。重在课的打磨,通过三次磨课做到对某一类具体课型的把握,在磨课中充分发挥教师群体的力量和专家的必要介入,这种教研方式强调教师群体的参与,凸显专家助力、同伴助力,重视教师的自我反思,通过课的"三磨"达到不仅是执教教师专业能力的提升,也使其他教师课堂教学把握能力得到提升。这类运作方式的内容往往与省市综合实践活动课程的相关评审活动对接。"一磨"中的同伴会诊以参评教师所在单位的教师为主,"二磨"时的同伴会诊以所在学校的教师和结盟学校的教师为主,"三磨"时参与诊断的同伴为区级层面的骨干教师。把传统的评比活动只有专家引领指导的课改进为把教师群体拉进磨课队伍,成为磨课的主力军,如此共诊助修的方式,使一次评比活动受益的不仅仅是参评教师,更有众多的教师,操作流程见图8-5。

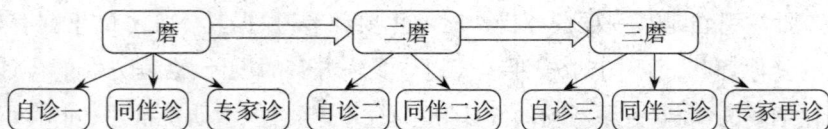

图8-5 共诊助修操作流程

【案例8-4】 三诊"快乐元宵"

2019年4月,区里举行综合实践活动课堂教学评比,通过第一环节教案设计评比听涛小学孙丹莹教师的"快乐元宵"被列入参评候选课。于是就有了三次磨课经历。

一磨

"快乐元宵",活动指导目标:

1.联系学生情况,激发学生的学习兴趣,拟定探究内容。

2.通过实践活动,引导学生会提问,培养学生善于思考、善于提问的能力,培养学生的问题意识。

3.通过小组之间讨论、交流,增强团队协作精神。

课堂实施分四个环节:引导学生对问题进行梳理、合并提炼,确定主题,开展小组实践,教师总结。

自我问诊:

问题1:学生提问涉及面较窄,未能拓宽思路。

问题2:交流时,只有少数同学参与进来,为什么很多学生的学习积极性不高?

问题3:搞不清选题指导课是否需要涉及方案设计。

同伴会诊:

问题1:"我来问一问,请你评一评",这些语言指向性不明确。

问题2:学生说一个问题,老师板书一个问题,花了15分钟时间写了20多个问题,效率低。

同伴提出修正策略:

策略1:插入精心剪辑的视频,拓宽学生对元宵节的了解。

策略2:个人填表改为小组填表,初步完成问题整理。

执教教师反思:

收获:初步培养了学生的问题意识,这是选题指导课的首要任务。学生学会了整理问题的方法。

问题:搞不清选题指导课是否需要涉及方案设计。

专家会诊:介绍主题确定课的相关内容和综合实践活动的各类课型,问题迎刃而解。

会诊后修改:活动指导目标是通过实践活动,在生活的情境中学会提问题,提出规范的、有研究价值的、可操作的问题,培养学生善于思考、善于提问的习惯。

教学环节：以小组为单位记录想了解的问题——针对学生发现的问题；随机渗透修改方法——提供问题支架；帮助研究的问题——将问题转化为研究主题——课堂总结。

二磨

自我问诊：

问题1：教学时间不够。

问题2：怎样降低发现问题这个环节的难度？

问题3：当两个问题就存在包含关系。该如何引导学生取舍？

同伴会诊后提出对策：

对策1：精简开头的游戏导入环节，直接把砸彩蛋改为对联，节省活动时间。小组汇报改为由其中1～2组进行汇报。

对策2：当学生难以发现存在的问题，则给予一些提示。

对策3：选切口小的内容来研究更容易操作。

执教者反思：

收获：小组合作运用能力强了，问题的开发使学生的思维也开放了。问题支架提供很重要：(1)通过研究想解决什么问题？(2)为什么想要研究这个问题？(3)准备怎样开展研究？引导学生充分考虑自己所确定的主题是否有价值、是否合乎需要、是否贴近实际、是否切实可行，从而帮助学生确定本组最能研究的主题。

三磨

自我问诊：对于学生提出的问题，如何才能更有效地进行整理、筛选、提炼指导？解决了这个问题就能更好地培养学生分析问题、解决问题的能力。

同伴会诊：

对策1：教师抓住几个关键词板书，即提问、整理、筛选、规范，这样，教师的活动指导过程环环相扣，层层递进。

对策2：采用小锦囊的方式提示修改的方法，让学生了解修改的一些具体方法。

对策3：出示一个小组的提问，让他们自己介绍，全班共同思考这些提问有没有问题，可以怎么修改。

专家建议："授人以鱼，不如授人以渔"，让学生带着刚刚学过的方法去修改自己小组的提问。

通过三磨三诊，这节指导课获市一等奖。执教教师的思考：活动指导过程步骤越来越清晰，学生在课堂上的自主性、开放性、合作性越来越得以体现。在磨课过程中采访了其他参与教师，普遍认为自己不是单纯的"观众"，成了教研活动的主体，有了发言权，有了与同伴、专家交流的机会，如何上好活动指导课已经摸到门道。

3. 合力协作式：基于课程的研发

综合实践活动课程的难处就在于大部分实施主题需要教师自主开发，省教育厅教研室虽然有公开发行的教材，但其提供的主题有限，且量也不大，课程开发的主力还是教师自己。我们建立了多种形式的课程开发共同体，通过区教研室组织的教研活动、结盟型教研活动和闲散式教研活动，加强教师对课程的研发，以解决综合实践活动课程实施中缺内容、无计划的问题。结盟型教研活动是因共同课程、领域就近等原因自组织的结盟学校策划组织的教研活动。闲散式教研活动缺少常态教研活动的规范形式，完全是教师自己因共同开发课程或遇到实施中有共性的一些问题，教师自发组织的教研活动，有的在工作日时间请示领导后组织，有的利用自己的休息时间大家聚在一起交流。以教研室组织的课程研发流程为例，见图8-6。

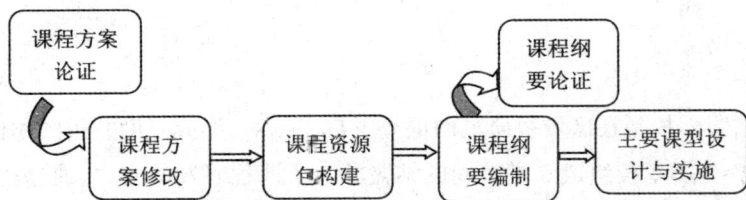

图8-6 区级层面基于精品课程研发的教研活动流程

精品课程培育是综合实践活动课程推进中的一大特色,借助专家的力量每年培育出 10～15 个精品课程,这些课程成为学校学习的"样板"。上述五个环节各有相应的教研活动,教研活动的形式不一,有专家引领型,如课程方案论证和课程纲要论证;有同伴互助型,如课程方案修改、课程资源包构建;也有专家引领与同伴互助结合型,如主要课型设计与实施。

【案例8-5】 提升课程纲要质量专题教研活动

课程纲要在课程实施中起着至关重要的作用,教师自主开发的课程是对落实综合实践活动课程的主要保障,教师自主设计的课程纲要起着承上启下的作用,上接教育部发布的《指导纲要》,下连课程的具体落实,只有课程纲要的设计正确了,课程的实施方向才能正确,因此在课程建设的推进过程中,我们把纲要的编制作为精品课程培育的重点工作来抓,精品课程的课程纲要要求规范,包含课程定位、课程目标、课程结构、课程内容(主题)与实施建议。对于非精品课程,要求学校写简约型课程纲要:有明确的课程目标、课程内容、实施方式、课时安排。为了提高课程纲要的质量,分四步:第一步,专家解读课程纲要的主要构成与各个部分的编制要求;第二步,下发模板供教师参考、模仿,教师编制课程纲要;第三步,邀请专家对课程纲要进行逐个点评,提出修改建议;第四步,召开课程纲要编制专题交流活动,选择质量较高的课程纲要做分享展示,开课看纲要精神在实施中如何落实。通过给支架、给支持的过程性活动,有效解决了课程结构图难以表现出来,课程内容堆砌、罗列,没有进行单元化处理,实施建议部分缺乏操作性的典型问题。

结盟学校是在区域教研员的倡导下自主结对,形成互助共进的团体,一般由 2～3 所学校组成。学校间的结盟壮大了课程研发的实力,通过把握住课程研发中的三个关键内容:课程方案、课程资源包和课程纲要,通过组织三次审议活动,达到对上述三项内容的基本把握,使教师在课程实施中目标正确,有具体的课程内容,有效避免课程实施中的随意化倾向。结盟学校间的活动根据操作流程至少一年需要安排三次审议活动,以集聚结盟学校的力量来保障每一次审议的质量(见图8-7)。

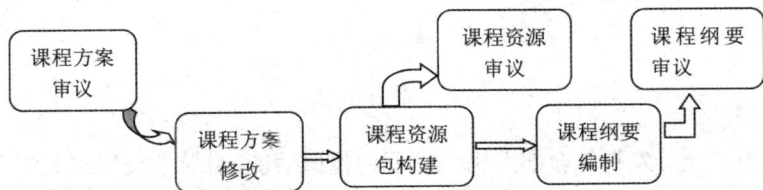

图8-7 结盟学校组织的课程研发教研活动流程

闲散式课程研发教研活动以自发的交流为主,去除了行政性指令,依靠的是共同开发这门课程为了提高课程实施质量的自觉自律。一般这类课程的研发会由一位专业能力较强的教师发起,课程组内的教师在这位教师的安排下自发开展上述流程中相关内容的交流活动(见图8-8)。

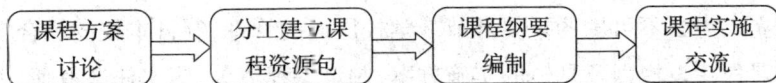

图8-8 闲散式课程研发教研活动流程

第三节　质量保障管理

为了充分发挥综合实践活动课程的价值功能,引导学校切实关注、落实课程的管理、实施,开设好和实施好综合实践活动课程,发挥区域行政的驱动力量,业务部门的专业指导力量,学校自我发展力量,我们从管理机制的设立、评价量表的设计及考核相关指标的增设,使课程建设的质量得到有效保障。

一、设立管理机制

基于综合实践活动课程开放、生成、自主等多方面的特性,使管理机制的建立成为必不可少的重要环节。学校层面的管理,制订本校的综合实践活动课程建设规划及具体的实施方案,制定课程清单,落实任课教师,做好课程设计、开发、实施的监控、考核等工作。区级层面的管理,以培训、教研活动抓推进、以精品课程建设抓质量。下面以课程审核为例,凸显钱塘新区在综合实践活动课程建设中的精细管理。

学校层面的审核由各校的教学处负责,成立专门的审核小组,小组成员的构成,不同学校略有不同,有的主要是校内的学科骨干教师组合,有的是校内骨干和外聘专家组合,时间通常在开学前半个月,重点审议课程(主题)的目标、内容及评价的可行性,并对每一个审议课程(主题)提出修改建议。对没有通过的课程进行复审议,直到复核基本要求,以此改变课程实施零散、无序、无质的状态。

区域层面抓好精品课程的审核,每年9月中旬发布拟开发精品课程通知,通知中给予具体的课程开发申报方案模板、课程质量评价标准等,方案中明确提出需要表达清楚的内容,如课程开发背景、课程在学校课程规划、实施方案中的地位与价值等(见表8-2),通过解说性的方案模板,使教师明了该阐述清楚的内容。学校择优推荐后,区域层面要求三位专家对方案进行审核,筛选出适宜开发的课程,然后组织现场面对面的方案论证和课程纲要的编制活动,使审核论证的过程也成为培训过程。

表8-2 杭州钱塘新区第七批拟开发综合实践活动精品课程开发方案

课程(主题)名称		适用年级 (可以跨年级)	
项目负责人		所在单位	
课程(主题)开发背景:(从学生发展需求、现实问题角度来写)			
课程在学校课程规划、实施方案中的地位与价值:包括学校课程规划中涉及的内容,分析其地位与价值;开设的年级(跨年级、跨年段的请注明)			
课程(主题)架构:(包括课程定位、课程设计理念、课程设计原则、课程内容。课程定位写三个方面:课程名称的内涵诠释,课程目标,课程设计理念。课程内容要有结构图,有某一个主题或单元的样例)			
课程(主题)实施:(包括有哪些活动方式,哪些课型,不同课型的操作流程、操作策略、组织方式等)			
课程(主题)管理:(包括课程评价管理,课程设置。评价中包含对学生学习情况的评价,对课程本身的评价。课程设置,说明上课时间,占几课时)			
课程(群)开发计划:(什么时间完成什么事,包括课程方案修改,课程纲要编制,实施时组织的重要研讨活动,课程阶段性评价与学期评价,中途调研课程实施情况,完成课程实施成果报告的时间安排。与课题研究步骤相仿)			

注:字数控制在1万字以内。

二、研制评价量表

《指导纲要》指出："综合实践活动情况是学生综合素质评价的重要内容。各学校和教师要以促进学生综合素质持续发展为目的设计与实施综合实践活动评价。"研制供学校、教师参考的量表，学生评价标准的研制，坚持学生成长导向，通过对学生成长过程的观察、记录、分析，让学生及时获得关于学习过程的反馈，改进后续活动，促进学校及教师把握学生的成长规律，不断激发学生的潜能，为更好地促进学生成长提供依据。

（一）量表设计坚持"三性"

课程评价是为学生的发展服务。通过具有参考价值的评价量表研制，引导学校在评价上注重"四性"：一是坚持发展性，采用"自我参照"标准，引导学生对自己在综合实践活动中的各种表现进行自我反思性评价。二是坚持整体性，将学生在综合实践活动中的各种表现和活动成果作为评价学生学习情况的依据，同时把评价作为师生共同学习的机会。三是坚持评价多元性，对学生的各种活动方式既给予充分的肯定，又鼓励学生对问题的解决有不同的方案，而且提倡学生用多种形式呈现自己的学习结果，倡导参与评价的人员尽量使用学生能理解的语言描述学生的表现。四是坚持评价的动态性，综合实践活动是一种综合性、实践性强，关注学生生活经验和亲身经历的课程形态，更注重学生的实践和活动，将学生在活动过程中的表现以及他们如何解决问题的过程作为重要的评价依据。

（二）研制一套可参考的量表

在综合实践活动评价中，合理利用评价量表，对学生的研究能力、情感态度及活动效果进行综合性评价，既能保存一定的原始资料，又能为科学评价提供依据，评价指标的研制为学校提供参考，包括综合评价观察量表、目标达成分解量表、学生活动评价量表、学生成果评价量表，这些表包括基本的评价量表，量表的具体指标设计并不是固化不变的，教师可根据具体的活动、学生情况需要适度变动（见表8-3、表8-4、表8-5、表8-6）。

表8-3　综合评价观察量表

态度指标	行为观察指标
好奇心	注意和关心新事物、新情况
	通过对细节的认真观察表现出学习兴趣
	能提出问题
	利用现象或资料发现新的或不同寻常的情况
尊重事实	寻找事实证据以回答问题
	发现、检验与现象不相符合的证据
	挑战没有充分证据的结论或解释
尝试应用知识解决问题	能够寻找到帮助问题解决的知识
	借助知识在问题情境中开展探究活动
	用可获得的知识进行解释和解决问题
乐于批判性地评价各种观点	当有充足的证据时，改变已有观点
	将其他各种观点与自己的观察相比较
	检验自己研究中存在的正面和负面的问题
	寻找各种观点，但不停留在已有的观点上
	意识到改变已有观点是必要的
会与人合作	自如地和其他学生讨论与主题相关的观点
	尊重小组其他同学
	能愉快地与小组成员讨论各种观点
	在探究小组中承担一定的角色并完成任务
	在研究和学习中帮助同伴，态度友善，有方法

表8-4　目标达成分解量表

（以初中"具备一定的野外生活技能"目标达成为例）

技能目标	细化指标
具备一定的野外生活技能	1.能选择一个野外活动地,收集该地点的环境资料
	2.能阐述清楚选择理由
	3.能列出该地安全、舒适生活需要考虑的因素
	4.收集该地的环境资料证明考虑因素的必要性
	5.能列出该地适宜生活需要携带的物品目录
	6.能小组合作设计、布置、分配好居住环境
	7.与小组成员安全、愉快地在野外度过一天一夜

表8-5　学生活动评价量表

评价要素	5星	3星	1星
主题确定	会在合作中确定清晰的主题	在教师帮助下确定主题	选择、运用教师给出的主题
信息收集与处理	多渠道收集信息,能合理处理信息,并得出结论	获取信息渠道单一,在他人的帮助下能得出结论	不能从信息分析中得出结论
分工合作	合作中能尊重同伴,遇到问题能主动沟通、解决	合作中出现的小矛盾不能自主解决	无法统一意见分歧
成果汇报	能大方自信地向大家介绍成果	能展示,但不自如	不够大胆,展示形式过于简单
实践、探究态度	敢于尝试,能想办法解决问题	在他人的多次帮助下能完成实践、探究任务	基本依靠他人才能完成

表8-6　学生成昊评价量表(以一次性使用材料宣传为例)

成果评价指标	我的表现(陈述性语言表达)	同伴评价指标
我们的活动方式有哪些		
我们的成果表现方式有几种		
遇到问题解决办法有哪些		
和同伴合作,意见分歧是如何解决的		
活动中最满意的是什么		

星级衡量标准:
5星:活动方式多样;成果表现方式丰富;妥善解决分歧;能找出活动中最满意的地方
3星:活动方式不多;成果表现方式较少;妥善解决分歧需要别人帮忙;需要他人帮助才能找到活动中最满意的地方
1星:活动方式单一;成果表现方式单一;不能妥善解决分歧;不能找到活动中最满意的地方;梳理需要他人帮助

三、实施考核评价

两级考核评价机制是指学校层面和区域层面的考核,学校层面的考核评价机制的建立旨在保障课程实施的到位,区域层面的考核以管理的方式倒逼学校切实落实课程的规范、有序实施,注重教师培训与课程质量。

(一)年度考核,增设指标导向

一年一次的年度考核是对学校各个方面的综合评价,其包含的内容多项:师德师风建设、教师队伍建设、教学质量、教育科研绩效、教师培养等,我们通过增加相关的可操作指标,以提高学校对综合实践活动课程的重视与管理到位。在"教师队伍建设"中增加一学期至少两次综合实践教研活动,每个综合实践活动课程教师至少参加一次区级及以上的培训活动;在"学科

管理"中要求学校每学期有课程实施方案备案,有综合实践活动课程的审核机制(方案);在"教育科研绩效"中有市级综合实践活动类的课题研究,成果赋分是其他课题的加倍,在考核中从不同的角度予以强调、倾斜,来引导学校关注、重视综合实践活动课程。

(二)激励机制,凸显课程倾斜

为了引导学校、教师对综合实践活动课程的重视,我们不仅从管理、评价上采取多种方式进行监督、落实,同时也设计专门的激励机制来引发学校、教师对该课程的重视。一是开展一年一次常态的精品课程的"展示与共享"活动,搭建平台让教师感受专业成长带来的幸福感。二是定期开展活动指导课、专题论文、案例评比活动,并以此开展相关区级活动,以扩大辐射面,提升综合实践活动课程教师的专业能力。三是区域性综合实践活动课程按区级精品课程奖励标准,予以每个课程一次性8000元的支持补助经费,为教师进行课程开发解决资金上的问题。四是对于在综合实践课程建设中实绩突出的教师、学校,在评优评先上予以适度倾斜。如在区名师申报中,综合实践活动的荣誉可纳入任何学科,其他学科只有对应学科的论文、成果才能纳入计分范围,学校的年度考核中,综合实践活动课程研究的课题分值高于其他课题,且不做封顶处理,如一个市级立项课题计2分,市级立项4分封顶,综合实践活动课程的课题立项一个计3分,且不封顶,可累计,意在引导学校重视综合实践活动课程的研究。

管理是综合实践活动课程建设区域推进必不可少的手段,以行政驱动,专业管理引领,使课程建设有动力、有助力、有活力。区域推进管理中,强化目标管理、督查过程管理和落实结果管理;学校课程领导力管理中,通过强化培训、指导顶层设计和建立共同体达成校长、教师课程领导力的提升;课程质量管理中,建立管理机制、研制可参考评价量表和设置激励机制,保障课程实施的质量。建立、改进区域教学管理,推进综合实践活动课程的高质量落实,实施逐步走向规范化、优质化管理的过程中,促进教师的专业化发展与学生综合素养的提高。

第九章

成效与展望

第一节　打造了综合实践活动课程建设区域范例

　　经过6年的探索与研究，钱塘新区教师的课程观念、能力和意识得以提升，开发了一批较为成熟的综合实践活动精品课程，形成了综合实践活动课程建设区域新模式。区域综合实践活动课程建设为学生的多元发展提供了课程的支撑，促进学生学习方式的转变，学生的综合素养得到大幅度提升。

一、形成了综合实践活动课程建设区域模型

　　6年来，钱塘新区逐步形成了具有区域特质的综合实践活动课程建设新模式，以行政驱动、业务助动、学校主动的推进思路实现了学校综合实践活动课程建设区域高质、均衡发展，如图9-1所示。

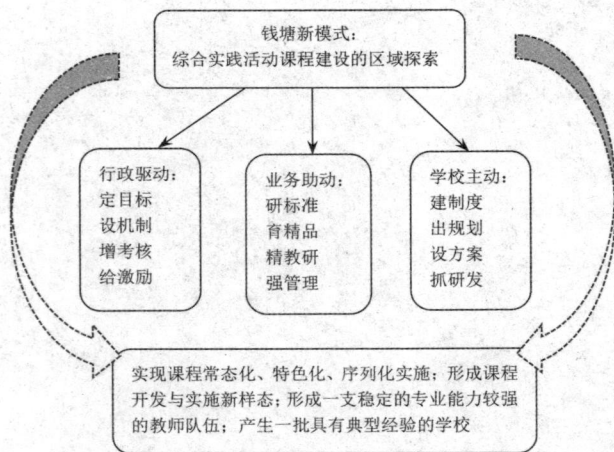

图9-1　综合实践活动课程建设区域模型

行政部门发挥驱动力,出台政策,以目标导向,确立固化的推进机制,增设多维度课程考核内容,给资金资助激励,评优评先倾斜等,形成学校重视课程建设的积极硬核环境。业务部门发挥助动力,通过精品课程认定标准的研制,在引导精品建设中示范、影响学校综合实践活动课程的研发与实施;精准教研,针对学校在课程建设中存在的问题、需求开展教研活动,在不同形式、不同目的的教研活动中提供专业引领与指导,打造出浓厚的支撑课程建设的软环境;强化管理,通过课程建设的目标管理、过程管理、质量管理,充分发挥业务部门的优势,使课程建设有引领、有督查,构建出良好的管理机制环境。学校充分发挥主动作用,建立起课程管理相应的制度,出规划、实施方案,抓好课程研发审核与规范实施,形成课程实施终极点的结实的落地行动。行政部门、业务部门、学校三方聚焦,合力推进综合实践活动精品课程区域建设,使课程真实走向规范化、常态化、序列化、特色化、品质化的全面实施。

二、形成了综合实践活动课程开发与实施的新样态

钱塘新区在区域推进综合实践活动课程建设过程中,行政部门、专家团队、学校三股力量集聚发力,实施了五环节综合实践活动精品课程培育流程业务部门抓,学校常态实施业务部门、学校合力抓的新局面。与此同时,通过现场、虚拟双平台推进课程共享,使课程在不断趋于成熟的过程中有效发挥辐射、引领作用,从而形成了课程建设区域新样态。

第一,形成了综合实践活动课程培育的驱动力量。杭州经济技术开发区社发局把综合实践活动课程的共建共享作为重点工作,纳入《杭州经济技术开发区关于深化义务教育课程改革推进方案》,在原有的评比、考核制度中增加学校综合实践活动精品课程的评价指标,新出台的如《杭州经济技术开发区课改示范学校评比》《杭州经济技术开发区示范学校评比》,更是把综合实践活动精品课程的培育作为评比的重要指标。行政部门的政策推力、教研部门的业务指导推力激活了教师课程开发的潜力,教师们也以高度的热情投身于综合实践活动课程的开发与实施之中。正是钱塘新区的教育行政部门、专家团队、学校三股力量集聚发力,使得综合实践活动课程进入了

有规划、有序列、有质量地开发与实施的运行轨道。

第二，构建了综合实践活动课程循环培育的流程。针对区域课程开发基础薄弱现状，构建了低起点、循序渐进的五环节综合实践活动精品课程培育流程。五个环节的流程一年内循环一次，完成一个循环即完成一次课程培育周期。在五环节操作中注重专家引领下的互动，在专家的引领下反复修改、反复实践，对每一个环节"精耕细作"，使课程培育成为具有区域特性的、规范的、可操作的过程，培育出一批批综合实践活动精品课程。

第三，促成了精品课程再创生的运行机制。以现场共享、虚拟共享的双平台共享的运作，促成新的精品课程的创生。2017年年初在对区域综合实践活动课程建设的调研中，看到了双平台共享机制的推进带来的精品课程创生成效。如"数学学具应用"是在"智拼七巧板"课程的共享活动中得到启发，进而创生、架构出的新的精品课程；"成长味道"则是通过虚拟共享，在网络上下载了下沙一小的"尊重"课程，在"尊重"课程开发教师的指导下进而共同开发出来的课程；"诗意学林：童谣"是学习了"寓言北沙"而设计出来的；"快乐国球"课程是因"剑行"课程的启发而产生的。现场、虚拟双平台共享的运作促成新的精品课程的创生的例子不胜枚举。

第四，培育了课程开发与实施的专业指导队伍。课程的共享机制的形成，教研活动开展、申报与评比等活动的展开，在教师中逐步建立起相对稳定的学习、交流、合作的共同体。正是这种有效的学习、交流与合作共同体，在为各校的课程培育提供启发与帮助的同时，从一线教师到骨干教师、从骨干教师到教研组长，在教师中形成了草根式的专业指导队伍。再加上教研员的引领，高校科研队伍的支持，以一线教师、教研员、高校科研人员三类人组成的区域内综合实践活动课程专业指导队伍逐步形成，共同打造区域内综合实践活动课程，实现区域课程建设的稳步推进。

第五，实现了教师综合实践活动课程指导的转型。在区域推进综合实践活动课程的实践中，教师们普遍认识到，从培养学生具有价值体认、责任担当、问题解决、创意物化等方面的意识和能力的综合实践活动课程的总目标出发，作为国家基础课程的综合实践活动课程改变了学生的学习方式,发展了学生交往、合作、解决问题的能力,是任何其他学科课程无法替代的。在实施过程中,以调查、访问、考察、探究、操作、劳动、服务等,教师注重学生学习方式的多样性与实践形式的丰富性,强调学生在实践过程中的亲历与体验。在课程实施过程中,大部分教师在开展综合实践活动课程之前会考虑问题从学生中来,选取学生最感兴趣的话题更具有课程价值。教师能通过各种写实记录和评价策略,掌握学生活动过程的第一手资料,及时帮助学生解决实践中碰到的难题,并不断改进课程内容,变换教学形式。

三、形成了综合实践活动课程建设新面貌

钱塘新区培育了一批学校综合实践活动精品课程,学校对综合实践活动课程的开发有了精品意识,课程数量、质量有了大幅度提升,不但实现了省、市级精品课程零的突破,区域综合实践活动课程建设从数量到质量上都呈现出蓬勃发展的新面貌。这种新面貌体现在以下几个方面。

首先,学校对于综合实践活动课程开发的作为日益提高。随着教育行政部门、业务部门的极力推进和学校探索、实践的不断深入,学校对于综合实践活动课程开发的支持力度不断加大,区域内综合实践活动课程的开发意识不断提升,精品意识不断形成,管理举措、管理制度不断完善。综合实践活动课程开发与实施的过程管理不断加强。较之2014年年底,2019年年初钱塘新区再次对学校综合实践活动课程情况进行调研,调查结果显示,学校在课程开发上有了多方位支持,有了比较完善的综合实践活动课程建设系列管理制度,学校龙头课程精品化打造轨迹明显,从专家指导、课程组织、立项审核、考核制度等维度进行调查,调查结果如表9-1所示。

表9-1 学校对课程开发的支持程度调查结果

时间	专家指导	课程组织	立项审核	过程审核	考核制度
2014年年底	58.47%	36.56%	43.20%	55.48%	48.93%
2019年年初	100%	100%	100%	100%	100%

学校对综合实践活动课程开发与实施的举措日益完善,也随着学校课程开发、实践的深入,根据学校的不同情况,可谓"八仙过海,各显神通",形成了各具特色的课程开发与实施的新举措。比如,杭州市下沙第二小学的"北沙五地"精品课程的打造,学校从四条路径入手打造精品:一是邀请专家指导。原名为"农耕北沙园艺"课程,经过专家审核论证后更名为"北沙五地",并进行了课题化操作与实施,以"北沙五地:基于'嘟噜噜'农耕园育人空间的架构与运作的研究"为题,先后被立为省市规划课题。二是抓住区域教研活动、学分培训机会展示。区德育课题推进会上,课程负责人做课程架构与实施汇报;区品社学分培训中,推出了"北沙五地"课程展示课"家人关爱我成长";杭州市德育资源整合背景下品德课研讨活动中,课程组两位教师执教展示课"我爱秋天""集体处处有规则"。三是借助媒体提升课程影响力。学校邀请《钱江晚报》记者观摩课程活动,先后报道了"甘蔗印象""农耕趣味运动会"等课题的活动。四是走出去、迎进来。校长到淳安、建德及丽水、嘉兴等地结对学校介绍课程,省内外学校领导、老师的来访,都极大地助推了"北沙五地"课程的成长。

其次,促成一批综合实践活动精品课程的产生。随着学校综合实践活动精品课程的循环培育,课程的数量显著增加。课程质量得到提升,2015—2020年共验收通过精品课程87个,且大部分转化为省、市级课题,通过课题研究促使课程更加精致。学校开设的课程都有相对规范的课程材料,课程实施上已经比较好地体现了综合实践活动课程实践性、综合性的特点。

省、市级精品课程从无到有。2016年年前,区域内没有课程参加过杭州市的精品课程评审。2015年年初开始,课题研究全面展开,学校精品课程建设以规范的程序在省、市课程专家的鼎力支持下在区内强势推行,2016年打破了区域无市级精品课程的现状,2017年实现省级精品课程零突破,截至2020年,已有"蒙正国学""陶陶乐 乐淘淘"等13个课程被评为市级精品课程,其中"尊重""寓言北沙""谈古论今"3个课程被评为省级精品课程。

再次,提升了教师开发与实施综合实践活动课程的能力。教师们普遍学会了编制课程纲要,教师公开发行教材、出版专著成果丰硕。文海小学洪峰老师率6位教师开发了综合实践活动课程教材一册,下沙二小潘舸平与团队老师共同撰写了课程专著《北沙遇上寓言》《北沙五地教育诗篇》分别由西泠印社出版发行,潘舸平老师组织开发的第七届浙江省义务教育精品课程"寓言北沙"编入由杭州市教育科学研究所编撰的《项目育人的十四个学校创新》一书,由现代出版社出版发行。区域内教师6篇文章发表于《人民教育》《浙江教学研究》《杭州教育》等杂志,72个区级综合实践活动课程中又转化出省、市级立项课题40项,课题成果获奖26项,省一、二等奖成果3项,市一、二等奖成果(论文)25项。教师能驾驭不同形式活动课的课型,2019年参加市综合实践活动课程课堂评比,中小学各1人获一等奖。

最后,学生综合素养大幅度提升。在《指导纲要》中提及"以培养学生综合素质"为导向的课程目标,其中"创新精神"被列为重要的核心素养之一。经过6年的探索,学生创新能力得到显著增强,学生在综合实践活动中动手与动脑兼顾,学生在"做中学",侧重点在于"做什么"而不是"学什么",提高学生的创新能力、综合设计能力和动手实践能力,强调学生在直接经验和亲身经历的基础上,通过观察、思考、设计、制作、试验等活动获得丰富的学习体验,在生活中发现问题,在实践中解决问题,在活动中获得知识。学生的独立自主与合作意识得到提升,一方面,学生可以根据自己的兴趣爱好,选择适宜的学习目标、内容、方式和成果展示形式,教师在过程中只进行必要的指导。另一方面,学生在小组团队中为了完成共同的任务而需要相互支持、配合互动学习,并听取同伴的建议。这样的学习方式打破了传统课堂孤立的、被动的学习局面,实现了师生之间、生生之间的互动与交流,容易让学生产生学习的主动性和积极性。

2020年5月,从学生发现问题、解决问题、合作能力、沟通能力和组织策划能力五个维度调查,以强、较强、一般、无四个等级评判五种能力,五种能力中"无"的比率都在10个百分点以下,如表9-2所示。

表9-2 学生综合素养五大能力调查表(%)

等级	发现问题	解决问题	合作能力	沟通能力	组织策划
强	10.21	22.32	42.23	18.32	19.28
较强	65.21	43.07	36.33	33.18	24.48
一般	20.34	33.26	20.05	47.27	46.86
无	4.24	1.35	1.39	1.23	9.38

更为可喜的是,基于钱塘新区6年来在综合实践活动课程探索中取得的丰硕成果,逐渐产生了国际影响力。2018年和2019年成功举办基于综合实践活动课程的"国际教育高峰论坛",介绍钱塘新区综合实践活动课程建设经验,展示教师课堂2节,累计开发的72个课程以易拉宝的方式全面展示。2018中国·下沙"浙派名师"中芬论坛参会代表450多位,包括芬兰领事馆代表、国家文化官员及来自中国和芬兰的教育界领导、专家、名师、教研员、校长和教师代表。人民网、《浙江日报》、杭州电视台、《浙江教育报》等省市媒体、网络新媒体客户端等20余家媒体竞相报道。2019年的国际教育高峰论坛现场参会600余人,网络观看现场直播人数逾4000人,第十三届全国人大宪法和法律委员会副主任委员徐辉,省教育厅副厅长韩平等领导参会,美国著名教育哲学家、美国杜威协会前主席里奥纳德·沃克斯教授,美国西南教育研究协会前主席罗伯特·卡普拉罗教授以及国内知名教授张华、童富勇,市教科所俞晓东所长等一批国内外知名教育专家。《浙江日报》、《钱江晚报》、杭州电视台等主流媒体,《浙江教育报》等行业报刊及腾讯大浙网、搜狐网等网络新媒体客户端30余家媒体做了报道。

第二节　涌现了综合实践活动课程建设的典型经验

钱塘新区综合实践活动课程建设取得了显著的成效,在区域范围内不同的学校都根据各校的办学愿景与办学理念,开发了一批带有明显校本特征的综合实践活动精品课程,提高学校办学品位的同时,使得区域综合实践活动课程的实施呈现出百花齐放、姹紫嫣红的景象,为学生的多元发展提供了广阔的平台,学生的综合素养得到大幅度提升。在这个过程中涌现出来的一批综合实践活动课程建设的典型经验,具有一定的借鉴意义。

一、北沙实践

杭州市下沙第二小学,又名"北沙书院",以"清明""含笑""厚朴""远志"四味中草药名作为校训,校园文化创建主打徽风浙韵风格,宋元窗瓦、明清门楼、民初木门的布局,江浙徽赣乃至江南地带乡土珍木奇花、药树野果的引植,龙缸卧马、药木华表、杏坛孔像、诗路碑林等校园文化景观的设置以及农耕园里五谷果蔬、油料花卉等各类作物的种植,上千只鸡鸭鹅、山羊、白兔、黄狗的养殖,构成了精致而寓意深刻的文化校园。以独特的校园文化为载体,推进综合实践活动课程的校本化实施,是综合实践活动课程"北沙实践"的一大特色。

(一)北沙特色课程介绍

以北沙校园独有的、丰富的寓言哲学启蒙教育资源和真实的校园生活情境为基础,通过探索全方位开启儿童智慧源泉"寓言北沙"哲学启蒙教育综合实践活动课程。寓言哲学启蒙教育就是从儿童生活出发,以校园无字书、北沙故事屋、儿童生活故事课程架构起了开启儿童智慧源泉的"创意"载体，以寓言小报制作、寓言绘本制作、寓言七巧板拼图等课程架构多种实践方式编织儿童美丽故事的"创编"课程，以"大桌子"故事会、演绎各种类型寓言剧、做校园寓言导游等多个平台架构起开启儿童聪明才智的"创行"课程，让学生在"创意""创编""创行"的实践活动中，获得思维的训练、进行智慧的探求、达成文化的陶冶，以发展儿童的逻辑推理、批判性思维以及创造性思维的能力，让儿童学会充满独立、灵活、想象、批判性地思考，保护儿童的好奇心和求知欲。

在此基础上，根据学校主体生源为当地农改居居民子女和来自全国20余个省份的杭州新居民子女的特点，确立了适应学校学生实际需要的身心健康、人文情趣、哲学思辨、创造能力、远大志向五大核心素养培养目标，以学校独有的"嘟噜噜"农耕园育人空间为载体，架构出与五大核心素养培养目标相对应的健康成长孕育地、诗意生活栖息地、智慧生长启蒙地、创意学习体验地、梦想飞翔启航地的"北沙五地"综合实践活动课程群落，通过"北沙五地"综合实践活动课程的实施，在实现五大核心素养培养目标、完成具有北沙特色的学生形象建构的过程中，探索出小学育人空间的拓展与资源利用的教育范式，形成学校特色发展品牌。

"北沙百草"综合实践活动课程则是充分利用学校校园丰富的中草药植物资源，以传承民族文化、普及中草药知识为己任的综合实践活动课程。课程课内学习内容选择校园中常见的中草药作为研究对象，按季节特点分为春生、夏长、秋收、冬藏四篇，每个季节认识两种中草药。"北沙百草"课程通过方法指导、方法汇报、种植体验和成果展示，让学生了解常见中草药的外形特征、生长特点、药用价值、故事、小妙方等相关知识，并以中草药名片、中草药贴画等方式进行成果展示，在实践中开展中草药的种植、采摘、炮制、储藏等基本方法的运用，通过团队组建、任务分工、选择课题，制订中草药研究计划，收集、处理相关信息，通过汇报展示分享，同时整合其他团队的分享，建构自己的知识体系，有目的、有计划地进行实践，能通过各种形式展示自己的学习成果。

（二）北沙课程实践经验

下沙二小以独特的校园文化为载体推进综合实践活动课程的校本化实

施,取得了丰硕的成果,课程专著《北沙遇上寓言》《北沙五地教育诗篇》分别由西泠印社出版发行,"寓言北沙"被评为第七届浙江省义务教育精品课程,"北沙百草"被评为杭州市第十三届义务教育精品课程。综合实践活动课程的"北沙实践"所呈现的特点如下。

首先,立足校本资源。"寓言北沙""北沙五地""北沙百草"课程充分利用下沙二小徽风浙韵校园文化氛围、校园内童话般的12亩"嘟噜噜"农耕园精心打造的寓言校园,即为精心打造的寓意深长的北沙故事校园,让孩子用稚嫩的笔,以自己的生长故事,把自己的爱心、对生命的敬畏、自己的童年感悟写进成长的积淀里,"寓言北沙""北沙五地""北沙百草"所呈现的,既是以儿童故事为载体的教育内容,也是一种教育方式。

其次,项目承载活动。"寓言北沙"以寓言为载体,充分挖掘北沙校园文化意蕴,孩子们在"读读""编编""行行"的创意、创编、创行的项目化活动之中,获得思维的训练、进行智慧的探求、达成文化的陶冶。而"北沙五地"的劳作,则是在现实情境中创设五种创意活动、实现五大核心素养的培养目标,同样具有独特的审美功能与审美价值,强烈地让儿童感受到在活动中所流露的感情。而"北沙百草"则是以春生、夏长、秋收、冬藏展开项目活动。

最后,实现学科整合。"寓言北沙""北沙五地""北沙百草"课程集感性、知性、理性于一身,以深入浅出的思想内涵,在活动中体会着犹如小说的形象、诗歌的凝练、散文的优美、戏剧的警策、谜语的比拟、故事的趣味、数理的思辨、科学的理性等,感受着深湛、深切的感染力。基于这两项课程活动的这一特点,在品德、语文、数学、科学等各国家课程中相关项目化学习的统一目标下,进行新的序列化编排,有计划地在各年级实施,并呈螺旋上升的态势。

二、文海创新

文海地处杭州钱塘新区下沙片区,是浙江省最大的高教园区——下沙高教园区的配套学校,与学校毗邻的是下沙的14所高校和许多世界五百强企业。学校自创办以来,便秉承"为有生活价值的学习而教"的教育初衷,致力于在知识与生活之间架起桥梁,因而学校充分挖掘区域优势,借力于高校

的教学资源,借力于企业的生产设备设施与创新模式,借力于学生的高校家长资源,开展了极具创新性、系列化的综合实践活动课程。

(一)文海特色课程介绍

"谈古论今"课程以项目化学习为路径,将"古"和"今"作为主题项目内容,在真实的时政情境中发现问题,在古今对比的思维下生成问题;以"谈"和"论"作为学习方式,运用环境支撑、构建课型和搭建平台的策略分析问题,通过时政评论、历史评析等方式进行观点辨析进而解决问题,通过个性展示呈现研究成果。课程实施以来,满足了学生学习需求,促进了教师成长,丰富了学校国家级教学成果内容,被评为浙江省第七届精品课程。"谈古论今"课程自2015年开设以来,已成为学校选修课人数最多的课程之一,在2018年学校"问卷星"调查中,"谈古论今"位于全校感兴趣综合实践活动课程的前三位。课程实施过程中,学生的探究性能力、调控性能力和社会性能力得到明显提升。全校400名学生参与班级探究活动,而从班级选出的参与校级展示优秀团队中,超过一半的学生是来自选修"谈古论今"综合实践活动课程的学员,他们在展示中表现出来的大方自信、逻辑思维、流利表达等能力明显突出。

而"ADD玩创"课程的名称创意来源于学校玩创社的学生们,以英文adventurer(冒险家)、dreamer(梦想家)、doer(实干家)的首字母组合而成的课程名称,寓意着孩子们希望自己能成为梦想家、实干家和冒险家,在团队中聚合各自的内在潜能,敢于冒险把自己的梦想通过动手去解决遇到的问题。而玩创就是一种孩子们喜欢的学习方式,它是通过孩子自己动手实验,在玩中创,在创中学,领会知识理论,进而培养出创新、独立思考及解决问题的能力,为他们适应未来社会和终身发展要求奠定基础,这也正是开发和实施本课程的目的。"ADD玩创"课程班,2013年至今共组建了11支团队参加青少年DI创新思维大赛,获得省级团队一等奖第一名15次,国家级团队一等奖10次,全球团体奖项6次,目前是此领域全省最好的团队。"ADD玩创"团队已有杭州市少科院院士7人,杭州市少年科学院理事1人;获省美德少年1人,市美德少年5人,市雏鹰金奖6人;中学团队的队员毕业后全部进入重点高中,且都投身于学校的各种竞赛、活动组织、学校管理等工作中。学校"ADD玩创"课程及团队多次被中央电视台以及省市电视台及纸质媒体跟踪报道。

根据学生的品德发展水平，小学段开展了以分年级、递进式的"三走进知行课堂"社会实践活动为主题的综合实践活动课程。基本框架如表9-3所示。

表9-3　文海实验学校"三走进知行课堂"综合实践活动课程基本框架

年级	社会实践主题	社会实践具体地点	主要内容	主要培养目标
三	走进社区	云滨社区、江潮社区、江滨花园社区等11个社区(包括周围广场、马路、车站等公共场所)	第一学期社区志愿服务，第二学期广场、马路、车站志愿服务	培养服务意识
四	走进企业	娃哈哈集团有限公司、九阳股份有限公司等6家企业	第一学期参观企业，第二学期职场体验	培育职业萌芽
五	走进高校	浙江育英职业技术学院、浙江工商大学等14所高校	第一学期参观调查大学，第二学期实践体验大学生活	树立人生理想

"三走进知行课堂"通过社会实践活动的评价路径来促进学生在社会实践活动过程中的"行为习惯、公民素养、人格品质、理想信念"四大关键性要素的学生道德发展水平，不断增强学生的社会责任感、创新精神和实践能力，培养学生的"社会参与"这一核心素养，让学生真正过上"知行合一"的生活。

(二)文海课程实践经验

文海秉承"为有生活价值的学习而教"的教育初衷，充分挖掘区域优势推进综合实践活动课程的校本化实施，在不同学段都形成了综合实践活动课程亮丽的风景线，取得了丰硕的成果。其基本经验如下。

首先，利用地域资源造就文海机遇。文海充分利用了高校的教学资源、企业的生产设备设施与创新模式、学生家长的高校教师的智力资源，根据学

生的品德发展水平，开展了分年级、递进式的"ADD玩创""谈古论今""三走进知行课堂"及"文海小志愿者"跨学科的实践主题活动，并以社会实践的评价来助推与提升学生的社会责任感、实践能力和创新精神，让每一位文海学子过"知行合一"的德育生活，最终达到培养学生的服务意识，培育职业萌芽，树立人生理想的主要目标，造就了文海教育的"文海机遇"。

其次，围绕关键能力造就学生成长。课程在目标设定时，紧紧围绕学生发展中需要具备的"能够适应终身发展和社会发展需要的必备品格和关键能力"这一核心指向。如"谈古论今"的"核心知识"目标，指向社会学科中的热点问题、重要事件、重要人物等知识获取，侧重于在自主获取知识的过程中具备的时空观念和唯物史观；"重要能力"目标，包含学生在习得方法的过程中形成的史料实证和历史解释的能力；"基本态度"目标，强调学生在合作探究过程中需要的社会性、计划性、坚持性、合作性等学习品质，在情感、态度达成的过程中最终形成的家国情怀和政治认同。而"ADD玩创"课程，以STEAM的教育观念，以提高学生的综合素养为目标，引导学生认识科技和艺术等学科本质、作用和价值，注重学习与现实世界的联系，注重学习的过程。

最后，模块组合与分层次学习彰显课程特质。以"ADD玩创"课程为例，"ADD玩创"拓展课程需要学生具备科学和技术、戏剧和表演、艺术和设计三大模块的基本素养及能力，所以需要针对学校学生实际进行各模块设计和组合，根据不同年龄、不同层次学生的需求，设置不同层次的课程内容和要求，培养和引导学生学会对学习的自主选择，使学生有选择、有层次地学习，满足不同学业基础与能力、潜质发展有差异性的学生的需要，更多地关注学生兴趣和潜能的发展，更多地关注学生品行修养、创新思维和实践能力的培养，从而使学生的个性特点、潜能真正得到不同程度的开发。

三、学林探索

学林小学地处钱塘新区金沙湖板块核心区，是一所新兴核心城区的义务教育学区小学，学校以"知微行远"为校训，期盼学林学子根植于厚积薄发、知微行远的民族传统文化精髓，准确认识树立远大目标与坚持脚踏实地的辩证关系,懂得"把大事做小,小事才可做大;坚持做好小事,大事才能持久"的道理,久久为功,以将大事落细落小、将小事做大做强为策略,避免知而不行、知行脱节、以知为足而不躬行践履的弊端。

(一)学林特色课程介绍

与众多的城区学校一样,探索城区学校如何树立科学的教育质量观,探寻培养具有知行合一与实践能力,有责任感、爱劳动与强烈的奋斗精神的时代新人的育人新路径,是亟须解决的问题。学林小学试图探索出从校内到校外、从家庭到社会的各个空间,创设若干个彼此独立又相互联系的课程载体,进行综合实践活动课程的实施。

从校内课程资源到校外课程资源,"学林探索"之四大主题课程包括以校园文化布局为载体的"学林地图"综合实践活动,以养护学校围墙外的"护校渠"为载体的"学林护渠"综合实践活动,以学生居家的家庭、社区及社会活动场景为载体的"学林劳动"综合实践活动,以分布于全市的各大博物馆为载体的"学林博览"综合实践活动。以此四大载体所承载的教育主题、教育内容及与其相对应的课程活动主题,构成了"学林探索"综合实践活动课程群,如图9-2所示。

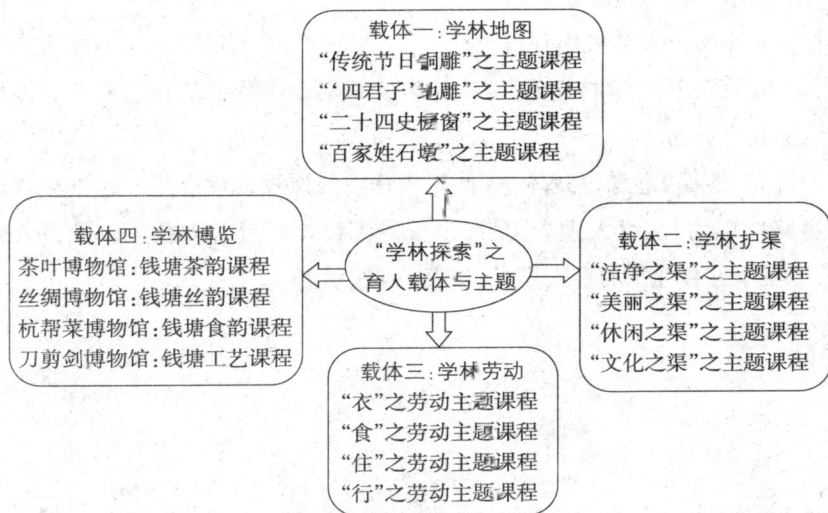

图9-2 四大载体的内容结构及与其相对应的课程活动主题

通过四大育人载体所承载的四大综合实践活动课程的实施,培养在人的认识、情感、言语、行动上都表现出鲜明特征,外在形象与内在素养兼具的尚礼节、好思辨、乐服务的学林学子。

尚礼节,即培养言行举止合乎于礼而显示其文明气质。在课程活动过程中感受中华民族自古以来的自然环境、时代风气、历史典故和风土人情,在孩子的幼小心灵里播下与载体主题相对应的爱国爱民、吃苦耐劳、清雅高洁、俭朴淡泊、胸怀坦荡、宽人律己、刻苦自励、积极求知等中华人文与科学精神的底蕴,使言行举止合乎于礼而显示其文明气质。

好思辨,即培养学林学子的探究精神。在四大课程的探寻过程中不断地尝试着转换学生的学习空间、不断地尝试着改变学生的学习方式,善于在实践活动中从不同的层面追根究底地去分析、解决问题,这是学林学子内在涵养的表现,学林学子的探究精神、创造能力得以培养。

乐服务,即激发学林学子的社会责任感。引发学生在现实生活情境中进行自我教育的动机,引导学林学子对美好生活的向往,并立志不畏艰辛、孜孜以求地付诸行动,培养了学生的人生责任感,也培养了他们的社会责任感。

(二)学林课程实践经验

学林小学这种从校内到校外全方位的综合实践活动课程校本化实施策略,多方位促成了"学林探索"育人综合实践活动课程群的日趋成熟。体现在以下几个方面。

首先,遵循"理念—载体—目标"相呼应的课程设计思路。这种课程设计思路体现为,从育人理念出发,由校内到校外探寻育人载体设计育人课程,以实现五育并举的育人目标,如表9-4所示。

表9-4　"学林探索"的课程设计与运行机制示意表

	育人理念	课程载体空间	育人目标
学林地图	不拘泥于课堂与课本,将教育的外延置于学生生活的全部,变静态为动态、变复杂为简约、变简朴为珍贵,以学习空间的转换带来学习方式的转变,深度学习的发生	校园文化布局、设施、景观	以校园文化为载体的"新环境育人"的实践中,将静态的环境资源转化成动态的活动课程,在培养创新精神、实践能力的同时,在学生幼小心灵里播下与校园文化主题相对应的爱国爱民、追求真理、刻苦自励、宽人律己、胸怀坦荡等精神
学林护渠		高沙渠	从"知识改变护渠方式"的活动出发,实现"知识改变生活方式"的提升
学林劳动		连接起家庭、学校及社会活动空间	以生活中"最简朴、最不可或缺"的劳动技能为教育内容,培养劳动技能,激发学生对美好生活的向往与不畏艰辛、孜孜以求的行动
学林博览		选取钱塘各博物馆	以"钱塘风物"培养学生的实践能力、创新精神、社会责任感,提升人文精神、科学精神
学林……		……	……

　　其次,形成四大课程互补互促运行效应。以"学林探索"为总领,形成了"学林地图""学林护渠""学林劳动""学林博览"彼此独立又相互联系的四大综合实践活动课程群。随着载体运行的项目不断趋于成熟,瞄准上级教育行政部门和业务部门的创新项目、课题研究、精品课程等申报、评比的契机,有计划、有准备地将载体项目相对成熟一个推出一个,推出一个促成成熟一个。以"特色育人项目:城区小学育人载体的校本探索"为题,"学林探索"被立项为2021年浙江省教育科学规划课题,"钱塘博物(学林博览)"于2020年12月被评为钱塘新区第六批学校精品课程的唯一优秀项目,"学林劳动"主题获推荐免评资格,立项为杭州市2020年课程建设专项课题。

　　最后,推行"一个主题四种活动方式、六个基本环节"的实施方式。以"学林地图"为例,"一个主题四种活动方式"框架如表9-5所示。

表9-5 "一个主题四种活动方式"框架

活动主题	考察探究	社会服务	设计制作		职业体验
			劳动技术	信息技术	
传统节日	端午里的屈原故事	家乡粽子代言人	学包粽子	屈原与端午的故事动漫、抖音	屈原纪念室讲解员
四君子	学林校园里的四君子	我为四君子代言	手绘校园四君子地图	四君子3D打印	我是小小种植手
二十四史橱窗	宋史·岳飞与杭州考察	手拉手游岳庙	岳飞与杭州手绘地图	岳飞与杭州电子地图	影视小制作《岳母刺字》
百家姓石墩	闪亮的姓氏名人	好家风进万家志愿者	家族姓氏名人雕塑	姓氏名人电子海报	我当清廉小干部

　　根据"学林探索"特色育人载体的不同处所,赋予不同载体的育人立意,分别选取"学林地图""学林护渠""学林劳动""学林博览"载体各自所承载的若干个主题,每一个主题又分别以考察探究、社会服务、设计制作、职业体验四种活动方式,每一种活动方式又有相对应的六个基本环节的关键要素的载体教育内容并加以实施,形成载体育人整体实施的系列组合拳,实现载体育人整体功能。

第三节　展望

　　6年来,钱塘新区综合实践活动课程已取得了一定的成效。通过行政驱动,形成自上而下推进课程的强硬外部环境;拓宽培训渠道,有效提升课程实施者的软实力;强化典型课程培育,打造了一批具有推广性、借鉴性的课程。学校课程规划在逐轮改进中,质量得到保障,逐步建立了一套能操作的学校管理制度;骨干队伍正在逐步形成,保障课程建设有序有质、扎实可行推进。

　　可以预见的是,综合实践活动课程的价值意义将得到更为普遍的认可,越来越多的学校将更加注重从开齐课程、开足课程到开好课程的转变,教师将从五育并举的高度,更加自觉地将上好综合实践活动课程作为一项富有意义与挑战的教学任务。同时,随着综合实践活动课程研究与实践的不断深入,技术手段的不断更新,钱塘新区的综合实践活动课程的实施也将进一步发生一系列的大变化。

一、遵循"五育并举"理念把握课程方向

　　《中共中央　国务院关于深化教育教学改革全面提高义务教育质量的意见》指出,坚持立德树人,着力培养担当民族复兴大任的时代新人。这要求坚持"五育并举",全面发展素质教育。钱塘新区综合实践将在"五育并举"理念的指导下,继续推进课程开发的有效实施。

　　作为国家基础课程的综合实践活动课程,将进一步摈弃单一的"学科世界""符号世界",回归到学生丰富多彩、真实有趣的"生活世界"。在生活世界中发现问题,围绕具有挑战性的学习主题,全身心积极参与、体验成功、获

得发展，学生在这个过程中，掌握问题解决的核心知识和过程，把握问题解决的本质及思想方法，形成积极的内在学习动机、高级的社会性情感、积极的态度、正确的价值观，成为既具独立性、批判性、创造性又有合作精神的时代新人。

综合实践活动课程将进一步让学生与生活世界不断产生交流、碰撞，真切地产生独特的生活感受，在生活体验的过程中实施课程育人、文化育人、活动育人、实践育人、管理育人、协同育人，开展理想信念、社会主义核心价值观、中华优秀传统文化、生态文明和心理健康教育。同时加强品德修养教育，强化学生良好行为习惯和法治意识养成，打造钱塘新区背景下中小学生社会实践大课堂，充分发挥爱国主义、优秀传统文化等教育基地和各类公共文化设施与自然资源的重要育人作用，在综合实践活动中突出德育实效。

通过综合实践活动，着力培养认知能力，促进思维发展，激发创新意识，充分发挥教师在活动课程中的主导作用，引导教师科学把握学生认知规律，在实践中突出学生主体地位，注重保护学生好奇心、想象力、求知欲，激发学生学习兴趣，提高学生学习能力。加强课内知识和生活经验的有机结合，广泛开展多种形式的实践活动，在综合实践活动中提升智育水平。

充分发挥劳动综合育人功能，加强学生生活实践、劳动技术和职业体验教育。优化综合实践活动课程结构，组织学生参加校园劳动，积极开展校外劳动实践和社区志愿服务。创建一批劳动教育实验区、学农实践基地，为学生参加农业生产、工业体验、商业和服务业实践等提供保障。建立相对稳定的研学实践、劳动教育基地，打造中小学生社会实践大课堂，在综合实践活动中加强劳动教育。

此外，通过积极开展与体育锻炼相关的社会实践活动，提升学生身体素质，在综合实践活动中强化体育锻炼。通过开设形式多样的综合实践活动，引导学生了解世界优秀艺术，增强文化理解，推进中华优秀传统文化艺术传承。以钱塘新区丰富的高校资源为背景，支持艺术院校在中小学建立对口实践基地，整合校内、校外资源开展美育实践活动。

二、运用新技术革新成果加快课程的实施

日新月异的科学技术革命的发展,推动人类现代文明迅猛发展,加速现代生产的突飞猛进,带来教育的内容与手段的深刻变革,也给综合实践活动课程带来新的机遇与挑战。综合实践活动课程将更主动自觉地拥抱智能化时代的到来,更为充分地运用好现代信息技术,将3D打印、虚拟现实、VR视界等一系列智能化技术、物联网设施设备,有机融入课程实践之中,突出职业体验、设计制作等活动中原本难以突破的客观障碍,更为便捷、直观地连接"生活世界""学科世界"。

首先,要通过网络信息技术推进区域综合实践活动课程资源共享。钱塘新区通过在场平台和虚拟平台,建立了试听共享场、网站共享场、自媒体交流场三大共享场域,保障课程共享落地。然而,这些共享只是局限在区域内课程共享。部分纯熟课程有课程资源包,但学校共享意愿不足,主要原因在于学校有特定的课程架构,对同类课程的兴趣不足,似乎更热衷于新课程的开发,另一个原因是学校分管者信息传达不到位,导致一线教师获得的信息与课题推进者提供的信息不对应。也有的优质课程甚至在本校也处于无人"接手"的状态。这需要学校管理层的适度介入来保障。建立了区域内优质课程资源库,包括两类资源,即课程内容资源与课程纲要。这些材料只是在教师需要编写相应材料时发挥一下参考、模仿作用。

随着互联网时代的到来,大规模开放网络课程(MOOC)成为一种新的教学方式。一方面,MOOC的教学资源不局限于传统的封闭式课堂,而是打破课堂中时间和空间的限制,依靠名师、名校等丰富的教学资源,让全球学生共享世界知名学府的教育资源。另一方面,在区域综合实践课程建设中引入MOOC这种教学方式,让MOOC成为学生展示、交流的平台。"三人行必有我师",学生可以利用现代科技,拍摄综合实践过程中的收获,制作综合实践成果,并在平台上进行分享。这打破了课堂上的时间限制,真正实现生生互评,教师可以在平台上逐一点评学生活动成果。

其次,利用人工智能拓宽区域综合实践活动课程建设路径。人工智能融合了机械、电子、传感器、计算机硬件、软件等众多领域的先进技术,是一

门具有高度综合渗透性、创新实践性的学科，蕴含着极其丰富的教育资源。把人工智能融入综合实践课程，以此拓宽钱塘新区综合实践课程建设路径，可以从以下几个方面进行探索：一是创生课程形态，构建数字化综合实践活动课程系统。新区学校可构建基于互联网的综合实践活动课程平台系统，将主题活动内容、教与学的资源、教学与评价工具等作为网站的重要内容，开发、整合基于移动终端的学习资源、学习过程记录工具、智能评价与反馈工具等。比如，充分利用智能手机的定位、照相、资源查询与获取等功能记录学生的研究过程。同时整合智能评价系统，及时对学生的研究数据和研究结论进行反馈与评价；充分利用数字化课程系统，使综合实践活动课程与教学各环节、各要素全面数字化、信息化等。二是变革模式，提升课堂教学质量。综合实践活动课程具有较强的实践性，虽然需要户外考察、研究与实践。在今后的探索与实践中，钱塘新区将高度重视综合实践课程课堂教学的信息化，变革课堂教学模式，提升课堂教学质量，充分利用多媒体和大数据为学生构建真实而贴近生活的主题背景，激发学生道德与认知冲突，促进主题的有效生成。比如，可以依托数字化综合实践活动课程系统，构建开放性的学生成果展示与交流环境，使学生成果展示与交流超越具体的时间和空间，成为学校文化建设的重要途径与重要内容。

三、加强UGS协作模式拓宽实施渠道

UGS模式是"大学（university）—政府（government）—中小学（school）"联动协调的机制，它能够为综合实践活动提供更多的主题活动素材、场地、师资、经费和活动指导与保障。

首先，钱塘新区内的下沙高教园区是浙江省最大的高教园区，拥有浙江水利水电学院、中国计量大学、浙江工商大学、浙江理工大学、浙江财经大学、杭州电子科技大学、浙江传媒学院、杭州师范大学等14所高校，拥有中国科学院理化所杭州分所等省、部重点学科80多个，硕士、博士授予点187个，国家级、省部级重点实验室20多个，自然科学科研机构100余所。钱塘新区空间范围包括杭州大江东产业集聚区和杭州经济技术开发区，新区内拥有杭州医药港小镇、广汽乘用车（杭州）公司、西子航空工业公司、柔性电子与

智能技术全球研究中心等平台和企业,在生物医药、汽车及零部件、航空航天、新能源新材料等产业具备市场竞争优势。钱塘新区的高校和企业中已经拥有了钱塘新区的高校资源和企业资源,为钱塘新区综合实践课程的实施提供了丰富的土壤,目前已有28个综合实践活动基地。但是,钱塘新区的这些高校资源和企业资源还有待挖掘,在28个综合实践活动基地中,有一半左右的基地设施较简陋,一些基地存在参与人数和开放时间少等问题,长期无人光顾导致基地陈旧老化,形同虚设,教师带领学生走进基地进行考察实践,往往需要动用个人社会关系才能联系到活动的机会。因此,建立起"大学—政府—中小学"联动协调的UGS模式,可以大大降低课程开发的难度,促进课程的有效实施。与此同时,在UGS模式的基础上,适时地引入家长、社区、企事业单位以及非官方组织参与课程资源的开发、设计与共享,能有效提高课程实施的深度和广度。

其次,加大区域内校际联合开发课程力度,打造区域性综合实践活动课程系统。针对一些学校开展了类似的课程,比如,文海开展的"钱塘问茶"课程与学林小学开展的"钱塘茶韵"课程都是关于茶文化的研究。景苑中学开设"行走钱塘江"课程和文海七年级开设的"钱江研学"课程也存在异曲同工之妙。下沙第一小学、文思小学、听涛小学、文清小学都从不同程度、不同视角对传统文化进行了各自的探索。如何既结合校本特点,又结合选题的因素,开展有针对性的交流、研讨活动,形成区域性的课程系统是接下来研究中必须破解的难题。

我们可以自信而乐观地畅想,在行政支持、专家助力和学校的共同努力下,钱塘新区未来的综合实践活动课程,将让学校教育回归到丰富多彩的生活世界之中,又借助学科世界的神奇力量,创造出一个让人心驰神往的未来世界。

参 考 文 献

[1] 滕大春. 卢梭教育思想述评[M].北京:人民教育出版社,1984.

[2] 赵祥麟,王承绪.杜威教育论著选[M].上海:华东师范大学出版社, 1981.

[3] 郭元祥.综合实践活动课程与教学论[M].北京:人民教育出版社, 2017.

[4] 吕达,刘立德,邹海燕.杜威教育文集(第5卷)[M].北京:人民教育 出版社,2008.

[5] 张云凤.论杜威的"主动作业""科目教学"思想[J].文教资料,2008 (1):76-78.

[6] 克雷明.学校的变革[M].单中惠,马晓斌,译.济南:山东教育出版 社,2009.

[7] 威廉·克伯屈.教学方法原理——教育漫谈[M].王建新,译.北京: 人民教育出版社,1991.

[8] 李旭光.日本"综合学习"的背景与特点[J].辽宁师范大学学报, 2003(2):25-27.

[9] 殷世东.美、俄、法三国中小学综合实践活动课程常态化开设的启 示[J].外国中小学教育,2009(1):60-63.

[10] 戚万学.教育学[M].济南:山东科学技术出版社,2003.

[11] 王乐,杨千.美国中学综合实践课程实施的启示[J].新课程研究 (上旬刊),2013(9):4-8.

[12] 王倩.美国中小学服务学习的研究和启示[D].武汉:华中科技大学,2011.

[13] 课程教材研究所.20世纪中国中小学课程标准·教学大纲汇编·课程(教学计划卷)[M].北京:人民教育出版社,1999.

[14] 钟启泉.课程的逻辑[M].上海:华东师范大学出版社,2008.

[15] 钟启泉,安桂清.综合实践活动课程:实质、潜力与问题[J].北京大学教育评论,2003(3):66-69.

[16] 钟启泉.综合实践活动课程的设计与实施[J].教育发展研究,2007(3):43-47.

[17] 张华,李树培.论综合实践活动课程开发的社会维度[J].教育发展研究,2008(18):64-71.

[18] 徐谊.走向学校课程4.0[M].上海:上海三联书店,2018.

[19] 金京泽.课程领导与上海探索[M].上海:华东师范大学出版社,2020.

[20] 上海教育委员会教学研究室.学校课程计划完善实践指南[M].上海:上海科技教育出版社,2020

[21] 钟亚利.发挥学区管理优势 推进区域综合实践活动课程实施[J].中小学管理,2009(6):51-53.

[22] 李臣之,王虹."校本课程"开发:实践样态与深化路径[J].教育科学研究,2013(1):62-68.

[23] 张华.论"综合实践活动"课程的本质[J].全球教育展望,2001(8):10-18.

[24] 马晓丹.我国综合实践活动课程的未来走向探析[J].课程教学研究,2017(5):13-15,19.

[25] 陈文娟.中小学综合实践活动课程实施策略探究[J].教师教育论坛,2018,31(4):21-23.

[26] 浙教办.浙江省教育厅办公室关于贯彻落实教育部《中小学综合实践活动课程指导纲要》的通知[E3/OL].http://jyt.zj.gov.cn/art/2018/5/2/art_1532973_27485271.html.

[27] 教育部.中小学综合实践活动课程指导纲要[EB/OL].http://www.moe.gov.cn/srcsite/A26/s8001/201710/t20171017_316616.html.

[28] 李湘.综合实践活动课程常态化要求高质量的学校课程领导[J].教育理论与实践,2019,39(23):36-38.

[29] 李宝敏.核心素养视域下综合实践活动课程实施现状与对策研究[J].教育发展研究,2016,36(18):46-54.

[30] 高志文,罗晓章,文传福.综合实践活动课程序列开发与常态实施——以成都双流中学实验学校为例[J].课程·教材·教法,2018,38(4):79-86.

[31] 邓亮,王双双.我国中小学综合实践活动课程研究现状、趋势及展望——基于CiteSpace的可视化分析[J].教育参考,2019(6):44-51.

[32] 李俊堂.综合实践活动四十年:发展历程、基本问题与未来展望[J].湖南师范大学教育科学学报,2018,17(6):9-16.

[33] 叶文,郑刚.综合实践活动课程研究现状分析与未来展望——基于CiteSpace的可视化分析[J].贵州师范学院学报,2019,35(8):47-57.

[34] 闫守轩,赵雪艳.我国综合实践活动课程研究的热点与展望——基于2000—2018年CNKI数据库关键词共现知识图谱的可视化分析[J].教育理论与实践,2020,40(20):35-39.

[35] 董芸,左志德.我国综合实践活动课程研究现状与展望——基于CiteSpace的知识图谱分析[J].教育导刊,2018(8):45-51.

[36] 朱望苏.苏州市综合实践活动课程回顾与展望[J].上海教育科研,2004(10):60-61.

[37] 李帆,钱丽欣,邢星.2019中国基础教育研究前沿与热点[J].人民教育,2020(2):25-33.

[38] 陈昭炯,叶东毅.人工智能精品课程建设中的学生能力培养[J].计算机教育,2014(12):1-4,8.

[39] 胡军苟.试论信息技术与综合实践活动课深度融合的内涵与策略[J].教育探索,2017(5):32-37.

[40] 李岩.开展综合实践活动课程的新思路[J].中小学信息技术教育,2018(4):20-22.

[41] 田阳敏.有效开展红色研学综合实践活动的教育实践[J].辽宁教育,2020(7):29-31.

[42] 吴怡.基于思维导图的"五课五环"教学模式在小学综合实践活动中的应用[J].综合实践活动研究,2017(9):22-26.

[43] 陈政,申银法.科学规划,整体设计,强力推进县域综合实践活动课程有效实施[J].教育实践与研究,2015(29):10-20.

[44] 王春喜.谈如何制订学校的综合实践活动课程规划[J].综合实践活动研究,2018(10):38-40.

[45] 郭元祥.综合实践活动课程设计与实施[M].北京:首都师范大学出版社,2001.

[46] 熊梅.当代综合课程的新范式:综合性学习的理论和实践[M].北京:教育科学出版社,2000.

[47] 有宝华.综合课程论[M].上海:上海教育出版社,2002.

[48] 张华.综合实践活动课程:理念与框架[J].教育发展研究,2001(1):44-47.

[49] 浙江省基础教育课程改革工作领导小组办公室.浙江省深化义务教育课程改革指导手册[M].杭州:浙江教育出版社,2016.

[50] 俞晓东.走向多元:深化义务教育课程改革的杭州样本[M].北京:现代出版社,2016.

[51] 文军萍,陈晓端.超越课堂:课程学习共同体的建构[J].课程·教材·教法,2017,37(4):42-48.

[52] 伍远岳.论课程的适应性与学校课程重建[J].课程·教材·教法,2017,37(5):59-64.

[53] 肖磊.课程改革制度化论纲[J].课程·教材·教法,2016,36(8):48-54.

[54] 王可.论共享型校本课程开发[J].当代教育科学,2017(2):46-50.

[55] 王可.课程共享:校本课程开发的新取向[J].当代教育科学,2016(22):37-40.

[56] 胡满英.高校思想政治理论课精品课程资源协作开发与共享机制研究[J].学理论,2012(33):245-246.

［57］丁玉祥.区域课程建设的机制与实践——区域校本特色课程建设的新路径［J］.现代教育科学,2014(6):107-108.

［58］姚斌峰.例谈校本课程开发中教师资源的共享［J］.甘肃科技纵横,2005(6):150.

［59］蒋建华.知识·权利·课程——政策视野中的课程研究［M］.北京:教育科学出版社,2010.

［60］方凌雁.校本课程开发中的合作模式［J］.教学与管理,2006(19):39-41.

［61］朱传世.校本课程不做"加法"能做什么［N］.中国教师报,2015-04-15(010).

［62］崔允漷.校本课程开发的问题与共识［N］.中国教育报,2002-10-08(3).

［63］汤雪平,吕红日.区域推进校本课程的开发与实施:课程改革新路径［J］.江苏教育研究,2015(10):59-61.

［64］路华清,左菊,孙泽文.校本课程开发的类型及其流程研究［J］.教育与职业,2011(33):130-132.

后 记

　　自2014年下半年开始,原杭州经济技术开发区开始关注学校自主开发的各类课程,把目光聚焦在学校精品课程的建设上,力图通过精品课程的建设推动区域综合实践活动课程整体规范、有序、高质实施。自2018年6月起,从学校精品课程的建设拓宽到综合实践活动课程建设的区域全面推进,综合实践活动的课程建设一直以课程研究的方式推进。2015年1月"区域视角学校精品课程的开发与共享的机制研究"被立为浙江省规划课题,2017年11月,其成果"三动范式:学校精品课程共建共享的区域探索"获省二等奖;2018年6月,"区域视角下综合实践活动课程建设新范式研究"被立项为杭州市第三届重大课题,就此开始了聚焦于区域综合实践活动课程建设的探索;2020年6月,"共建·共享·共用:学校精品课程建设的区域探索"获杭州市第十六届基础教育教学成果二等奖。

　　以课题研究为抓手,更钱塘新区的综合实践活动课程建设呈现出鲜明的时空特点,2015—2017年是从精品课程培育到全面启动的带动发展期,形成了具有区域特色的精品课程开发新样态:一是行政部门、教研部门、学校合力驱动,有力促进了学校课程开发的动力、质量,产生了一批高质量的课程。二是学校提高了精品意识,不仅在支持力度上加大,各校建立起了综合实践活动课程建设的系列管理制度,不少学校有了龙头型精品课程,如文海实验学校的"ADD玩创",学正小学的"蒙正国学",下沙二小的"北沙百草"等,这些课程不仅带有学校的标志,而且很好地带动了整个学校综合实践活动课程的发展。三是形成了覆盖式和弥散式的多种形式培训,有效扩大了培训面与培训层次。从2018年至今,综合实践活动课程建设进入快速发展期,形成了具有区域特色的推进举措;达成了以综合实践活动精品课程为

"点"、区域整体实施为"面"，共同着力推进的共识；编制出了逐年更新的具有导航功能的综合实践活动课程推进手册；形成了研训教协同的教学管理，培训、教研、科研连成一体使课程实施指导不仅到位，而且走向研究化，提高了教师的课程执行能力和研究能力，促进了教师专业能力的快速发展。

2020年4月开始，我们一边研究，一边致力于筹划书稿的撰写。专著提纲经过四次论证，于7月8日正式敲定，建立了由15人组成的专著编写小组，编写小组的老师们一边回顾前期课题研究积累的资料，一边再度开展理论学习，经历一次次研讨、交流、论证，使专著编写的过程成为编写组成员专业能力再发展的过程。

本书共九章，第一章"绪论"由汪海撰写；第二章"综合实践活动课程建设概述"由寿桔丹、雷巧红撰写；第三章"综合实践活动课程建设的基本策略"由张艳芳、邵娅娜撰写；第四章"基于校外资源运用的课程开发与实施"由余洁、丁玉石撰写；第五章"基于校内资源运用的课程开发与实施"由童玉婷、徐致景撰写；第六章"基于办学特色的课程开发与实施"由郭莹莹、龚静撰写；第七章"基于学科资源拓展的课程开发与实施"由余洁、曹涵撰写；第八章"综合实践活动课程建设的教学管理"由汪世英撰写；第九章"成效与展望"由潘舸平、张萍萍撰写。教师教育学院副院长兼综合实践活动课程教研员姜海庆参与本课题研究，并给予大力支持、指导，教师教育学院科研中心汪世英为本书撰写提供了第一手实践资料、阶段性调研报告和课题研究成果报告及相关文献资料，并负责本书的统稿。

《钱塘新模式：综合实践活动课程建设的区域探索》凝聚了许多专家和教师的心血，是集体智慧的结晶。在此特别感谢浙江大学刘正伟教授、杭州市教育科学研究院院长俞晓东研究员、杭州市教育科学研究院陈万勇主任等专家在课题实施、专著提纲形成、各章节内容论证中不厌其烦地给予一次次启发、引导和帮助。

6年的实践探索，钱塘新区的综合实践活动课程建设实现了1.0版到2.0版的跨越，相信在钱塘新区教卫局领导的关注、关心、领导下，综合实践活动课程建设仍会继续探索，走向3.0版、4.0版……为钱塘新区每一个学生综合素养的提升添上浓墨重彩的一笔。

图书在版编目（ＣＩＰ）数据

钱塘新模式：综合实践活动课程建设的区域探索 /
钱晓华编著. -- 北京：现代出版社，2021.6
ISBN 978-7-5143-9303-3

Ⅰ．①钱… Ⅱ．①钱… Ⅲ．①活动课程－教学研究－
中学 Ⅳ．①G632.3

中国版本图书馆CIP数据核字(2021)第118397号

作　　者:钱晓华
责任编辑:张桂玲
出版发行:现代出版社
通讯地址:北京市安定门外安华里504号
邮政编码:100011
电　　话:010-64267325　64245264(传真)
网　　址:www.xdcbs.com
电子邮箱:xiandai@cnpitc.com.cn
印　　刷:杭州万星印务有限公司
开　　本:710mm×1000mm　1/16
字　　数:280千字
印　　张:18.25
版　　次:2021年6月第1版　　2021年6月第1次印刷
书　　号:978-7-5143-9303-3
定　　价:48.00元